Paul Matussek
Peter Matussek
Jan Marbach

HITLER
Karriere eines Wahns

Paul Matussek
Peter Matussek
Jan Marbach

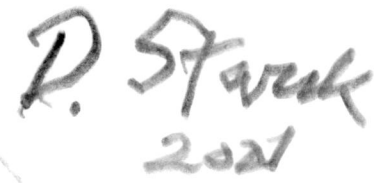

HITLER
Karriere eines Wahns

Herbig

© 2000 by F. A. Herbig Verlagsbuchhandlung
GmbH, München
Alle Rechte vorbehalten
Umschlaggestaltung: Wolfgang Heinzel
Herstellung und Satz: VerlagsService Dr. Helmut Neuberger
& Karl Schaumann GmbH, Heimstetten
Gesetzt aus der 11/13,8 Punkt Minion
Druck und Binden: Graphischer Großbetrieb Pößneck
Printed in Germany
ISBN 3-7766-2184-2

Inhalt

──────── IV ────────

Kulturhistorische Aspekte des Hitlerwahns

209

Schlußbetrachtung
Zur Frage der Schuldfähigkeit

261

Anhang

Vorwort

Die Ursachen für Hitlers katastrophale öffentliche Wirkung sind bis heute rätselhaft geblieben. Man begreift immer noch nicht, wie dieser hinterwäldlerische Sonderling und Stadtstreicher, dessen Schicksal als gescheiterte Existenz schon früh besiegelt schien, einen so jähen Aufstieg nehmen und ein Menschenvernichtungsprogramm auf den Weg bringen konnte, dessen Grausamkeit jedes Fassungsvermögen übersteigt.

Obschon die wissenschaftliche Hitlerliteratur mittlerweile ganze Bibliotheken füllt, ist sie diesem düsteren Rätsel bisher kaum auf die Spur gekommen. In der Erklärungsnot wurde und wird immer wieder zu den kühnsten Spekulationen gegriffen. Seriöse Forscher, die sich daran nicht beteiligen möchten, neigen statt dessen zu dem resignativen Bescheid, daß die Ursachen von Hitlers Welt- und Menschenhaß wie auch die erschreckend große Folgebereitschaft seiner Helfer dunkel bleiben müßten. Das radikal Böse sei nun einmal unbegreiflich, so lautete schon das Resümee Hannah Arendts (1951).

Die vorliegende Studie, die aus der interdisziplinären Zusammenarbeit eines Psychiaters, eines Kulturwissenschaftlers und eines Soziologen hervorgegangen ist, will sich mit der Alternative von Spekulation oder Resignation nicht abfinden. Sie untersucht die Gründe für die bisherigen Schwierigkeiten der Hitlerdeutung; sie leitet daraus die Notwendigkeit eines psychohistorischen Neuansatzes ab; und sie realisiert diesen Neuansatz, indem sie Hitlers Wahnkarriere als Zusammenwirken lebens- und sozialgeschichtlicher Faktoren analysiert. Es sind damit im wesentlichen vier Thesen, die wir in diesem Buch zur Diskussion stellen:

1. Die Hitlerforschung laboriert seit je an einem Dilemma: Entweder wird das Phänomen Hitler aus seiner psychischen Abnormität erklärt – was die Frage offenläßt, wie ein einzelner eine so große

öffentliche Wirkung haben konnte. Oder man erklärt Hitlers Aufstieg
aus den sozialhistorischen Umständen seiner Zeit – wobei man dann
doch nicht um die Einsicht herumkommt, daß ohne seinen pathologischen Vernichtungswillen der Massenmord nicht möglich gewesen
wäre. Obwohl es offensichtlich ist, daß beide Ansätze nur in wechselseitiger Ergänzung einen Erkenntnisfortschritt erreichen können, stehen sie sich immer noch weitgehend unvermittelt gegenüber: Die
»intentionalistische« These »Kein Hitler, kein Holocaust« (Himmelfarb 1984) und die »funktionalistische« These von der »kumulativen
Radikalisierung« der Deutschen (Mommsen 1997) sind bislang kon-
trovers geblieben.

2. Um die immer noch offene Lücke zwischen sozialhistorischer
und psychopathologischer Hitlerforschung zu schließen, bietet sich
ein neuer Theorieansatz an, der in der Psychosenforschung bereits
fruchtbar gemacht werden konnte (Paul Matussek 1992, 1997). Dieser Theorieansatz beruht im wesentlichen auf der Erkenntnis, daß
jede Lebensgeschichte durch eine Polarität von öffentlichen und privaten Selbstanteilen geprägt ist. Ein krankhaftes Übergewicht des privaten Selbst geht mit Depressionen einher; eine schizophrene Struktur hingegen resultiert aus einem Übergewicht des öffentlichen
Selbst. Empirische Studien belegen, daß sich die Wahnthemen der
ersten Gruppe fast ausschließlich um persönliche Inhalte drehen, die
der zweiten Gruppe dagegen werden von dem jeweiligen historisch-
politischen Umfeld bestimmt, innerhalb dessen ein spektakulärer
Sonderstatus angestrebt wird. Dieses Merkmal einer schizophrenen
Struktur war bei Hitler extrem ausgeprägt.

3. Mithilfe des neuen Paradigmas läßt sich an Hitlers Entwicklung
zeigen, daß sie schon früh zur narzißtischen Fixierung auf ein grandioses öffentliches Selbst tendierte, bis keinerlei Rest an privaten, das
heißt auch gefühlsmäßigen Selbstanteilen mehr vorhanden war. Eine
Serie von tiefen Beschämungen weckte einen enormen Kompensationsbedarf, der sich in einen wahnhaften Umweltbezug mit allen
Zügen einer paranoid schizophrenen Psychose steigerte. Diese Merkmale sind zwar schon des öfteren beobachtet worden, doch hat man
sich zu der entsprechenden Diagnose dann doch meist nicht entschließen können, weil man sich nicht zu erklären vermochte, daß ein

Schizophrener derart erfolgreich agiert. Im Lichte unseres Modells läßt sich dagegen zeigen, daß Hitlers krankhaft überspannter Außenbezug der Stigmatisierung entging, da er auf ein historisches Umfeld traf, das seinen Sonderstatus beglaubigte. Die hohe Akzeptanz durch die Massen bewahrte Hitlers Wahn vor dem vollständigen Bruch mit der Realität, der normalerweise bei akuten Psychosen zu klinischen Konsequenzen führt. Untersuchungen der transkulturellen Psychiatrie belegen, daß es zu Symptomrückbildungen, sogenannten Remissionen, kommt, wenn die Absonderlichkeiten eines Schizophrenen eine soziale Integrationsmöglichkeit finden (Jablensky u.a. 1991). In Trancekulturen etwa werden Schizophrene als mit höheren Kräften ausgestattete Medien verehrt und dadurch stabilisiert. In Hitlers Fall geschah etwas Ähnliches; allerdings lagen hier die Verhältnisse so, daß die in der Regel heilsame Unterstützung durch die Umwelt zu einer fatalen Verstärkung der destruktiven Antriebe führte. Das »Dritte Reich« bildete die Bühne für das Drama einer wechselseitigen Bestätigung individueller und kollektiver Wahninhalte. Dabei war es gerade die eigenartige Leere der Persönlichkeit Hitlers, die sie besonders geeignet machte, übermenschliche Qualitäten in sie hineinzuprojizieren. Alle Kultobjekte verdanken ihre Aura einem solchen Mangel an Individualität, der die Rezipienten zur projektiven Ergänzung anregt (Belting 1990, Peter Matussek 1998). In Hitlers Fall freilich wurden die ergänzenden Phantasien aufgrund der besonderen historischen und ideologischen Kontexte vorwiegend von aggressiven und paranoiden Impulsen genährt.

4. Hitler konnte seine Wahnideen also nur dank ihrer Bestätigung durch die Umwelt erfolgreich durchsetzen. Um diese Seite der Wechselwirkung zu erfassen, müssen die kultur- und sozialhistorischen Umstände der Zeit in den Blick genommen werden. Auch dazu gibt es bereits eine umfangreiche Literatur. Wir stützen uns insbesondere auf Broszat (1964), Jäckel (1969), Fest (1973), Hamann (1996) und Kershaw (1998/2000), deren Erkenntnisse wir zugrunde legen, ohne sie hier im einzelnen zu wiederholen. Vielmehr konzentrieren wir uns auf diejenigen Aspekte, die in den einschlägigen Untersuchungen bisher zu kurz gekommen sind. Dazu gehört in unserem Argumentationszusammenhang insbesondere die Tatsache, daß die Akzeptanz der Massen,

die Hitlers Psychose stabilisierte, auf einem pathologischen Gleich-
klang zwischen den biographischen und sozialen Motiven der Schamabwehr beruhte. Der individuelle Kompensationsbedarf des »Führers«,
der nichts mehr fürchtete, als sich mit dem Phantasma der eigenen
Größe lächerlich zu machen, traf am Ende des Ersten Weltkriegs auf ein
Volk, das sich in seinem überspannten Nationalstolz beschämt und
gedemütigt fühlte. Erst die Maskierung der persönlichen Anlässe von
Hitlers pathologisch übersteigerter Selbstpräsentation mit der
populären Ideologie des Antisemitismus führte zu jener destruktiven
Kräftebündelung, die im kollektiven Massenmord endete.

Mit diesen Thesen wollen wir nicht unterstellen, daß sich das Phänomen Hitler vollständig rationalisieren ließe. Es wäre eine Illusion
zu glauben, der Gang der Geschichte sei ein Geschehen, dessen
gedanklicher Nachvollzug sich der Gewalt entziehen könnte, welche –
nach Adornos Wort – »real solches Denken außer Kraft setzt« (1951,
S. 94). Umgekehrt behält der alte Satz seine Gültigkeit: Wer aus der
Geschichte nicht lernt, ist gezwungen, sie zu wiederholen. Das
mißverständliche Wort »Vergangenheitsbewältigung« erfüllt sich
nicht durch bilanzierende Schlußstriche, sondern nur im unaufhörli-
chen Bemühen, unsere Erinnerung an das Geschehene deutend zu
vertiefen und so für die Gefahren einer Wiederkehr vergleichbarer
Prozesse wachsam zu bleiben.

Im Bewußtsein der Unmöglichkeit, die Ursachen des Naziterrors
restlos aufzuklären, hoffen wir doch, mit unseren Thesen der Diskussion um das Eingedenken des Holocaust eine weiterführende Perspektive zu eröffnen. Mit unserem neuen Ansatz der psychohistorischen Hitlerforschung wollen wir die Einseitigkeiten eines entweder
nur sozialgeschichtlichen oder nur psychiatrischen Vorgehens vermeiden und den Blick frei machen für die genannten Wechselwirkungen, die sich aufgrund ihrer kulturanthropologischen Dispo-
niertheit jederzeit wiederholen können. Die Schuldfrage wird mit
diesem Ansatz keineswegs relativiert; gerade die Verbindung von Per-
sönlichkeits- und Kulturanalyse entgeht der falschen Konsequenz, die
historische Verantwortung der Deutschen mit dem Hinweis auf verminderte Zurechnungsfähigkeit der Akteure zu schmälern. Warum
dies so ist, werden wir im Schlußkapitel ausführlich darlegen.

Es handelt sich bei unserem Buch also nicht um eine Pathographie im klinischen Sinne. Psychiatrische Fachtermini verwenden wir deshalb auch nur insoweit, wie es nötig ist, um das Zusammenspiel individueller und kultureller Faktoren zu verdeutlichen, das wir im übergreifenden Konzept der »schizophrenen Struktur« ansprechen. Doch der Ursprung unserer Untersuchung geht auf ein psychiatrisches Anliegen zurück: die Verbesserung der Therapie schizophrener Psychosen (Matussek 1976). Mit der einseitigen Bevorzugung biochemischer Behandlungsformen, die wir derzeit beobachten, drohen die lebensweltlichen Aspekte seelischer Krankheiten aus dem Blick zu geraten. Das beeinträchtigt letztlich auch die medikamentöse Kur. So hat uns die Frage nach den psychohistorischen Faktoren der Schizophrenie dazu geführt, sie an einem besonders eminenten Fall zu untersuchen. Die Dynamik der Wahnkarriere Hitlers läßt das Ineinandergreifen individueller und gesellschaftlicher Wirkungsmechanismen besonders deutlich hervortreten.

Die psychiatrische Diagnostik, die im folgenden zur Anwendung kommt, beruht auf den analytischen Modellen und langjährigen klinischen Erfahrungen von Paul Matussek. Die Ausarbeitung der Studie im lebens- und kulturgeschichtlichen Kontext Hitlers übernahm Peter Matussek. Vorarbeiten für sozialhistorische Aspekte unseres Themas verdanken wir Jan Marbach. Bei der Literaturrecherche war Yvonne Kult eine unschätzbare Hilfe. Während der Durchführung des Projekts haben uns zudem viele Kollegen und Freunde, Zeitzeugen und Experten mit Ermutigung und konstruktiver Kritik zur Seite gestanden. Ihnen – insbesondere Jörg Bankmann, Hartmut Böhme, Bardia Khadjavi-Gontard und Klaus Köhle – gilt unser herzlicher Dank. Zu danken haben wir auch der Stiftung für analytische Psychiatrie, ohne deren Förderung dieses Projekt nicht hätte realisiert werden können. Vom Verlag schließlich erfuhren wir eine so nachhaltige und kompetente Unterstützung, wie man sie sich als Autor nur wünschen kann.

Im Juni 2000   *Paul Matussek*
                                                        Peter Matussek

I

Einführung
Das Rätsel Hitler

Keine Figur der Weltgeschichte wurde ausführlicher erforscht und beschrieben als Hitler. Hunderttausende von Büchern und Artikeln sind über ihn erschienen, doch scheinen sie den Eindruck seiner Unbegreiflichkeit nur vergrößert zu haben. Nach fünfzig Jahren Hitler-Forschung erklärt Hugh Trevor-Roper: »Je mehr ich über Hitler weiß, um so schwieriger finde ich es, ihn zu erklären« (Interview mit Ron Rosenbaum 1998, S. xv). Dabei ist es nicht erst der plötzliche Aufstieg eines bespöttelten Eigenbrötlers zum mitreißenden Massenredner und schließlich zum skrupellosen Massenmörder, der seine Deuter ratlos macht. Schon der wichtigste Zeuge seiner Jugendjahre, August Kubizek, stellt rückblickend fest: »Immer gab es bei ihm ergründbare Geheimnisse, und in vielem blieb mir mein Freund für immer ein Rätsel« (1953, S. 35). Diese Einschätzung ist nicht der Naivität Kubizeks geschuldet. Jeder neue Erklärungsversuch sieht sich der beharrlich wiederkehrenden Feststellung gegenüber, daß Hitler den »biographischen, analytischen Anstrengungen vortrefflicher Köpfe zum Trotz rätselhaft [...] geblieben« sei (Eitner 1981, S. 7). Allein die unfaßbare Monstrosität der Verbrechen, die von ihm und in seinem Namen begangen wurden, verhindert, daß die Bilanz anders lauten könnte. »Das Rätsel bleibt ungelöst«, resümiert auch der Kommentar zu dem kürzlich erst veröffentlichten Lebensbericht von Adolf Eichmann (Jeismann 2000). Die Ungeheuerlichkeit der Nazi-Morde überschattet auch die Versuche ihrer intellektuellen Ergründung. Ob die Schuld nun bei persönlichen Motiven oder historischen Umständen gesucht wird – jeder Erklärungsansatz scheint zwangsläufig in einen Teufelskreis zu geraten: Indem er die Ursachen der Untaten aufdecken will, trägt er zugleich dazu bei, ihren Schweregrad auf ein nachvollziehbares Maß zu reduzieren.

Wir werden dieses Dilemma im folgenden anhand einer geläufigen Unterscheidung zwischen »intentionalistischen« und »funktionalistischen« Hitler-Forschern verdeutlichen. Warum wir dennoch die Resignation vor dem Rätsel Hitler für eine unangemessene Konsequenz halten, erläutern wir im Rahmen einer Auseinandersetzung mit einer der wichtigsten aktuellen Hitler-Monographien, dem auf zwei Bände angelegten Werk von Ian Kershaw (1998 u. 2000). Wir teilen die darin angelegte Doppelperspektive von Historiographie und Biographie, halten sie aber gerade deshalb in psychopathologischer Hinsicht für ergänzungsbedürftig. Es gilt also darzulegen, warum eine – richtig gestellte – Schizophreniediagnose zur Aufklärung über Hitlers Wahn wie auch über den Anteil seiner Anhänger an diesem Wahn beitragen kann, ohne daß dies zu einer Schmälerung der historischen Einflußfaktoren und Verantwortlichkeiten führen muß. Damit gelangen wir zu einer Positionsbestimmung unserer Studie: Mit ihrem integrativen Ansatz ist sie nominell der »psychohistorischen« Hitlerforschung zuzurechnen; mit ihrer beschreibenden Methode aber distanziert sie sich zugleich von ihren spekulativen Vorgängern.

Hitlerforschung zwischen Intentionalismus und Funktionalismus

Ein Blick auf die beiden Hauptströmungen der gegenwärtigen Forschungen über Hitler mag das Dilemma beleuchten, in das man sich begibt, wenn man dem Rätsel seiner katastrophalen Karriere auf die Spur zu kommen sucht. Eine unter Historikern geläufige Typologie charakterisiert den Unterschied der beiden Strömungen folgendermaßen:

Zu den »Intentionalisten« gehören diejenigen Forscher, die dem Willen und damit der Persönlichkeit Hitlers die maßgebliche Rolle für die Politik des »Dritten Reichs« zuschreiben, insbesondere auch für die systematische Vernichtung der Juden. Prägnant hat 1984 Milton Himmelfarb diese Position mit dem Titel seines Essays *No Hitler, No Holocaust* markiert. Eine solche Einschätzung der historischen Wirkmechanismen muß darauf hinauslaufen, die Monstrosität Hitlers vor allem in den Abgründen seiner Psyche aufzuspüren, was Spekulationen unumgänglich macht. Ron Rosenbaum (1998) bezeichnet die Autoren, die auf diesem Wege das Rätsel Hitler zu lösen suchen, deshalb auch als Theoretiker der »verborgenen Variablen« (S. 136).

Den Gegenpol bilden die »Funktionalisten«. Ihnen erscheint Hitlers Politik und die Entscheidung zum Massenmord vorrangig als eine Folge militärischer, wirtschaftlicher und bürokratischer Zwänge, während der »Führer« selbst darin eher die Rolle eines entschlußarmen, mehr getriebenen als treibenden Zögerers und Zauderers spielt. Rosenbaum spricht die Vertreter dieser Sichtweise, für die Hitlers Persönlichkeit nur eine sekundäre Rolle in einem Ensemble von Einflußfaktoren spielt, als »Feldtheoretiker« an.

Eine pointiert funktionalistische Position in dem beschriebenen Sinne hat Daniel Goldhagen mit seinem 1996 erschienenen Buch *Hitlers willige Vollstrecker* vertreten. Er führt darin den Holocaust auf eine »eliminatorische« Variante des Antisemitismus zurück, die sich aufgrund einer besonderen Affinität speziell im deutschen Volk ausgebreitet habe. Judenfeindliche Schriften, die seit dem 19. Jahrhundert in Europa kursierten, sind ihm zufolge in Deutschland auf mentalitätsgeschichtliche Voraussetzungen getroffen, die nur eines beliebigen äußeren Anstoßes bedurften, um eine Bereitschaft zum Massenmord auszulösen. In dieser Sicht erscheint Hitler als austauschbar: »If not Hitler, someone *like* Hitler would emerge« – so faßt Rosenbaum Goldhagens Position zusammen (1998, S. 136). Für problematisch hält er diese nicht nur wegen ihrer Relativierung Hitlers, sondern auch, weil sie zugleich die historische Verantwortung des Kollektivs schmälere: Sobald man mit Goldhagen den Nachkriegsdeutschen zubilligt, daß sich ihre Mentalität grundlegend gewandelt habe, rückt das historische Geschehen in die Ferne einer unwiederholbaren Vergangenheit. Das Eingedenken des Holocaust im Inland wie im Ausland hätte demnach nur noch eine memoriale, keine prohibitive Funktion.

Demgegenüber verweisen die »Intentionalisten« darauf, daß es einzelnen Fanatikern durchaus immer wieder gelingen kann, die Massen zu Gewalttätigkeiten gegenüber bestimmten sozialen Gruppen aufzuwiegeln. Eine Wiederholungsgefahr des Hitlerfaschismus wäre mithin schon aus psychologischen Gründen nicht prinzipiell auszuschließen.

Ein typisches Beispiel für diese Position ist die 1975 erschienene Arbeit der Historikerin Lucy Dawidowicz *The War Against the Jews*. In der zwischen Intentionalisten und Funktionalisten geführten Kontroverse um den Zeitpunkt, an dem Hitler den Massenmord angeordnet hat, nimmt Dawidowicz die am weitesten exponierte intentionalistische Position ein: Hitler habe den Entschluß zum Holocaust schon 1918 gefaßt, als er während seines Lazarettaufenthalts in Pasewalk von der Kapitulation des deutschen Heeres erfuhr und die Juden dafür verantwortlich machte. Dieses Ziel habe er in der Folgezeit nie mehr aus den Augen verloren, aber aus taktischen Gründen verschwiegen oder hinter »esoterischen« Formulierungen versteckt, die nur für Eingeweihte des inneren Machtzirkels entzifferbar waren. Erst mit Kriegsbeginn habe Hitler seine Maske fallen lassen, zunächst in mehreren öffentlichen Reden, schließlich durch den Befehl zur »Endlösung«.

Freilich liegt es im Wesen der Argumentation von Dawidowicz, daß sie ihre These mit unausgesprochenen bzw. mehrdeutigen Absichtsbekundungen Hitlers belegen muß. Gerade das Nichtvorhandensein eindeutiger Belege aber nimmt sie zum Anlaß, auf die Existenz einer verborgenen Intention zu schließen. Die Frage, auf welchem Weg es Hitler gelingen konnte, seine bösartigen Pläne zu realisieren, entzieht sich damit der Dokumentierbarkeit.

Dies gilt erst recht für diejenigen Forscher, zu deren Profession es gehört, nach »verborgenen Variablen« in der menschlichen Seele zu fahnden: die Psychoanalytiker. Zu ihrem traditionellen Berufsverständnis gehört, daß menschliches Verhalten durch unbewußte Antriebe zu erklären sei. So werden im Falle Hitlers etwa die von späteren Dissidenten des Nationalsozialismus wie Otto Strasser, Ernst Hanfstaengl oder Hermann Rauschning kolportierten Berichte über sexuelle Perversionen aufgegriffen, um seine monströsen Charaktereigenschaften zu erklären (vgl. Hayman 1997). Andere suchen die verborgene Variable in den psychischen Defekten, die Hitler aufgrund eines angeblich fehlenden Hodens (vgl. Besymenski 1968) oder seiner Angst vor der Entdeckung möglicher jüdischer Vorfahren erlitten habe.

Skepsis gegenüber derartigen Versuchen, die Lösung für das Rätsel Hitler in den Geheimnissen seines Seelenlebens auszumachen, ist nicht nur wegen ihres spekulativen Vorgehens angebracht. Indem sie psychische Mechanismen für die Greueltaten Hitlers und seiner Anhänger verantwortlich machen, neigen sie zur Ausblendung ihrer politisch-moralischen Dimension. Nicht zufällig hat Sigmund Freud – als Emigrant selbst Opfer der Nationalsozialisten – eine psychoanalytische Interpretation Hitlers abgelehnt. Wozu sie führen kann, zeigte sich an C. G. Jung, der seine Nazi-Anhängerschaft dadurch zu verarbeiten suchte, daß er Hitler zum »Schatten«, zum inferioren Teil in jedermanns Psyche, verallgemeinerte (vgl. Jung 1945). Solche Normalisierungstendenzen haben maßgeblich dazu beigetragen, daß psychologische Ansätze zur Diagnose des Phänomens Hitler in Mißkredit geraten sind. Wenn sie sich obendrein als »verstehend« bezeichnen wie die besonders in Deutschland kultivierte hermeneutische Psychiatrie, dann scheint eine unangemessene Empathie mit dem Massenmörder vorprogrammiert. In der Tat erregt es Befremden, Sätze wie

diesen zu lesen: »Wer Hitler ›verstehen‹ will, muß sich intensiv in ihn
einfühlen, hineinversetzen, einleben«, bis hin zu einem »Mitemp-
finden Hitlers« (Eitner 1981, S. 8). Problematisch ist solches Mitemp-
finden nicht nur in moralischer, sondern auch in psychiatrischer Hinsicht, da es zu Fehldiagnosen führt. So ist Einfühlbarkeit für Eitner
nach klassischer Doktrin das entscheidende Kriterium dafür, daß er
die Diagnose Schizophrenie bei Hitler für nicht angezeigt hält: »In die
wahnhaften, nichtschizophrenen Vorstellungen Hitlers können wir
uns, auch wenn es schwerfällt und Erbrechen bereitet, ›verstehend‹
einfühlen. Auch von diesem Blickpunkt her scheidet – mithin – bei
Hitler die Diagnose ›schizophrener Wahn‹ aus. Wichtig, unbestritten
und für unser Verständnis Hitlers von ›innen‹ grundlegend ist, daß es
echten Wahn eben auch außerhalb des schizophrenen Formenkreises
gibt« (S. 228). Diese Einschätzung trifft auf einen breiten Konsens.
Auch eine der neuesten Publikation zum Thema, das *Psychogramm*
von Koch-Hillebrecht, lehnt die Schizophrenie-Diagnose mit dem
lapidaren Hinweis auf die vermeintliche Nachvollziehbarkeit von
Hitlers »Selbstabtrennung« und Gefühlskälte ab (1999, S. 126).

Schon die Überdehnung des Begriffs der verstehenden Einfühlung
auf idiosynkratische Reaktionen bzw. auf inhumanes Verhalten zeigt
die Grenzen dieses Ansatzes. So sind »intentionalistische« Untersuchungen über Hitler in den Verruf geraten, das Unfaßbare auf ein all-
gemeinmenschliches Maß reduzieren zu wollen. Wenn man etwa mit
Friedrich W. Doucet die »Lösung des psychologischen Rätsels Hitler«
in einem archetypischen »Mutterkomplex« sieht (1979, S. 253), mit
Bromberg/Small (1983) im Fehlen eines Hodens oder mit Koch-Hillebrecht (1999) in der verdrängten Homosexualität eines »Eideti-
kers«, so kommen diese Nachvollzüge einer Miniaturisierung ins Alltägliche gleich, die dem von Hitler ausgehenden Terror nicht gerecht
werden kann.

Doch wie wir gesehen haben, neigt auch der »funktionalistische«
Ansatz zu Exkulpationen, indem er die Frage nach den persönlichen
Antrieben für die Nazi-Verbrechen zurückstellt und dafür anony-
misierte »Verhältnisse« verantwortlich macht. Somit laufen beide
Hauptströmungen der Hitlerforschung Gefahr, das Rätsel auf Kosten
klarer Verantwortungszuschreibungen zu lösen.

In der gegenwärtigen Diskussion scheint sich denn auch die schon von Hannah Arendt vertretene Position zu erneuern, »daß es ein radikal Böses wirklich gibt [...], das man weder verstehen noch erklären kann durch die bösen Motive von Eigennutz, Habgier, Neid, Machtgier, Ressentiment, Feigheit oder was es sonst noch geben mag, und demgegenüber daher alle menschlichen Reaktionen gleich machtlos sind« (1951, S. 701). Erst unlängst hat der Hitler-Biograph Joachim Fest diese Einschätzung wiederholt (1999, S. 197). Über die Motive Hitlers und seiner Helfer wird ein Bilderverbot verhängt, um ihre Ungeheuerlichkeit nicht auf ein vorstellbares Maß zu reduzieren.

Aber – so fragt Rosenbaum am Ende seines Buches über die aktuelle *Hitler-Debatte* im Rekurs auf Emil Fackenheim – kommt nicht gerade diese Zurückhaltung gegenüber dem Versuch einer Erklärung einem »posthumen Sieg« des Massenmörders über seine Opfer und Ankläger gleich (1998, S. 390)? Und man muß die Frage hinzufügen: Wie kann einer Wiederkehr des Phänomens Hitler vorgebeugt werden, wenn man darauf besteht, daß sein Juden- und Welthaß dunkel bleiben müßten?

Weder die Suche nach historisch-funktionalistischen noch die nach psychologisch-intentionalistischen Erklärungen sind verzichtbar, wenn das Nachdenken über Ursachen und Präventionsmöglichkeiten des Nazi-Terrors nicht zum Stillstand kommen soll. Die skizzierten Einwände gegen beide Richtungen sind zwar berechtigt, aber überwindbar, wenn man die jeweils zugrunde gelegten Herangehensweisen nicht einseitig verabsolutiert, sondern wechselseitig ergänzt.

Eben diese Doppelperspektive hat neuerdings auch Ian Kershaw ins Auge gefaßt. Der Historiker, der sich von einer persönlichkeitszentrierten Hitlerforschung früher stets programmatisch distanzierte, geht in seiner aktuellen Monographie (1998 u. 2000) dazu über, eine Strukturanalyse des »Dritten Reichs« mit Elementen der biographischen Charakteranalyse zu verbinden. So erklärt er einerseits Hitlers Erfolg funktionalistisch aus den historischen Rahmenbedingungen seiner Zeit. Andererseits stimmt er aber auch der intentionalistischen Ansicht partiell zu (1998, S. 720) und sucht die lebensgeschichtlichen Faktoren für Hitlers mörderische Absichten aufzudecken. Mit seiner Kombination beider Ansätze hat Kershaw die Diskussion um die

Ermöglichung des Nazi-Regimes neu angestoßen (Augstein 1998, Augstein/Raulff 1998, Herbert 1998, Mommsen 1998, Sattler 1998, Schirrmacher 1998, Ullrich 1998). Wir folgen in der vorliegenden Studie seiner Doppelperspektive, halten sie aber in psychopathologischer Hinsicht für ergänzungsbedürftig. Die Gründe für diesen Ergänzungsbedarf seien im folgenden ausführlicher dargelegt, da sich aus ihnen unser weiteres Vorgehen ergibt.

Psychopathologie als Element der Historiographie

Kershaws Monographie geht von der These aus, daß man dem Phänomen Hitler nur dann auf die Spur kommen könne, wenn man das Wesen seiner Macht untersuche. Diese Macht habe weniger auf Persönlichkeitsmerkmalen Hitlers als auf seiner Rolle als »Führer« beruht. Die Führerrolle wiederum sei primär von den Erwartungen seiner Anhänger, der Eigeninitiative seiner Kollaborateure sowie der Unterschätzung seiner Gegner getragen worden. Aufgrund dessen müsse man sich bei dem Versuch einer Erklärung für das Zustandekommen und Funktionieren des Nazi-Regimes weniger auf Hitler als vielmehr auf die Begleitumstände konzentrieren, die ihn ermöglichten. Insbesondere die Tatsache, daß sich Hitler trotz seines anarchischen, von Entscheidungsunfähigkeit geprägten Führungsstils an der Macht halten konnte, nimmt Kershaw als einen klaren Beleg seiner These. Er begründet sie mit der Beobachtung, daß es in der deutschen Bevölkerung die fest verankerte Einstellung gab, jeder einzelne und jede Behörde oder Organisation habe die Pflicht, dem Führerwillen »entgegenzuarbeiten«, ohne erst auf Befehle von oben zu warten. So habe Hitler nur relativ selten explizite Weisungen erteilen müssen und erstaunlich untätig abwarten können, wer sich im Wettstreit um die Erfüllung seiner Ziele durchsetzen würde (1998, S. 663ff).

In der Tat war schon vor der »Machtergreifung«, die man auch eine »Machtübergabe« an Hitler nennen könnte (Köhler 1999, S. 19), die deutsche Bevölkerung derart orientierungslos geworden, daß es keiner starken Persönlichkeit, sondern nur einer Galionsfigur bedurfte, um Heilserwartungen auf sich zu vereinigen. Der Börsenkrach im Oktober 1929, der die Weltwirtschaftskrise einleitete, unterminierte vollends das Klischee der »goldenen Jahre« von Weimar. Unter dem Druck der ökonomischen Not spaltete sich die Gesellschaft in Partikularinteressen. Die Republik hatte jede politische und kulturelle Integrationskraft verloren. Das stärkte die Anfälligkeit für populistische Propaganda.

Kershaw bilanziert: »Die deutsche Gesellschaft war zutiefst gespalten. Das kurze Zwischenspiel relativer Stabilität hatte nichts dazu beigetragen, um die Kluft zwischen Klassen und Konfessionen zu überbrücken. [...] Auf kultureller Ebene waren die Verwerfungen ebenso tiefgreifend. Die Avantgarde-Kunst von Weimar stieß weit mehr Menschen ab, als sie anzog. [...] Die scharf getrennten Milieus und ›Subkulturen‹ schlugen sich in einer instabilen politischen Landschaft nieder.« An den Wahlergebnissen war das abzulesen: »Der Zugewinn der KPD markierte auf der linken Seite eine antidemokratische Tendenz. Die liberalen Parteien der Mitte und rechts von der Mitte hatten seit 1919 beunruhigend viele Stimmen verloren. Der Zerfall und die Zersplitterung dieser Gruppierungen spiegelte eine Demokratieverdrossenheit und einen Rechtsruck der Wähler wider, noch bevor die Nationalsozialisten einen bedeutenden Wahlerfolg errungen hatten« (1998, S. 390f). Es sollte zwar noch einige Jahre dauern, bis die NSDAP im Juli 1932 mit 37,4% der Stimmen zur stärksten Reichstagsfraktion wurde. Und auch damit konnte sie noch nicht beanspruchen, die Mehrheit der Wähler zu repräsentieren. Doch war sie inzwischen stark genug, um die politischen Eliten zu beeindrucken und im Ränkespiel um die Macht zum entscheidenden Faktor aufzurücken. Vor allem aber sorgte das durch den Zerfall der kulturellen Konsense entbundene Frustrationspotential der Bevölkerung für eine Atmosphäre der Folgebereitschaft, die weitgehend ohne Druck von oben zustande kam – auch nach der Ernennung Hitlers zum Reichskanzler am 30. Januar 1933. »Bemerkenswert an den Umwälzungen der Jahre 1933/34 war« nach Kershaws Einschätzung »nicht, wieviel, sondern wie wenig der neue Kanzler zu tun brauchte, um die Ausweitung und Festigung seiner Macht zu erreichen«. Die Diktatur war demnach nicht weniger das Ergebnis einer kollektiven Rollenzuschreibung wie eines individuellen Machtwillens: »Als ›Repräsentationsfigur‹ der ›nationalen Erneuerung‹ bestand Hitlers Funktion größtenteils darin, die von ihm entfesselten Kräfte zu aktivieren und wirksam werden zu lassen, indem er die Handlungen anderer Personen autorisierte und legitimierte. Diese machten sich dann eiligst daran, das umzusetzen, was sie für seine Wünsche hielten. ›Dem Führer entgegenarbeiten‹ fungierte von Anfang an als grundlegende Maxime des Regimes« (S. 554).

Daß diese Maxime eine Eigendynamik entwickelte, die weitgehend ohne konkrete Anweisungen Hitlers funktionierte, steht außer Frage. Auch die Reichswehr hatte sich dem Prinzip vorauseilenden Gehorsams verschrieben – spätestens zu dem Zeitpunkt, als General Werner von Blomberg nach dem Tod des Reichspräsidenten Hindenburg per Gesetz vom 1. August 1934 alle Soldaten auf Hitler persönlich vereidigen ließ. Und sofern die neue Quellenstudie von Dirks/Janßen (1999) zutrifft, war sogar die Planung und Vorbereitung des Rußland-Feldzugs unmittelbar nach der Kapitulation Frankreichs Ende Juni 1940 eine eigenmächtige Aktion von Generalstabschef Franz Halder. Vor allem aber genügten offenbar mündliche Willensäußerungen Hitlers gegenüber Heydrich, Himmler und Frank, um diese zur selbständigen Installation eines gigantischen Apparats der Deportation und Massenvernichtung zu veranlassen – wobei wiederum Untergebene wie Eichmann und Höß mit einem bemerkenswerten Ehrgeiz darangingen, die Grausamkeit und Effizienz der Tötungsmaschinerie durch eigene Erfindungen zu optimieren (vgl. Hartog 1994). Auch in der Bevölkerung fand der Führerwille derart übereifrige Interpreten, daß sich das System fast von alleine zu tragen schien.

Als Konsequenz solcher Beobachtungen erklärt Kershaw, ihn habe bei der Abfassung seines Buches »weniger der merkwürdige Charakter des Mannes interessiert, der zwischen 1933 und 1945 das Schicksal Deutschlands in seinen Händen hielt, als die Frage, wie Hitler möglich war« (1998, S. 8). Ausdrücklich grenzt er sich damit von anderen Hitler-Biographen ab: Er sucht der vor allem an Joachim Fest (1973) wahrgenommenen Gefahr zu entgehen, »komplexe historische Entwicklungen zu personalisieren, die Rolle des Individuums bei der Gestaltung und Bestimmung von Ereignissen zu überschätzen und den sozialen Kontext, in dem diese Geschehnisse stattfinden, zu ignorieren oder herunterzuspielen« (S. 17). Insoweit präsentiert sich Kershaw als dezidierter »Feldtheoretiker«.

Doch gerade um seiner eigenen These willen drängt sich ihm eben doch die Beschäftigung mit dem »merkwürdigen Charakter« Hitlers auf. Kershaw selbst bezeichnet es als eine persönliche »Ironie«, daß ausgerechnet er, der dem strukturalen Ansatz zur Deutung der NS-Herrschaft zum Durchbruch verholfen hat, sich »dem Genre sozusa-

gen aus der ›falschen‹ Richtung genähert habe. Gleichwohl«, schreibt
er, »hat mich die zunehmende Beschäftigung mit den Strukturen der
NS-Herrschaft und mit der Kluft zwischen den Interpreten in bezug
auf Hitlers eigene Stellung innerhalb dieses Systems, wenn man es
überhaupt ›System‹ nennen will, unweigerlich dazu geführt, vermehrt
über den Mann nachzudenken, der der unverzichtbare Dreh- und
Angelpunkt sowie die Inspirationsquelle der Ereignisse war: Hitler
selbst« (S. 8). Warum gelangt Kershaw zu dieser Rückwendung auf die
Person Hitlers, die ihn von anderen Vertretern eines strikt »funktionalistischen« Ansatzes – neben Daniel Goldhagen etwa Hans Mommsen und Martin Broszat – unterscheidet? Handelt es sich dabei um
einen immanenten Widerspruch, wie Herbert (1998) meint?

Nach unserer Einschätzung ergibt sich Kershaws Zugeständnis an
eine »intentionalistische« Hitlerdeutung durchaus konsequent aus
seinem strukturalen Ansatz. Die Formel des »Entgegenarbeitens«
unterstellt ja bereits einen Zusammenhang zwischen dem Willen des
Führers und dem seiner Vollstrecker. Um zu erklären, wie beides
ineinandergreifen konnte, ist die Persönlichkeitsanalyse Hitlers demnach als ein Aspekt dieser Wechselwirkung unumgänglich. Warum
machten sich Menschen wie der erwähnte Franz Halder, der 1938
noch im Kreis einer Verschwörergruppe von Offizieren Hitler als
»Geisteskranken« in Verwahrung nehmen lassen wollte (Krausnick
1956, S. 348), 1940 auf eigene Faust daran, die Wahnidee vom
»Lebensraum im Osten« strategisch vorzubereiten? Warum genügte
es, daß Heydrich nach seiner Mitteilung an Eichmann, der Führer
habe die »physische Vernichtung« der Juden befohlen, »eine lange
Pause« machte (Lang 1982, S. 69), um für diesen alles gesagt zu haben?
Warum herrschte in weiten Teilen der Bevölkerung ein solches Vertrauen in den Führerwillen, daß sie sich die eigenen Gewissensent-
scheidungen und Handlungsmotive von ihm abnehmen ließen? Diese
Fragen können nicht hinreichend beantwortet werden, wenn man
nur die historischen Rahmenbedingungen der Weimarer Republik in
den Blick nimmt. Zwar sorgte diese als »Republik ohne Republikaner«
(Haffner 1978, S. 25) für eine generelle Bereitschaft, den verlorenen
Glauben an die demokratischen Institutionen durch den an einen
»starken Mann« zu ersetzen. Doch um diese generelle Bereitschaft

dann ausgerechnet auf Hitler zu konzentrieren, bedurfte es zusätzlich der Begeisterung für seine Person. Was hatte Hitler anzubieten, daß er zur bevorzugten Führerfigur aufsteigen konnte? Auch Kershaw sieht sich im Verlauf seiner historischen Analyse immer wieder vor diese Frage gestellt. Daß sie erneut in die Diskussion geraten ist, verdankt sich nicht zuletzt seinem Beitrag. Um die Originalität seiner Antwort zu verdeutlichen, seien ihr zwei andere aus der jüngsten Zeit zur Seite gestellt: Der britische Politiker und Journalist Brian Walden erklärt die Faszinationskraft Hitlers damit, daß sie den Deutschen »eine inklusive Volksgemeinschaft [offerierte], in der jeder einzelne seine Position fand. [...] sie konnten eines Konsenses sicher sein, der auf den Entscheidungen eines Führers beruhte, dem sie trauen konnten« (1999, S. 83 – Übersetzung der Autoren). Und Joachim Fest schreibt: »Wie keiner der demagogischen Machthaber des Jahrhunderts hat er das Verlangen der ›einsamen Masse‹ nach einem gebieterischen Willen, nach Gemeinschaft, Dramatik, Hingebung und in alledem nach einem fremdbestimmten Dasein aufgedeckt« (1999, S. 197).

Walden und Fest unterstellen also eine Bedürfnislage, die von Hitler präzise bedient wurde. Was Kershaws von ihren Antwortversuchen unterscheidet, ist das geringere Gewicht, das er dabei den Intentionen Hitlers beimißt. Dies sei an Kershaws Darstellung des entscheidenden Wendepunkts in Hitlers Biographie verdeutlicht.

Würde man dem stilisierten Selbstporträt Glauben schenken, das Hitler in *Mein Kampf* vorlegte, dann begann sein Aufstieg mit einem Willensakt: Während seines Lazarettaufenthalts in Pasewalk am Ende des Ersten Weltkriegs habe er, von einer Giftgasgranate erblindet und betroffen über die Niederlage Deutschlands, schlagartig seine Mission vor dem inneren Auge gesehen: »*Ich aber beschloß, Politiker zu werden*« (Hitler 1925/27, S. 225). Zu Recht hebt Kershaw – wie auch schon Fest (1973, S. 121) – hervor, daß diese Selbstdarstellung reine Legende ist. Im Bemühen um eine Entmythologisierung der Person weist er nach, daß nicht Hitler zur Politik, sondern die Politik zu ihm gekommen ist (1998, S. 159): Das einzige Interesse des im bürgerlichen Leben Gestrandeten, der durch gefährliche Meldegänge als Soldat erstmals in seinem Leben äußere Anerkennung in Form von militärischen Auszeichnungen erfuhr und bei einer Demobilisierung

abermals vor dem existentiellen Nichts gestanden hätte, war darauf
ausgerichtet, in der Armee zu verbleiben. Aus diesem Grund koope-
rierte er sogar während der Revolutionszeit mit der Münchner Räteregierung. Nach deren Niederschlagung ergriff er die nächste Gelegenheit, den Militärdienst zu verlängern: Er ließ sich von einer
Nachrichtenabteilung der Bayerischen Reichswehr als V-Mann enga-
gieren. Zu seinen Aufgaben gehörte es, Sympathisanten der Revolution zu denunzieren und kommunistische Tendenzen in der Armee agi-
tatorisch zu bekämpfen. Auf diesem Umweg kam Hitler in den Genuß
politischer Rednerkurse, in denen er sogleich durch seinen fanatischen Duktus auf sich aufmerksam machte. Nach ersten markanten
Agitationsauftritten im Lager Lechfeld erhielt er den Befehl, über eine
Ausschußsitzung der »Deutschen Arbeiterpartei« (DAP) zu berichten. Bei dieser Gelegenheit wurde er als Parteimitglied angeworben.
Durch einen biographischen Zufall also, per Armeeauftrag sozusagen,
kam Hitler zur Politik. Soweit scheint die »funktionalistische« Perspektive hinreichend, um die Ermöglichung seiner Karriere zu
erklären.

Doch wie konnte es dazu kommen, daß ein verschrobener Gefreiter, den seine Vorgesetzten während des Krieges ob seines eklatanten
Mangels an »entsprechenden Führereigenschaften« (Wiedemann
1964, S. 26) nicht einmal zum Unteroffizier befördern mochten,
plötzlich zum bejubelten Heilsbringer des ganzen Volks avancierte?
Schon die ersten rhetorischen Auftritte Hitlers wurden – den überlieferten Reaktionen zufolge – als derart überwältigend empfunden, daß
sie sogar die professionellen Propagandakünste der Ausbilder in den
Rednerkursen in den Schatten stellten. Bei diesem Karrieresprung
griffen offenbar strukturale und biographische Momente ineinander.
Denn einerseits ist es nur durch den gewandelten Kontext zu erklären,
daß Hitler plötzlich eine Aufmerksamkeit fand, die dem guttural
monologisierenden Sonderling, als den ihn seine Umgebung bisher
wahrnahm, verwehrt geblieben war. Andererseits waren es doch dieselben merkwürdigen Eigenarten Hitlers, die seine Redeexzesse so
unvergleichlich machten. An dieser Stelle zeigt sich exemplarisch die
Notwendigkeit einer psychologischen Ergänzung der historischen
Wirkungsanalyse. Doch Kershaw kann sich zu einer solchen Ergän-

zung nicht entschließen. Er spielt die eine Richtung gegen die andere aus, indem er feststellt: »Hitler hatte den Weg von Pasewalk zum attraktivsten Redner der Deutschen Arbeiterpartei weder durch die plötzliche Erkenntnis, er habe eine ›Mission‹, Deutschland zu retten, noch durch die Stärke seiner Persönlichkeit, noch durch einen ›Triumph des Willens‹ selbst bestimmt. Vielmehr war der Weg von den Umständen, von Opportunismus, Glücksfällen und nicht zuletzt vom Rückhalt der Armee gekennzeichnet« (Kershaw 1998, S. 172). Die ausschließende Alternative von »Persönlichkeit« oder »Umständen« wird unseres Erachtens der von Kershaw selbst vorgetragenen These nicht gerecht. Gerade wenn man von der Selbstmythisierung Hitlers Abstand nehmen will, er sei aus eigenem Entschluß Politiker geworden, bedarf es einer zusätzlichen Begründung, warum ein zufälliger Wechsel der äußeren Lebenssituation derart gravierende Folgen für seine öffentliche Wahrnehmung haben konnte. Wenn es also nicht die politischen Überzeugungen waren, mit denen Hitler seine Zuhörer faszinierte, dann müssen es seine ungewöhnlichen Persönlichkeitsmerkmale gewesen sein – dieselben Persönlichkeitsmerkmale, die zuvor nur Befremden und Spott auslösten. Mit einer bloßen Wiedergabe der ideologischen Inhalte, die ihm seine Mentoren in den Rednerkursen nahebrachten, hätte Hitler sich nicht weiter hervortun können. Nur insofern er von den gewöhnlichen Erwartungen an einen politisch motivierten Agitationsredner *abwich*, machte er auf sich aufmerksam. Eben dies ist der Grund, warum Fest (1973) die »Übereinstimmung von individual- und sozialpathologischer Situation« (S. 216) beim Aufstieg Hitlers betonte.

Was Kershaw daran hindert, diese Konsequenz zu ziehen, ist die eigenartige Leere der Persönlichkeit Hitlers, die nicht in das übliche Bild des Demagogen von starker Ausstrahlungskraft paßt. Er versucht deshalb, den psychopathologischen Erklärungsbedarf mit sozialhistorischen Argumenten abzudecken: »Er [Hitler] hatte etwas Merkwürdiges an sich, er war ein bißchen seltsam, ein bißchen anders, in den bürgerlichen Salons der zwanziger Jahre war er eine exotische Erscheinung. Später hat er sich dann stilisiert, hat einen stählernen Blick kultiviert. Seine gesamte Gestikulation war einstudiert: Er spielte den ›Führer‹. Wenn er seine Zuhörer beeindruckte, lag das natür-

lich auch an der Macht, die er hatte. Die Leute wollten beeindruckt
sein. Hitler für sich, ohne sein Amt, hätte niemandem imponiert« (im
Gespräch mit Augstein/Raulff 1998, S. 44). Durch den unvermittelten
Übergang von der Betrachtung der Person zu der ihrer Funktion bleiben beide Perspektiven unterbelichtet, statt sich wechselseitig zu
erhellen: Hitlers Merkwürdigkeiten verblassen zu Marotten, und was
diesen ihre Faszination verleiht, wird einem bloßen Amt zugeschrie-
ben. Weder die private noch die öffentliche Seite dessen, was Kershaw
im Anschluß an Max Weber als »charismatische« Qualität Hitlers
beschreibt (S. 9), kommt damit in ihrer spezifischen Intensität zum
Vorschein. Hitler hatte immerhin schon als kleiner V-Mann, ohne
imponierendes Amt, seine Zuhörer derart in den Bann gezogen, daß
er innerhalb von Monaten zum Starredner aufstieg. Auch durch »reli-
gionspolitische« Erklärungen (vgl. Bärsch 1998) wird man die Suggestionskraft seiner frühen Auftritte, die noch ohne einstudierte Posen
und kultische Staffagen auskamen, nicht ergründen können. Vielmehr legen alle zeitgenössischen Berichte die Vermutung nahe, daß es
just die psychotischen Züge seiner Persönlichkeit waren – seine Verschrobenheiten, Manieriertheiten und Verstiegenheiten, um es mit
den Kriterien Binswangers (1956) zu umschreiben, – die seine Umgebung stutzig machten und aufhorchen ließen. Hier fand ein Sonderling, der lange Zeit nur Befremden weckte und sich unter dem Spott
der anderen um so tiefer in die Wahnvorstellung der eigenen Grandiosität verspann, plötzlich sein Publikum.

Daß Hitler ein Geisteskranker war und gerade durch seine Abnormität Staunen und Bewunderung erregte, ist immer wieder vermutet
worden. Auch Kershaw kommt offenbar nicht umhin, einen »fortschreitenden Größenwahnsinn« (S. 26) oder einen »paranoiden Antisemitismus« (S. 101) Hitlers zu konstatieren. Anstatt aber das
Erklärungspotential dieser psychiatrischen Termini aufzugreifen und
in seine Darstellung einzubeziehen, bricht er auch hier vorschnell ab
und wechselt in die vertraute Perspektive des Historikers. Er bemerkt
zwar, daß das »schwarze Loch des Privatmanns Hitler« seine myste-
riöse »Aura« begünstigte (S. 22), beeilt sich jedoch sogleich, die
Untersuchung dieses Persönlichkeitsmangels als unerheblich für die
Erklärung des politischen Erfolgs abzutun. Eine psychopathologische

Untersuchung könnte dagegen die historische Analyse weiterführen, indem sie zeigt, daß die von Kershaw richtig wahrgenommene »Substanzlosigkeit der Privatperson des Diktators« (S. 22) ein Symptom ist, das mit der Motivation zur rigorosen Durchsetzung eines wahnhaft übersteigerten öffentlichen Selbst aufs engste zusammenhängt. Eine solche Überlegung lehnt Kershaw kategorisch ab: »Warum sollte eine Gesellschaft bereit sein, einem Menschen in den Abgrund zu folgen, der geistig gestört, ein ›pathologischer‹ Fall war?« (S. 19)

Kershaw selbst bezeichnet dies als eine »Schlüsselfrage«, doch er stellt sie nur rhetorisch, weil für ihn vorentschieden ist, daß ein Geisteskranker nicht imstande wäre, derart erfolgreich in der Öffentlichkeit aufzutreten: »Weder nach klinischem noch nach alltäglichem Verständnis kann man Hitler einen Wahnsinnigen nennen. Täte man es, müßte man weitergehen und fragen, wie es dazu kam, daß eine Gesellschaft sich von so einem Irrsinnigen regieren ließ« (im Gespräch mit Augstein/Raulff 1998, S. 45). Wir glauben, daß eben diese Untersuchungsrichtung notwendig und gangbar, die »Schlüsselfrage« also neu zu stellen ist. Allerdings sind dabei Vorbehalte aus dem Weg zu räumen, die von der psychopathologischen Hitlerforschung selbst veranlaßt wurden:

Es scheint in der Natur psychiatrischer Hitler-Studien zu liegen, daß sie mehr oder weniger explizit zu der fatalen Konsequenz tendieren, den Nazi-Verbrechern mangelnde Zurechnungsfähigkeit zu bescheinigen. Die Vermeidung dieser Konsequenz war in der Vergangenheit ein nicht unwesentliches Motiv, den Schweregrad der psychotischen Störung Hitlers geringer zu veranschlagen, als es die Symptome nahelegten, da man unterstellte, daß eine Schizophreniediagnose geradezu automatisch mit Schuldunfähigkeit einhergehen müsse. So schrieb etwa Gustav Bychowski: »Der junge Hitler wandte sich in einem solchen Maß von der Realität ab, daß man sogar den Beginn eines schizophrenen Prozesses vermuten könnte. Ich glaube, dies wäre die psychiatrische Diagnose gewesen, die mein verehrter Lehrer Eugen Bleuler, der den Begriff Schizophrenie prägte, für den künftigen Führer gestellt hätte. Der junge Hitler mied jede Ausbildung, er vergeudete die Zeit mit pseudokünstlerischen Betätigungen und strebte nach Zielen, für die er völlig ungeeignet und nicht vorgebildet

war, nämlich den Eintritt in die Maler- oder Architektenschule. Er
umging jede Arbeit oder bezahlte Anstellung und zog sich von allen
menschlichen Beziehungen, sowohl zu Männern wie zu Frauen,
zurück. Hinzu kam noch eine regressive, übermäßige Abhängigkeit
von seiner Mutter, die ihn in seinen vagen Phantasien über irgendwelche künftige Größe unterstützte. Schließlich sank Hitler durch
wachsende Anpassungsschwierigkeiten so tief, daß er ein Vagabun-
denleben führte, in elenden Obdachlosenasylen in der Hauptstadt der
alten österreichisch-ungarischen Monarchie übernachtete und alle
Bande der Freundschaft und Familie zerriß; hier hat man besonders
stark den Eindruck wirklicher Psychopathie« (Bychowski 1948, S.
136). Diese Darstellung läßt an Klarheit kaum zu wünschen übrig.
Und obwohl Bychowski überdies klinisch relevante Elemente eines
Verfolgungswahns in Hitlers eigenwilliger Form des Antisemitismus
ausmacht (S. 137f), kommt er am Ende doch zu einem negativen
Resultat: »Die spätere Persönlichkeitsentwicklung Hitlers schließt die
Diagnose einer Schizophrenie aus« (S. 136). Ähnlich zwiespältig
äußerte sich schon Langer (1943). Sein *Adolf-Hitler-Psychogramm*
befindet zwar: »Viele Merkmale seiner Psyche grenzen an Schizophrenie« (S. 229), schwächt die Diagnose aber dennoch zu der Feststellung ab, »daß Hitler ein Hysteriker am Rande der Schizophrenie
ist. Das bedeutet: Er ist nicht geisteskrank im üblichen Sinne des Wortes, sondern neurotisch. Er hat nicht jeden Zusammenhang mit der
ihn umgebenden Welt verloren, sondern bleibt bestrebt, sich so weit
seelisch anzupassen, daß er sich innerhalb seiner Gesellschaftsschicht
sicher bewegen kann. Das bedeutet ferner, daß in seinem Charakter
zweifellos eine moralische Komponente existiert, wie tief auch immer
sie vergraben und wie schwer auch immer sie beschädigt sein mag«
(S. 142).

Hitlers erfolgreiche Politikerkarriere wird zu Recht als Beweis dafür
genommen, daß er genug Einsichts- und Steuerungskompetenz besaß, um als schuldfähig angesehen zu werden. Doch ist dieses Minimum an Realitätssinn ein hinreichender Grund für die Zurücknahme
der Schizophreniediagnose? Leider hält sich bis heute – auch unter
Medizinern – das Klischee vom debilen Geisteskranken, der nicht
imstande sei, zu wissen, was er tut. Insofern ist es Kershaw nicht zu

verdenken, daß er meint, wer Hitler als »Verrückten« oder »vollkommen Wahnsinnigen« beschreibe, trage dazu bei, seine Person »ins Lächerliche zu ziehen« und damit den Terror zu verharmlosen, der von ihm und seinen Helfern ausging (1998, S. 19). Daß die Befürchtung des Historikers nicht unbegründet ist, zeigt sich etwa an der Analyse von Wolfgang Treher, einem der wenigen Psychiater, die Hitler uneingeschränkt als Schizophrenen bezeichnen. Treher kommt am Ende seiner Studie zu dem völlig inakzeptablen Schluß: »Eine moralische Schuld Hitlers oder des Deutschen Reiches nach 1933 gab es nicht« (1966/1990, S. 249).

Der Fehler liegt indessen nicht in der Diagnose, sondern in den falschen Konsequenzen, die aus ihr gezogen werden. Wie wir im folgenden zeigen werden, beruht die Vorstellung, daß Schizophrenie und Erfolg in der Öffentlichkeit sich gegenseitig ausschlössen, auf einem Vorurteil. Es gibt zahlreiche Belege für das Gegenteil, und der Grund hierfür ist in einem Wesenszug dieser Persönlichkeitsstörung zu finden: im Verlust des privaten Selbstgefühls, das den Schizophrenen zu einer überzogenen Außendarstellung treibt. Sofern diese aufgrund besonderer Umstände ihr Publikum überzeugt, kann sie durchaus eine stabilisierende Rückkopplung bewirken. Hitler ist ein – freilich höchst fataler – Präzedenzfall einer solchen Wahnkarriere.

Bevor wir diese These in den folgenden Kapiteln unserer Studie entfalten, seien zur Einführung in den Problemzusammenhang zunächst ihre psychiatrischen Implikationen umrißhaft beschrieben.

Schizophrenie und Erfolg in der Öffentlichkeit

Wenn von einem Menschen gesagt wird, er sei schizophren, so hören viele Leute – leider auch manche Fachleute – daraus immer noch die alten Assoziationen von Demenz und geistiger Umnachtung heraus. Diese Assoziationen gehen zurück auf die ersten systematischen Beschreibungsversuche des Krankheitsbildes. Ihre Grundlage ist die Zweiteilung der Psychosen durch Emil Kraepelin. In der 6. Auflage seines Lehrbuchs *Psychiatrie* (1899) übernahm er den 1856 von Morel eingeführten Ausdruck »Dementia praecox« als Oberbegriff für die paranoiden Erkrankungen, die Hebephrenie und die Katatonie. Ausdrücklich hob Kraepelin hervor, das gemeinsame Merkmal dieser drei Krankheitsbilder sei ihr rascher Ausgang in »Verblödung«. Kaum besser geeignet zur Abmilderung von Vorurteilen gegenüber Geisteskranken war der Begriff »Schizophrenie« selbst, den Eugen Bleuler 1911 einführte. Das »Spaltungsirresein« bildete den allgemeinen Rahmen für den Versuch einer Unterteilung in Grundsymptome und akzessorische Symptome. Kurt Schneider griff in seiner *Klinischen Psychopathologie* (1939) diesen Ansatz auf und unterschied »Symptome ersten und zweiten Ranges«. Zu den Symptomen ersten Ranges zählte er (optische) Halluzinationen, Wahnwahrnehmungen und Denkstörungen.

Schneiders Einteilung hat bis in die heutigen Diagnosehandbücher überdauert. Zwar sind diese durch das Bemühen gekennzeichnet, besser überprüfbare Kriterien zu formulieren. Doch im Grunde halten auch die neuesten Manuale, DSM-IV und ICD-10, an der alten Merkmalsgruppierung fest. So unterscheidet man weiterhin eine paranoide, hebephrene, katatone und undifferenzierte Form der Schizophrenie. Dabei überdecken die kriteriologischen Differenzierungen allzu leicht die Tatsache, daß das Krankheitsbild weiterhin ungeklärt ist. Nach wie vor gilt das Urteil von Janzarik (1986): »Eine eindeutig definierte Krankheit ›Schizophrenie‹ gibt es bisher nicht. Die Geschichte des Schizophrenie-Begriffes ist keine Geschichte medizinischer Entdeckungen. Sie ist die Geschichte der Denkmodelle, an denen sich die Psychiatrie orientiert« (S. 681). Daß diese Denkmodelle weitgehend immer noch einem wirklichen Verständnis der Krankheit im Wege stehen, dokumentieren Kampagnen gegen die Diskriminierung Schizophrener, wie z. B. unlängst auf dem XI. Weltkongreß für Psychiatrie in Hamburg (1999).

So hat die moderne Medizingeschichte dazu beigetragen, einen Typ abweichenden Verhaltens durch eben die Kategorien zu stigmatisieren, die ihn einer Therapie zuführen sollten. Daß die negativen Konsequenzen für die Heilungsaussichten der Betroffenen vermeidbar sind, belegen kulturvergleichende Studien. Ihnen zufolge wird der Schweregrad schizophrener Psychosen maßgeblich durch die Reaktionen der Umwelt beeinflußt. So hat die »Ten-Country-Study« der Weltgesundheitsorganisation ergeben, daß fünf von sechs Schizophrenen in den sogenannten Entwicklungsländern bessere Heilungsaussichten haben als in den Industrienationen (Jablensky u.a. 1991). Als Grund wird angegeben: »Hier kann der schizophrene Patient seine psychotischen Erlebnisse ausagieren, befindet sich in einer gesicherten Situation, [...] und er ist in Alltagsaktivitäten eingebunden« (Machleidt/Peltzer 1994, S. 5). Schon Bateson und Mead (1942) beobachteten an der balinesischen Trancekultur, daß in ihr Personen mit Verhaltensauffälligkeiten, die wir als schizoid bezeichnen würden, in das »setting« kultureller Praktiken integriert sind. Absonderliches Benehmen und Wahnwahrnehmungen, die ein westliches Verständnis als »bizarr« pathologisieren würde, werden hier als Zeichen einer besonderen Berufung – etwa zum Medium – respektiert (S. 4). Dadurch wird der Bruch mit der sozialen Realität, der ein Hauptquell für das Leiden Schizophrener ist, abgefangen, die Symptome lassen entsprechend nach. Neuere Ansätze einer »transkulturellen Psychiatrie« versuchen, diese Befunde für eine »integrative« Erneuerung der westlichen Psychosentherapie nutzbar zu machen (vgl. Hoffmann/Machleidt 1997).

Freilich finden solche Ansätze ihre Grenzen dort, wo sie mit dem posttraditionellen Menschenbild kollidieren. Für Trancemedien, Visionäre oder Heilige bietet der Alltag der Industriegesellschaften in

der Regel keinen Platz. Sie werden in Kliniken eingewiesen, wo sie
günstigenfalls unter Schicksalsgefährten ein Forum finden, vor dem
sich der Mechanismus der Stabilisierung durch soziale Akzeptanz
wiederholen kann. So hat der Psychiater Otto Fenichel beobachtet:
»Die häufigste Sicherheitsbedingung für paranoide Persönlichkeiten
besteht darin, ›Jünger‹ zu haben. Solange andere an sie und ihre Mission glauben, halten die Patienten noch an der Realität fest. Sagen die
Männer aber, der Mann ist verrückt, brechen sie zusammen« (1997,
S. 352).

Doch unser Kulturkreis bietet auch außerhalb seiner Klinikmauern
Schizophrenen die Möglichkeit, dem psychotischen Zusammenbruch
durch Rekrutierung von Anhängern zu entgehen. Die Massenmedien
fungieren als moderne Ersatzbühnen für exzentrische Rituale, in
denen das Interesse des Publikums an Sonderlingen und das von Sonderlingen an einem Publikum sich wechselseitig ergänzen. So kann
die Oberfläche öffentlicher Akklamation auch Wahnideen verdecken.
Als Beispiel aus der jüngeren Zeit sei an den Fall des »Kreml-Fliegers«
Mathias Rust erinnert, der 1987 mit seiner spektakulären Landung
auf dem Roten Platz im Moskau einen großen Medienrummel verur-
sachte und von Psychiatern als Grenzfall zur Schizophrenie erst viel
später erkannt wurde, als er eine Krankenschwester lebensgefährlich
verletzte.

Solange Rust für seinen bizarren Einfall, sich mit einem Kleinflug-
zeug über die damals waffenstrotzende Bewachung des sowjetischen
Luftraums hinwegzusetzen, öffentliche Aufmerksamkeit fand, blieb
der psychotische Hintergrund latent. Die Bewunderung des Publikums erlaubte es dem Flugschüler, sein übersteigertes Selbstbild mit
der sozialen Realität in Übereinstimmung zu bringen. Auch als er nach
seiner Festnahme den Kreml-Flug in abstrusen Statements zur Weltfriedensmission deklarierte, fand er immer noch großen Zuspruch für
seine »Heldentat«, was sein Wahnsystem weiterhin vor Irritationen
bewahrte. Erst die späteren Messerstiche auf das Hamburger
Mädchen, bei der er mit seiner großspurigen Selbstpräsentation als
»Flieger von Moskau« nicht »landen« konnte, machte allen klar, daß
hier ein pathologischer Fall vorlag. Nun erst wurde die aggressive Tat
als Konsequenz einer Entwicklung erkannt, die viel früher begann: mit

einer Kindheit, die ihm eine Kronprinzenrolle auferlegte, ohne daß er ihr gerecht werden konnte. Der zunehmende Bedarf nach Kompensation für Demütigungen, die er durch Falsifikationen seiner überhöhten Selbsteinschätzung erlitt, trieb ihn immer weiter in eine Verstiegenheit, die er schließlich nur durch ein bizarres Flugabenteuer noch absichern konnte.

Die angebliche Weltfriedensmission war freilich nur eine Maskierung verborgener Motive. Wie viele Jugendliche hatte Rust Probleme mit dem pubertätsgemäßen Schritt vom Ich zum Du und damit zur Gemeinschaft mit anderen (vgl. Erikson 1950). Während diese Entwicklung in der Regel nach einigen Krisenerfahrungen gelingt, war sie bei Rust durch eine aussichtslose Konstellation verbaut: Er wollte an ein Mädchen herankommen, hielt es aber für ausgeschlossen, seine Bedürfnisse einfach zu offenbaren. Seine pathologische Fixierung auf ein grandioses öffentliches Selbst verlangte, daß er dem anderen Geschlecht durch eine entsprechend groß dimensionierte Heldentat imponierte. Schon der Flugunterricht, den er als einfacher Banklehrling nahm, war ein Versuch, seinen Sonderstatus unter Beweis zu stellen. Da er aber auch in der Flugschule als verschroben und »seltsam« gemieden wurde, mußte er die anderen um so mehr beeindrucken. Er plante das Unmögliche: einen Flug über den eisernen Vorhang nach Moskau. Dieser gelang nicht etwa, weil die sowjetische Flugabwehr geschlafen hätte – Rusts Cessna erschien auf allen Radarschirmen und wurde auch von Jagdfliegern erkannt –; er gelang, weil die Beobachter fassungslos waren über die Absurdität der Tat. Nach der tollkühnen Landung auf dem Roten Platz wurde Rust nicht etwa in psychiatrische Obhut gebracht, sondern als »Star« der Öffentlichkeit präsentiert. So vergaß man über dem Staunen die Frage nach der geistigen Gesundheit des Bestaunten.

Solange seine Umgebung akklamatorisch reagierte, wirkte Rust stabil. Die Inhaftierung nahm er gelassen hin, zumal auch sie ausgiebig in der Presse dargestellt wurde. Mit der erreichten Popularität hoffte er die Kluft zu überbrücken, die ihn bisher vom anderen Geschlecht trennte. Nach seiner Entlassung blieb er der sonderliche Außenseiter, benutzte aber nun sein inzwischen weltweit bekanntes Image, um Kontakt zu Mädchen herzustellen. Bei jeder »Anmache«, wie es in den

Gutachten heißt, stellte er sich als »Kreml-Flieger« vor. Die Ange-
sprochenen waren allerdings eher befremdet über »den komischen
Kerl«. Ihre Abweisungen bedeuteten für ihn eine unerträgliche Kränkung, da sie einen Menschen trafen, der im Bewußtsein seiner unwi-
derstehlichen Größe aufging. Er versuchte es noch einige Male mit
seiner Masche – und war tief beschämt über den ausbleibenden
Erfolg.

Mathias Rust gehört zu den schätzungsweise 0,5 bis 1,5 Promille
aller Schizophrenen, die mit einer gewalttätigen äußeren Aggression
auf Kränkungen reagieren (Böker/Häfner 1973, Lindquist/Allebeck
1990) – und man muß zum genaueren Verständnis hinzufügen: aggressiv reagieren *können*. Er stach zu.

Was hat ein solcher Fall mit demjenigen Hitlers zu tun? Mehr als ein
nur psychiatrisch oder nur historisch orientierter Blick erfassen
würde. Hitler ist die ins Monströse gesteigerte Form einer durch
öffentliche Bestätigung stabilisierten schizophrenen Struktur, die bei
drohender Infragestellung ein exzessives Gewaltpotential freisetzt.
Wie Rust wuchs Hitler mit dem von seiner Mutter genährten Bewußtsein einer besonderen Auserwähltheit auf, das aufgrund seiner dürftigen Leistungen immer wieder verletzt wurde. Wie bei Rust führten
diese Demütigungen zu kompensatorischen Überreaktionen. Auch
Hitler verbaute sich durch ein grandioses öffentliches Selbst den
pubertären Schritt zum anderen Geschlecht, was ihn weiter aus der
Gemeinschaft mit anderen herausfallen ließ. Nach Erikson (1950) ist
darin ein zentraler Faktor für die pathologischen Züge in Hitlers
Weltbild zu sehen.

Freilich war bei Hitler das Geltungsbedürfnis, mit dem er die
Beschämungen seines Selbstbildes überkompensierte, unvergleichlich größer und rigoroser in der Durchsetzung als bei Rust. Hitler
war kein Gewalttäter aus Affekt, sondern ein Massenmörder, der
planmäßig vorging. Kershaws Hinweis ist deshalb im Grundsatz
zuzustimmen: »Wenn die herrschsüchtigen Züge [Hitlers] eine tiefe
innere Unsicherheit und die anmaßenden Merkmale einen unterschwelligen Minderwertigkeitskomplex signalisierten, dann hätte die
verborgene Persönlichkeitsstörung von ungeheuren Ausmaßen sein
müssen« (S. 434f). In der Tat müßte es sich so verhalten, wenn unse-

re Hypothese stimmt. Es gilt also plausibel zu machen, daß die Dynamik von Hitlers Wahnkarriere aus einer Vulnerabilität von psychotischer Dimension hervorging, die durch die Verkündung und schließlich brutale Verwirklichung missionarischer Größenideen ausagiert wurde. Und es gilt zu zeigen, daß die akklamatorische Reaktion der Umwelt – wie bei Rust, nur in historischem Maßstab – dazu führte, daß das Wahngebäude sich stabilisierte.

Wir werden auf die für Hitler spezifischen Besonderheiten dieser Wechselwirkung noch detailliert eingehen. Hier ist zunächst festzuhalten, daß es entgegen der bis heute geläufigen Einschätzung, Schizophrenie sei in jedem Fall von einem vollständigen Realitätsbruch begleitet, durchaus vorkommt, daß jemand schizophren *und* erfolgreich ist, ja, daß eine Ausnahme-Karriere *gerade* einem Schizophrenen gelingen kann, weil er Ungewöhnliches vorzeigen muß, um sich den benötigten Zuspruch des Publikums zu sichern. Trotz klarer Disposition zur Psychose kann der mentale Zusammenbruch lange hinausgeschoben werden oder ganz ausbleiben, wenn die Eigentümlichkeit des schizophrenen Wahns, die extreme Bezogenheit auf die Außenwelt, durch deren Reaktionen aufgefangen wird. Dieser seltene Fall lag etwa bei Glenn Gould, Martin Heidegger, Axel Springer und C. G. Jung vor, die wir in früheren Publikationen beschrieben haben (vgl. Matussek/Matussek 1992 u. 1997). Auch sie wurden von ihren Müttern früh auf eine Kronprinzenrolle eingestellt, die sie aufgrund ungewöhnlicher Begabungen dann tatsächlich zu spielen vermochten. So veranlaßten sie ihre Auditorien zu einer faszinierten Bewunderung ihrer Manieriertheiten und Verschrobenheiten, die sie vor Realitätsverlusten und klinischer Ausgrenzung weitgehend bewahrte.

Der Zusammenbruch Hitlers wurde auf eine vergleichbare Art lange herausgezögert. Dies ist die Kehrseite der geschilderten Befunde der transkulturellen Psychiatrie, und wir werden noch zu klären haben, was diese unheilvolle von einer therapeutisch hilfreichen Form der Sozialintegration unterscheidet. Obwohl Hitler im Sinne intellektueller oder künstlerischer Fähigkeiten keine Sonderbegabung war – hier ist vielmehr sein schulisches Versagen bzw. sein künstlerischer Dilettantismus signifikant –, verfügte er doch über

eine solche rhetorische Intensität, daß er seine Zuhörer in den Bann
zu ziehen vermochte und die beschriebene Rückkoppelung einsetzen
konnte: Was ursprünglich nichts als paranoide und größenwahnsinnige Selbstäußerung war, fand in dem Moment, wo sich ihr ein geeig-
netes Forum bot, eine derart starke Resonanz, daß sich die Psychose
mehr und mehr systematisieren konnte, ohne in einen allzu krassen
Gegensatz zur soziokulturellen Realität zu geraten. Hitler entging der
Klinik, weil er in einem Milieu agierte, das seinen Wahn bestätigte. Wo
diese Akzeptanz nicht schon bestand, hat er sie sich geschaffen. Denn
es ist nicht nur so, wie Bychowski schreibt, »daß sich Hitler mit den
Keimen des Wahns den Ereignissen und Eindrücken anpaßte«, um
diese »nach seiner verdrehten Ansicht von der Realität« umzudeuten
(1948, S. 138). Es kommt hinzu, was Langer schon 1943 in seinem *Psychogramm* hervorgehoben hatte: »Der große Unterschied zwischen
Hitler und Tausenden von anderen Psychopathen liegt darin, daß es
ihm gelungen ist, Millionen davon zu überzeugen, daß sein fiktives
Bild wirklich er selbst ist. Und je mehr er die anderen überzeugte,
desto mehr war auch er selbst wieder in seiner Überzeugung gestärkt
– nach dem Motto: 80 Millionen Deutsche können sich nicht irren!
So wurde er dem Bild, das er von sich selbst gemacht hatte, hörig und
tut alles, um zu vergessen, daß hinter diesem Bild ein ganz anderer
Hitler steckt, den er aufs heftigste verachtet. Seine Fähigkeit, andere
zu überzeugen, daß er ist, was er nicht ist, hat ihn letztlich vor der Geisteskrankheit bewahrt« (Langer, S. 147f).

Dieser Spur gilt es mit Hilfe neuer Kenntnisse und Methoden nachzugehen, um mehr Klarheit über das zu gewinnen, was nach John
Lukacs der »vielleicht erstaunlichste Erfolg Hitlers war«: daß es ihm
gelang, die Umstände seinen bizarren Ideen anzupassen (1997,
S. 102). Gerade im Zusammenwirken von kollektiver Befindlichkeit
und individueller Pathologie also liegt die Antwort auf Kershaws
»Schlüsselfrage«. Hitler brauchte die Massen zur Bestätigung seines
kompensatorisch übersteigerten öffentlichen Selbst; und die Massen
brauchten Hitler, weil dieses übersteigerte Selbst ihren eigenen Kompensationsbedarf bediente. Das Bedürfnis, sich aus tiefen Demütigungen zu erheben, verband die Deutschen mit dem Geistesgestörten,
den sie zu ihrem Diktator machten. Den persönlichen Beschämungen

des einen, der sich von dem Spott von Klassenkameraden und Männerheimkollegen verfolgt fühlte, entsprach die nationale Schmach des »Schandvertrags von Versailles« und die paranoide Angst vor der ökonomischen und intellektuellen Überlegenheit der Juden. In dieser Konstellation vermochte Hitler, gerade weil er größenwahnsinnig war, sein Publikum so zu faszinieren, daß es ihm schließlich die politischen Machtmittel zuspielte, die er benötigte, um seine Wahnideen durchzusetzen. Es wäre ein schweres Versäumnis, wenn aus der deutschen Geschichte nicht auch die Erkenntnis gezogen würde, daß es solche Wechselwirkungen gibt. Der möglichen Gefahr ihrer Wiederkehr präventiv zu begegnen setzt voraus, psychiatrische Ansätze in die Analyse historischer Prozesse einzubeziehen.

Damit läßt sich nun die Position der vorliegenden Studie innerhalb der Hitlerforschung umreißen.

Positionsbestimmung der vorliegenden Studie

Wenn wir im Verlauf unserer Ausführungen plausibel zu machen suchen, daß Hitlers Aufstieg wesentlich durch seine psychotische Struktur und ihre Wechselwirkung mit der Öffentlichkeit begünstigt wurde, dann tun wir dies nicht in der Absicht, ihm und seinen Helfern verminderte Zurechnungsfähigkeit zu attestieren. Vielmehr wollen wir zeigen, daß gerade eine psychiatrische Ergänzung der historischen Untersuchungen über die Ermöglichung des Nazi-Regimes geeignet ist, dem Relativieren und Umdeuten, Verharmlosen und Verdrängen dieses schrecklichsten Kapitels in der deutschen Geschichte entgegenzutreten. Da nach unserer These der individuelle und der kollektive Hitlerwahn sich gegenseitig stabilisierten, war beiderseits ein bewußtes und weitgehend kontrolliert gesteuertes Handeln möglich, so daß ein Plädoyer für verminderte Schuldfähigkeit gerade nicht in Frage kommt.

Selbstverständlich ist jede psychiatrische Begutachtung einer historischen Persönlichkeit mit den Unschärfen einer »Ferndiagnose« behaftet. Sie kann sich keinen unmittelbaren Eindruck verschaffen, sondern ist auf die überlieferten Schilderungen von Augenzeugen angewiesen, die ihrerseits als subjektiv eingefärbte Wahrnehmungen, bisweilen auch als Versuche der Verschleierung interpretiert werden müssen. Freilich gilt Entsprechendes für die Geschichtsschreibung insgesamt; auch sie muß in aller Regel Dokumente erst deuten, um Fakten zu ermitteln. Dennoch wäre es verantwortungslos und – wie der Fall David Irvings zeigt – geradezu infam, Tatsachen zu leugnen, die sich aus klaren Indizien ergeben. Daß es einen Führerbefehl zur »Endlösung« gegeben hat, kann auch ohne das Vorliegen eines entsprechenden Schriftstücks rekonstruiert werden. Just das Fehlen eines solchen Schriftstücks wird im Kontext der Geheimhaltungsstrategien bei der Deportation und Ermordung der Juden zum Indiz, wenn man die psychologischen Hintergründe mit berücksichtigt. Auch hierzu möchte unsere Studie einen Beitrag leisten.

Mit ihrer Kombination psychopathologischer und sozialgeschichtlicher Erklärungsansätze positioniert sie sich in einem Forschungsgebiet, das gemeinhin als »Psychohistorie« bezeichnet wird (vgl. grundlegend hierzu: de Mause 1989, 2000 und – in kritischer Abgrenzung – Hans-Ulrich Wehler 1971 u. 1978). Zu den mit Hitler befaßten Vertretern dieses Gebiets gehören Autoren wie Langer (1943), Kurth (1947), Bychowski (1948), Erikson (1966), Fromm (1973), Binion (1976), Stierlin (1975), Waite (1977), Carr (1978), Eitner (1981) und Bromberg/Small (1983) – um nur die wichtigsten zu nennen. Auch das Buch von Redlich (1998) läßt sich in Teilen der psychohistorischen Richtung zuordnen. Daß namhafte Hitler-Forscher diese Richtung skeptisch beurteilen (z. B. Lukacs 1997, S. 43f; Kershaw 1998, S. 43), beruht auf Einwänden, die durchaus nachvollziehbar sind. Wir glauben jedoch, die berechtigten Einwände entkräften zu können, indem wir die Beschreibung psychotischer Strukturen auf ein neues theoretisches Fundament stellen, das von der Polarität privater und öffentlicher Selbstaspekte ausgeht. Dieses neue Paradigma spekuliert nicht auf verborgene »Instanzen« innerhalb der menschlichen Seele, sondern gründet in kulturanthropologischen Feststellungen, die der Beobachtung zugänglich sind. Damit werden Wechselwirkungen zwischen Individuum und Gesellschaft von vornherein in die psychopathologische Perspektive einbezogen.

Die einschlägigen Hitler-Monographien von Bullock (1957), Deuerlein (1969), Fest (1973), Hamann (1996), Joachimsthaler (1989) und Kershaw (1998, 2000), auf die wir uns im wesentlichen stützen, haben bewiesen, daß der biographische Ansatz nicht zwangsläufig dazu führen muß, das NS-Regime »zu personalisieren und zu trivialisieren« (vgl. Wistrich 1985, S. 19). Denn Biographen müssen aufgrund ihres erzählenden Zugangs im Auge behalten, was in der reinen Strukturanalyse vernachlässigt zu werden droht: die Komplexität einer gelebten Situation. Wenn wir uns also mit der Persönlichkeit Hitlers befassen, bedeutet das gerade nicht, daß wir ihren Zusammenhang mit den gesellschaftlichen Tendenzen bestreiten. Indem wir annehmen, daß Hitlers Psychose aufgrund sozial integrativer Reaktionen seiner Umgebung vor klinischen Konsequenzen bewahrt wurde, ist die Frage, wie es zu dieser Wahnunterstützung kam, schon um der Persönlichkeitsanalyse willen unverzichtbar. Umgekehrt glauben wir, daß die Persönlichkeitsanalyse einen ergänzenden Beitrag zur Aufklärung über das Zustandekommen eines massenmörderischen Systems leisten kann.

Der leitende Gedanke unserer Arbeit ist also nicht das Verstehen des Individuums, um das Kollektiv zu entlasten. Es geht uns vielmehr um die Rekonstruktion einer verhängnisvollen Wechselwirkung und ihre Annahme als »negatives Eigentum« der Deutschen, wie Gravenhorst (1997, S. 27) in Anlehnung an Améry formuliert. Mag diese Wechselwirkung in ihrer grauenvollen historischen Gestalt auch einzigartig sein, ist sie als kulturanthropologische Möglichkeit gleichwohl nicht aus der Welt zu schaffen. Wenn ein Individuum nicht nur trotz, sondern wegen seines Größen- und Verfolgungswahns an die Spitze einer »Kulturnation« gelangen konnte, muß das für immer zu denken geben. Die Lösung des Rätsels Hitler liegt nicht bloß in einer »unglücklichen« Konstellation der Vergangenheit. Sie liegt im fortwährenden Erinnern an das, wozu Menschen imstande sind.

—— II ——

Das Desiderat eines neuen Diagnosemodells –
Hitler als Präzedenzfall

In diesem Kapitel referieren wir zunächst die Krankheitsmerkmale, die in der bisherigen Forschung als Gründe für Hitlers Abnormität hauptsächlich geltend gemacht wurden. Dabei gilt unser Augenmerk vor allem den psychopathologischen Befunden. Da aber für diese immer wieder auch somatische Erkrankungen als Ursache herangezogen werden, müssen wir sie ebenfalls berücksichtigen. Den Erkenntniswert solcher Untersuchungen beurteilen wir skeptisch. Vieles bleibt Spekulation, und was an medizinischen Fakten zusammengetragen wurde, läßt wenig Rückschlüsse auf das »Phänomen Hitler« zu. Wir müssen dennoch kurz darauf eingehen, um die Notwendigkeit eines Paradigmenwechsels deutlich zu machen.

Dieser Paradigmenwechsel hat seine empirische Basis in Beobachtungen über die unterschiedlichen Wahninhalte der beiden Hauptvarianten der endogenen Psychose, Depression und Schizophrenie: Während in der ersten Gruppe der Blick nach innen dominiert, ist für die zweite eine übersteigerte Außenorientierung kennzeichnend. Um dieser Beobachtung ein theoretisches Fundament zu geben, reformulieren wir sie im Sinne der sozialpsychologischen Termini »privates und öffentliches Selbst«.

Es zeigt sich, daß die daraus gewonnenen Kriterien eine wesentlich angemessenere Beschreibung der Persönlichkeit Hitlers gestatten, als es die tradierten psychopathologischen Verfahren zuließen. Hitler wird so zum Präzedenzfall für die Notwendigkeit, den Begriff der schizophrenen Psychose neu zu fassen.

Mutmaßungen über körperliche Ursachen

Hitlers Krankengeschichte ist, soweit es um körperliche Verwundungen, Verletzungen, Defekte und Gebrechen geht, Gegenstand vieler Publikationen gewesen. Ohne Anspruch auf Vollständigkeit seien nur die Arbeiten von Recktenwald (1963), Röhrs (1965), Heston/Heston (1979), Schenck (1989) und Gibbels (1988, 1994) genannt. Auch Redlich (1998) widmet dem somatischen Aspekt einen Teil seines Buches. Doch was vermögen Krankheiten dieser Art, zu denen auch das in Hitlers letzten beiden Lebensjahren auftretende Parkinson-Syndrom gehört, zu erklären? Das Resümee Redlichs mag genügen, um diese Frage zu beantworten: »Die entscheidende Frage im Fall Hitlers lautet, ob Krankheiten zu seinen Fehlern und Verbrechen beigetragen haben. Alle seine größeren Erkrankungen – des Nervensystems, der Herzkranzgefäße, des Verdauungstrakts sowie arterielle Entzündungen – blieben von mäßigem Schweregrad. Sie verursachten, wie üblich, Ermattung und Müdigkeit, auch Leiden durch Schmerz. Ein leitender Angestellter oder Beamter mit ähnlichen Symptomen hätte seinen Dienst wohl quittiert. […] Hitler war nicht bei optimalen Kräften, obwohl keine ernsthafte Fehlfunktion auftrat, weil er hoch motiviert war, seine Mission zu erfüllen. […] Auf Hitlers Verbrechen und Irrtümer hatten seine Krankheiten keinen Einfluß« (1998, S. 253; Übersetzung der Autoren).

Redlich gehört gleichwohl zu dem großen Kreis der Autoren, die physiologische Defekte oder Beeinträchtigungen indirekt für Hitlers Psychodynamik verantwortlich machen, indem sie auf Mechanismen der Überkompensation organischer Minderwertigkeiten oder der Bewußtseinsveränderung durch Drogen spekulieren. Dabei ist insbesondere von Deformationen im Bereich der Genitalorgane und einem Mißbrauch von Amphetaminen die Rede. Wir glauben nicht, daß diese Spekulationen zur Aufklärung über das »Phänomen Hitler« Wesentliches beitragen können. Da sie sich aber hartnäckig in der

Diskussion halten, ist es erforderlich, kurz auf sie einzugehen. Dabei wird sich zeigen, daß sowohl ihre Faktenbasis als auch die Methodik der psychologischen Ableitungen mangelhaft sind. Zu unserem Thema trägt diese Auseinandersetzung insofern bei, als sie die Grenzen einer psychosomatisch orientierten Hitlerdeutung deutlich werden läßt.

Von zwei Deformationsarten des Genitalapparats ist überwiegend die Rede: Am häufigsten sind Spekulationen über einen fehlenden Hoden (Monorchismus) bei Hitler; vereinzelt wird von einer angeborenen Verlagerung des Harnröhrenausgangs auf die Unterseite des Penis (Hypospadia) in Verbindung mit einer verdeckten Öffnung des Rückenmarkskanals (Spina bifida occulta) berichtet.

Hauptquelle der Annahmen eines Monorchismus bei Hitler ist die am 8. Mai 1945 an der verkohlten Leiche vorgenommene Autopsie durch eine Gruppe russischer Pathologen unter Leitung des Professors für forensische Medizin, Faust Josefowitsch Schklarawski, und seines Stellvertreters, des Professors für Pathologie, Nikolai Alexandrowitsch Krajewski (vgl. Besymenski 1968). Erst 1968 wurde der bis dahin geheime Autopsiebericht in englischer Sprache publiziert (abgedruckt in Redlich 1998, S. 374ff). Sein Wahrheitsgehalt ist umstritten. Während Waite (1977, S. 420) und Bromberg/Small (1983, S. 216–222) ihn für vertrauenswürdig halten und ein ganzes Bündel von Verhaltensauffälligkeiten Hitlers aus ihm ableiten, stufen ihn andere als Fälschung ein, darunter Maser (1972, S. 525f), Rosenbaum (1998, S. 140f) und Redlich (1998, S. 219).

Unterstellt, der Bericht sei authentisch – was ließe sich aus ihm ableiten? Bromberg/Small (1983, S. 218) zitieren Untersuchungen, nach denen kryptorchide (vorübergehend monorchide) Jungen emotionale Probleme haben, wenn zusätzlich ihre Beziehung zu den Eltern gestört ist; aus der Sicht des Kindes werde dann die Mutter für den körperlichen Defekt verantwortlich gemacht. Als mögliche Folgen nennen die Autoren: Hyperaktivität, Lernschwierigkeiten, Entschlußlosigkeit, Lügen und Neigung zu gefährlichem Spiel sowie bisexuelle Identität und symbolischer Ersatz des fehlenden Hodens durch Gegenstände oder Körperteile. Bei Hitler waren Bromberg/Small zufolge diese Symptome fast alle vertreten – in seinen hyperaktiven Kriegsspielen als Grundschüler, den Lernschwierigkeiten an der weiterführenden Schule und der Gefahrenmißachtung im Ersten Weltkrieg, in seiner Entschlußlosigkeit als politischer und militärischer Führer sowie in der starken Tendenz zur Lüge und Übertreibung. Als symbolischen Ersatz für den fehlenden Hoden habe sich Hitler, wie die Autoren weiter annehmen, diverser Strategien der Verschiebung und Substitution bedient: Eine Verschiebung des Mißfallens an seinem defekten Körper auf äußere Gegenstände habe etwa Hitlers Interesse an Architektur dargestellt; aus ihr sei eine lebenslange Kritiksucht gegenüber den ihn umgebenden Bauten und der manische Drang zu ihrer Veränderung hervorgegangen. Die Substitution durch Körperteile habe Hitler vor allem mit seinen Augen vollzogen. In der Tat war Hitlers starrer, durchdringender Blick schon früh anderen aufgefallen – so etwa der Mutter seines Freundes Kubizek (1953, S. 29). Später hat er diesen Blick systematisch vor dem Spiegel trainiert und bei seinen Tischrunden in aggressiven »Wer-hält-dem-Blick-länger-stand«-Spielen ausprobiert. Was Hitler gemäß Bromberg/Small unbewußt damit ausdrücken wollte, war: »Seht her, ich habe zwei machtvolle Hoden, und ich kann andere durchdringen« (S. 220).

Auch Hitlers Glaube, er stehe als Vollstrecker einer göttlichen Vorsehung unter deren besonderem Schutz, ist nach Bromberg/Small Teil dieser Symptomatik (S. 221). Schon Freud habe schließlich festgestellt, daß Personen mit angeborenen Deformationen oder Dauergebrechen im Verlauf ihrer Kindheit zu der Ansicht gelangen, sie hätten ohne eigenes Verschulden genug gelitten und das Recht erworben, sich künftig jeder unangenehmen Pflicht zu entziehen und hemmungslos den eigenen Vorteil zu suchen. Hitlers Gefühl einer fundamentalen Legitimiertheit seines Handelns, das ihn sich über jede Gepflogenheit, Regel oder Norm hinwegsetzen ließ, ist für Bromberg/Small ein Ausdruck dieses Reaktionsmusters. Eine weitere Folge von Hitlers Monorchismus sei eine tiefsitzende Kastrationsangst. Diese habe sich unter anderem darin geäußert, daß Hitler sich, obwohl zum Exhibitionismus neigend, jeder umfassenden medizinischen Untersuchung seines Körpers widersetzte (S. 222).

Die kursorischen Hinweise mögen genügen, um den hochspekulativen Charakter der Ableitungen aus dem mutmaßlichen Organdefekt zu demonstrieren. Statt zur Ergründung des Phänomens Hitler tragen sie eher zur Fortschreibung einer Legende bei. Schließlich war es bereits zu Beginn der dreißiger Jahre ein fester Bestandteil des öffentlichen Klatsches, daß Hitler ein Hoden fehle (Rosenbaum 1998, S. 140f). Und während des Krieges sangen amerikanische Soldaten »Hitler – has only got one ball« als Marschlied. Die Motive sind verständlich: Man versuchte, Hitlers Monstrosität auf einen ungewöhnlichen Defekt zurückzuführen – nicht zuletzt, um ihre Schrecken durch eine lächerlich einfache Erklärung zu bannen. Auch der russische Autopsiebericht könnte noch an dieser Legendenbildung teilhaben. Denn es gilt mittlerweile als erwiesen, daß die Befunde manipuliert wurden, um »Hitler als einen Feigling mit einem sexuellen Defekt präsentieren zu können« (Redlich 1998, S. 229; Übersetzung der Autoren).

Aber auch Redlichs Vermutung, Hitler habe unter Hypospadia und Spina bifida occulta gelitten (S. 230), entbehrt einer gesicherten Grundlage. Sie stützt sich auf einen Tagebucheintrag von Theodor Morell, Hitlers Leibarzt seit 1937. Darin wird von einem Gespräch berichtet, das am 28. Oktober 1940 stattfand: Hitler erkundigte sich nach Einzelheiten über Unterleibsinfektionen, offene Rückenmarkskanäle und Anomalien des Harnausgangs. Redlich hält es für wahrscheinlich, daß Hitler interessiert war, Näheres über Defekte zu erfahren, an denen er selbst litt. Seine Vermutung sieht er durch zwei Indizien gestützt. Zum einen durch die Tatsache, daß Hitler nach einer radiologischen Untersuchung weitere Röntgenaufnahmen seines Unterleibs strikt abgelehnt hatte; zum anderen durch einen Bericht Henriette v. Schirachs, demzufolge ihr der Urologieprofessor Kielleuthner nach dem Zweiten Weltkrieg eröffnet hatte, daß Hitler einer seiner Patienten gewesen war. Ohne nähere Angaben über die Art des Leidens zu machen, gab Kielleuthner an, er habe Hitler nicht helfen können, da dieser zu spät bei ihm erschienen sei. Da Hypospadia durch eine rechtzeitige Operation im Kindesalter geheilt werden kann, nimmt Redlich an, daß Hitler den Urologen in dieser Sache aufgesucht habe (1998, S. 128, 230).

Die Auswirkungen des vermuteten Organdefekts auf Hitlers Persönlichkeit und Handeln sind Redlich zufolge insbesondere Scham und Angst vor Selbstenthüllung. Überdies hält er es für möglich, daß Hitler seine Unterleibsprobleme als Folge einer Syphilis des Vaters ansah und sie insofern – da er befürchtete, sein unbekannter Großvater könne Jude gewesen sein – als eine indirekte Erblast jüdischer Vorfahren interpretierte. Daraus könnten, so Redlich, Hitlers Initiativen zur Sterilisation und Ermordung geistig Behinderter und letztlich auch zum Holocaust zusätzliche Impulse erfahren haben.

Selbst wenn Redlichs Vermutung über Hitlers körperliche Anomalien zuträfe, wären seine Ableitungen immer noch wenig aufschlußreich. So ist es zwar evident, daß Hitlers Psychodynamik in erheblichem Maße durch Mechanismen der Schamabwehr geprägt war – wir werden das noch ausführlich dokumentieren. Doch eine Argumentation, die die Ursachen der Scham auf körperliche Ursachen zurückführt, simplifiziert das Phänomen, anstatt es in seiner Komplexität zu erfassen.

Entsprechendes gilt für den zweiten Hauptstrang einer Erklärung von Hitlers Psyche aus physiologischen Ursachen: die These von der angeblichen Pervitinabhängigkeit des Diktators. Redlich zufolge sprechen einige Auffälligkeiten, die Hitler nach 1939 zeigte, für einen Mißbrauch der von Morell verschriebenen Amphetamine (S. 239f). Diese waren ursprünglich als Appetitzügler entwickelt worden; bald jedoch erkannte man ihre stimulierende Wirkung, die vor allem in den Streitkräften zur Bekämpfung von Müdigkeit, zur Erhöhung der Aufmerksamkeit und eines Gefühls innerer Spannkraft eingesetzt wurde. Zu den leichteren Nebenwirkungen gehören Ruhelosigkeit, Redefluß, Verspannungen und Kopfschmerzen. In schweren Fällen können auch Zorn- und Angstausbrüche, Stereotypien sowie vorübergehende Halluzinationen, Wahnbildungen und schizophrenieähnliche psychotische Episoden auftreten.

Zu den Auffälligkeiten, die Redlich mit einer Amphetaminabhängigkeit Hitlers in Verbindung bringt, zählen vor allem dessen wachsende Aggressivität und Rücksichtslosigkeit in politischen und militärischen Entscheidungen sowie Gedankenflucht, philosophische Abschweifungen (sog. »Heureka-Äußerungen«) und das Gefühl, besonders gescheit zu sein (S. 242). Als exemplarischen Beleg zitiert er einen Bericht des schwedischen Industriellen Birger Dahlerus über zwei Begegnungen mit Hitler am 27. August und am 1. September 1939. Die Treffen waren auf Initiative Görings zustande gekommen, der Dahlerus' Kontakte in London ausnutzen wollte, um Großbritannien vom Eintritt in den bevorstehenden Krieg abzuhalten. Staccatohaft habe Hitler während der ersten Begegnung, ruhelos im Raum auf und ab gehend, mit brüchiger Stimme von seinen Absichten im Fall eines Krieges gesprochen, wobei »sein Gesicht starr und seine Bewegungen [...] sonderbar« gewesen seien, so daß er »den Eindruck eines völlig Anomalen« auf seinen Gesprächspartner machte: »›Gibt es Krieg‹, sagte Hitler, ›*dann werde ich U-Boote bauen, U-Boote, U-Boote.*‹ Die Stimme wurde undeutlicher und allmählich konnte man ihn nicht mehr verstehen. Plötzlich sammelte er sich, hob die Stimme, als ob er zu einer großen Versammlung spräche, und schrie: ›*Ich werde Flugzeuge bauen, Flugzeuge bauen, Flugzeuge, Flugzeuge, und ich werde meine Feinde vernichten.*‹ Sein Blick«, berichtet Dahlerus weiter, »wurde wieder starr und die Redeweise unnatürlich, als er fortfuhr: ›*Wenn es keine Butter mehr gibt, dann bin ich der erste, der aufhört, Butter zu essen, Butter zu essen. Mein deutsches Volk wird loyal und freudig dasselbe tun. [...] Wenn der Feind über mehrere Jahre aushalten kann, werde ich dank der Macht, die ich über das deutsche Volk habe, ein Jahr länger aushalten. Dadurch weiß ich, daß ich allen anderen überlegen bin*« (Dahlerus 1939, S. 69f). In der zweiten Begegnung habe Hitler erregt gedroht, die polnische Nation zu vernichten. Mit rudernden Armbewegungen habe er Dahlerus ins Gesicht geschrien: »*Wenn England ein Jahr lang kämpfen will, dann werde ich ein Jahr lang kämpfen. Wenn England zwei Jahre lang kämpfen will, dann werde ich zwei Jahre kämpfen. Wenn England drei Jahre lang kämpfen will, dann werde ich drei Jahre kämpfen, und wenn es erforderlich ist, will ich zehn Jahre kämpfen*« (S. 135). In der Tat passen diese Äußerungen zu den erwähnten Nebenwirkungen. Aber sind sie deshalb schon ein Beweis für einen ursächlichen Zusammenhang zwischen Hitlers Denkstil und Drogenmißbrauch?

Die bislang gründlichste Auswertung der Notizen von Hitlers Leibarzt Morell, die sich zudem auf persönliche Kenntnisse der engsten Entourage stützen kann, ist die Studie von Ernst Günther Schenck (1989). Er hält es zwar für unstrittig, daß Hitler »täglich in nicht geringer Zahl« pervitinhaltige »Gold-Vitamultin-Täfelchen« zu sich nahm, die Morell eigens für ihn anfertigen ließ, betont jedoch, daß die darin enthaltene Dosis nicht ausreichte, um eine chronische Intoxikation herbeizuführen (S. 447ff). Aber selbst wenn man mit Redlich unterstellt, daß Hitler ohne Wissen seines Arztes wesentlich mehr von dem Stärkungsmittel mit der Packungsaufschrift »S. F.« (=»Sonderanfertigung Führer«) zu sich genommen habe, bleibt es doch kurzschlüssig, daraus den Ursprung seiner Handlungsimpulse abzuleiten – etwa die Aggressivität im Vorfeld des Überfalls auf Polen (1998, S. 243). Der Amphetaminmißbrauch vermag allenfalls bestimmte Beeinträchtigungen in Hitlers Sprech- und Verhaltensweisen zu erklären, nicht aber die ihnen zugrunde liegende Dynamik.

So kommen wir angesichts der physiologischen Ursachenforschung über Hitlers Charaktereigentümlichkeiten zu dem Resümee, daß sie aus empirisch ungesicherten Fakten spekulative Rückschlüsse zieht, die bestenfalls eine Oberflächensymptomatik beschreiben. Näher an den Tiefenstrukturen der Persönlichkeit, aber zumeist nicht besser abgesichert sind die psychiatrischen und psychoanalytischen Hitlerdeutungen.

Psychopathologische Diagnosen

Die Vermutung, daß Hitler ein »Geisteskranker« sei, ist schon zu seinen Lebzeiten häufig geäußert worden – auch von seiner engsten Umgebung. So soll etwa Hitlers Mentor Dietrich Eckart von einem »Größenwahn auf der halben Strecke zwischen Messiaskomplex und Neronismus« gesprochen haben (nach Hanfstaengl 1970, S. 109). Auch die Alliierten bezogen in ihre strategischen Überlegungen die Möglichkeit ein, daß man es bei Hitler – nach den Worten des britischen Botschafters Henderson – mit einem »Psychopathen oder Wahnsinnigen« zu tun habe (Krausnick 1956, S. 350). Entsprechend war der amerikanische Geheimdienst bestrebt, Äußerungen von Personen zu sammeln, die Hitler persönlich kannten, um die psychologischen Antriebe seines Verhaltens besser durchschauen und seine Handlungen voraussagen zu können (OSS 1923–43). Nicht selten war die Wahndiagnose auch mit dem Motiv verbunden, den Widerstand gegen Hitler zu legitimieren. So sah der Aktionsplan Halders zum Militärputsch von 1938 unter anderem vor, Hitler aufgrund von psychiatrischen Gutachten »als Geisteskranken zu verwahren« (Krausnick 1956, S. 348). Nach dem Krieg trat freilich ein anderes Motiv in den Vordergrund: Um die Verantwortung Hitlers und seiner Helfer nicht mit dem Verweis auf mangelnde Zurechnungsfähigkeit zu schmälern, bestand die Neigung, den Schweregrad der Persönlichkeitsstörung zu reduzieren.

Diese Zurückhaltung findet sich fast durchgängig auch in den psychohistorischen Hitlerdeutungen. Die Tatsache, daß Hitler anscheinend fähig war, seine Gedanken und Affekte bewußt zu kontrollieren – was gegen das übliche Bild der Schizophrenie-Symptomatik spricht –, führt zu abgeschwächten Diagnosen, die sich im Grenzgebiet zwischen neurotischen und psychotischen Störungen bewegen. Wir hatten schon die entsprechenden Einschätzungen Bychowskis (1948) und Langers (1943) zitiert, die lediglich vom »Beginn eines schizophrenen Prozesses« (S. 136) bzw. von einer Persönlichkeit »am Rande der Schizophrenie« (S. 142) sprechen. Für solche Grenzfälle bietet sich seit Knight (1953) das sogenannte »Borderline«-Syndrom an, das insbesondere durch die Arbeiten von Grinker/Werba (1968), Kohut (1971) und Kernberg (1984) zur Schlüsselkategorie jener schwierig zu fassenden Gruppe von Persönlichkeitsstörungen gemacht wurde. So fand es schließlich auch auf Hitler Anwendung. Als repräsentatives Beispiel greifen wir abermals die Studie von Bromberg/Small (1983) heraus.

Die Autoren bezeichnen Hitler als »narzißtische Borderline-Persönlichkeit mit paranoiden Zügen« (S. 8), womit sie einer von Waite (1977) vorgezeichneten Spur folgen. Um ihre Diagnose zu stützen, entfalten sie einen Symptomkatalog aus 25 Merkmalen, die sie jeweils durch Beispiele aus der Biographie Hitlers illustrieren: allgemeine Ängstlichkeit, schwache Impulskontrolle, Ich-Schwäche, Ärger, Haß und Grausamkeit, Größe und Allmacht, größenwahnsinniges Selbstbild, Risikobereitschaft, Hunger nach Anerkennung, Hypochondrie, Exhibitionismus und Voyeurismus, Kontrolle und Manipulation, Anspruchshaltung, Neid, zur Schau gestellte Freundlichkeit, Unfähigkeit zur Freude, geringe Selbstachtung, Widersprüche, Aufspaltung und Kehrtwendungen, primitive Leugnung, Projektion und Paranoia, Beziehungsschwäche, Gewissensschwäche, akute Depressionen, polymorphe sexuelle Perversion (Bromberg/Small 1983, S. 157–202). In einem zweiten Schritt werden sodann diejenigen Symptome, die für den diagnostischen Befund zentrale Bedeutung haben, mit Hilfe psychoanalytischer Begriffe gedeutet. Das Hauptaugenmerk gilt dabei Hitlers mutmaßlichen Neigungen zu sexueller Perversion sowie der Rolle von Scham und Schuld für den Verlauf seiner Lebensgeschichte. Beides wird nach klassisch analytischem Muster auf ödipale bzw. Über-Ich-Konflikte zurückgeführt.

So sehen Bromberg/Small die Ursache für Hitlers Perversionen, wie sie von nicht unbedingt zuverlässigen »Zeugen« kolportiert wurden (vgl. ausführlich dazu den Abschnitt über Hitler und die Frauen in Kapitel 3), in traumatisierenden frühkindlichen Beobachtungen des elterlichen Geschlechtsverkehrs (S. 249f). Als Beleg verweisen sie auf die »Kellerwohnungs-Passage« in *Mein Kampf*. In ihr beschreibt Hitler die beengten räumlichen, psychischen und sozialen Bedingungen, unter denen das Kind einer (fiktiven) siebenköpfigen Arbeiterfamilie aufwächst (1925/27, S. 32–34). Aus Formulierungen wie »*wenn dieser [...] Zwist die Form roher Ausschreitungen des Vaters gegen die Mutter annimmt, zu Mißhandlungen in betrunkenem Zustande führt*« und »*Mit sechs Jahren ahnt der kleine [...] Junge Dinge, vor denen auch ein Erwachsener nur Grauen empfinden kann*« hatte schon Gertrud Kurth (1947) den Schluß gezogen, der Verfasser berichte hier in leicht verfremdeter Form von eigenen Erinnerungen eines gewaltsamen Geschlechtsverkehrs zwischen seinen Eltern. Doch selbst wenn man unterstellt, daß der junge Hitler Augenzeuge solcher »Primärszenen« geworden sei, entbehrt es jeder Stringenz, daraus eine Neigung zur Perversion abzuleiten. Um die analytische Willkür dieser Herleitung zu demonstrieren, mag ein kurzer Hinweis genügen: Einem Bericht über die Beziehung Hitlers zu seiner Nichte Geli zufolge versetzte er sich zunächst durch eine möglichst genaue Inspektion der Vagina seiner Partnerin in Erregung, um auf dem Höhepunkt von ihr zu verlangen, auf ihn zu urinieren oder zu defäkieren (Strasser 1940, S. 285 und OSS 1923–43, S. 919). Bromberg/Small bieten nun eine ganze Palette analytischer Deutungsschablonen auf, um den verborgenen Sinn dieser Praktiken zu entschlüsseln: a) Neugier über das Schicksal des väterlichen Penis, b) Lust an der Entdeckung des verborgenen Phallus seiner als kastrierend erlebten Mutter, c) masochistische Selbstbestrafung aufgrund der Identifikation mit einer als kastriert erlebten Mutter, d) Selbstbestrafung zur Prävention einer feindlichen Reaktion der Mutter auf seine sadistischen Impulse ihr gegenüber, e) stellvertretende Wiederholung der Primärszene als Beobachter und zugleich Teilnehmer (1983, S. 248ff). Sofern sie sich nicht direkt widersprechen, zeichnen sich diese Deutungen zumindest durch einen hohen Grad von Beliebigkeit aus. Gleichwohl müssen sie dafür herhalten, auch Hitlers Judenhaß psychoanalytisch zu erklären. Denn es sei, so Bromberg/Small, eine weitere Folge der traumatisierenden Primärszene, die sich in perversen Praktiken symbolisch wiederhole, daß sie Rachegefühle für die ödipale Niederlage gegenüber dem Vater auslöse. Der frühkindliche Haß auf den Verursacher der narzißtischen Kränkung habe sich dann durch folgende Assoziationskette auf die Juden übertragen: Vater war österreichischer Beamter und Bewunderer des Habsburgerreichs – Wien war dessen Hauptstadt und zugleich bevölkert von Juden – also wird der Vater mit Juden identifiziert, in denen er stellvertretend zu bekämpfen ist (S. 251f).

Auch die in der Tat bemerkenswerte Unfähigkeit Hitlers zur Annahme von Schuld bei gleichzeitig übergroßer Scham führen Bromberg/Small auf den ödipalen Urkonflikt zurück – diesmal mit der umgekehrten Begründung, daß der Vater nicht bekämpft, sondern im Modus einer »Identifikation mit dem Angreifer« internalisiert wurde. Dies habe ihn zu einem hemmungslos aggressiven Menschen werden lassen, der auf Gefühle anderer – auch nicht der hochmoralischen Mutter, obwohl er sie eigentlich liebte – keinerlei Rücksicht nimmt (S. 262f). Diese Art der Überwindung von Kastrationsangst erkläre schließlich auch, warum er in einer permanenten Angst vor Selbstentblößung lebte: Um seine unterentwickelte Sexualität vor anderen zu verbergen, habe er sie durch eine brutal zur Schau gestellte Maskulinität überspielt (S. 268f).

Das Hauptproblem solcher Diagnosen ist, wie gesagt, ihre Beliebigkeit. Ein unbewältigter Ödipuskomplex ließe sich auf ähnliche Art in vielen Lebensläufen nachweisen, ohne daß dies auch nur andeutungsweise zu Konsequenzen wie bei Hitler führen müßte. Diese fehlende Spezifität ist ein grundsätzliches Manko aller Borderline-Diagnosen. Sie wird denn auch von der neueren Hitlerstudie Redlichs (1998) als unzulänglich zurückgewiesen. Seine Lösung des Problems verdient Beachtung, da sie die Notwendigkeit eines Paradigmenwechsels einsichtig machen hilft.

Wie Bromberg/Small sieht auch Redlich Hitler als einen Grenzfall zwischen Schizophrenie und Neurose an, hält aber das Etikett der narzißtischen Borderline-Störung, wie es etwa in der Definition 301.81 des DSM-IV niedergelegt ist, für wenig hilfreich, da es keine hinlängliche Abgrenzung gegenüber anderen Persönlichkeitsstörungen zulasse. Den Symptomkatalog von Bromberg/Small verwirft er entsprechend, da bei diesem »Waschzettel« unklar bleibe, welche Kriterien für die Diagnose maßgeblich seien (Redlich 1998, S. 301). Um die pathologische Besonderheit Hitlers zu spezifizieren und von dem bei vielen Prominenten – auch »Moralisten« und »Heiligen« – feststellbaren Narzißmus abzugrenzen, charakterisiert ihn Redlich als »destruktiven und paranoiden Propheten« (S. 335). Darunter versteht er im Anschluß an Vorarbeiten von Robins/Post (1987) eine machtvolle dämonische Figur, die in die Tat umsetzt, was ihre Anhänger nicht zu tun wagen. Sie produziere historischen Wandel auf Kosten enormer Zerstörungen. Der destruktive Inhalt ihrer Botschaften überwiege dabei alle konstruktiven Aspekte. Daß sie ihre Anhänger gleichwohl mitzureißen vermögen, liege an ihrem Charisma des zornigen Erlösers, der im Dienst höherer Wahrheiten handelt (S. 295f).

Mit der Erweiterung des pathographischen Blicks für Persönlichkeitsmerkmale, die eine bestimmte Wirkung in der Öffentlichkeit hinterlassen, hat Redlich der psychohistorischen Hitlerforschung einen entscheidenden Innovationsimpuls gegeben. Denn Phänomene wie exzessive Aggression und Gefühllosigkeit, Schuldverleugnung und Schamabwehr bleiben unspezifisch, wenn sie lediglich als Effekte unbewußter Triebkonflikte beschrieben werden. Erst im Kontext der individuellen Lebensgeschichte, die immer auch in einer Wechselwirkung mit der Umwelt steht, ist ihre Dynamik konkret zu erfassen. Allerdings verläßt Redlichs Begrifflichkeit mit ihren Kategorien des Dämonischen, Charismatischen und Prophetischen den Boden der klinischen Diagnostik. Die Folge ist, wie wir bereits im vorigen Abschnitt über die körperlichen Befunde dargelegt haben, daß er in Ermangelung eines entsprechenden psychoanalytischen Modells auf traditionelle Vorstellungen über organische Ursachen seelischer Krankheiten zurückgreift, um seine Hitlerdeutung abzustützen: Annahmen über ererbte Anomalien, Amphetaminmißbrauch, Autoimmunstörungen und Angst vor Syphilis stehen somit unverbunden neben seiner Kernthese vom destruktiven paranoiden Propheten (S. XV).

Wir möchten im folgenden einen Weg zeigen, der aus diesem Dilemma herausführt. Dabei wird sich herausstellen, daß die Schwere der psychischen Störung Hitlers durchaus den von Langer (1943) und Bychowski (1948) nur nahegelegten Verdacht einer Schizophreniediagnose durchaus berechtigt erscheinen läßt – freilich mit anderer Begründung als bei Wolfgang Treher, gegen die auch von Redlich zu Recht Einwände erhoben werden (1998, S. 333).

Der Außenbezug schizophrener Wahninhalte

Wie wir im vorigen Abschnitt deutlich zu machen suchten, bedarf die Analyse des Phänomens Hitler einer neuen psychodynamischen Theorie, die private wie öffentliche Aspekte der Persönlichkeit einbezieht. Ein entsprechendes Paradigma werden wir nun vorstellen. Wir erläutern die zentralen Begriffe des von Paul Matussek (1992) eingeführten psychodynamischen Modells und verweisen zu ihrer Illustration auf Persönlichkeitsmerkmale Hitlers. Da es hierbei zunächst nur um den Nachweis der kategorialen Angemessenheit des Modells geht, bleibt der biographische Kontext der Beispiele in diesem Kapitel unberücksichtigt. Das psychodynamische Erklärungspotential des neuen Ansatzes entfaltet sich freilich erst im Rahmen einer lebensgeschichtlichen Analyse. Diese werden wir im Kapitel III durchführen.

Zum Verständnis des folgenden sei das Deutungsproblem noch einmal umrissen, mit dem wir es zu tun haben. Die meisten psychiatrisch geschulten Fachleute sind sich einig, daß eine Gefühlskälte, wie sie sich in Hitlers mörderischem Antisemitismus und seiner bedingungslos destruktiven Prophetie äußerte, eine schwere Persönlichkeitsstörung vermuten läßt, die über den neurotischen Formenkreis weit hinausgeht. Nur ein Individuum, das von paranoiden Verfolgungsängsten und wahnhaften Vorstellungen der eigenen Größe getrieben wird, vermag sich derart über jede Menschlichkeit hinweg- und seine Weltverachtung derart brutal umzusetzen. Gleichwohl vermeiden die Psychohistoriker in der Regel den Rückschluß auf eine schizophrene Psychose, da er sich nicht mit der Tatsache zu vertragen scheint, daß Hitler offenbar noch genug Realitätssinn besaß, um sich erfolgreich in der Öffentlichkeit zu behaupten. Die Borderline-Diagnose bot sich als Ausweg aus diesem Dilemma an, da sie psychotische mit neurotischen Merkmalen verbindet – freilich um den Preis, daß sie unspezifisch blieb und es deshalb auch nicht gestattete, ihre Merkmale aus einer kohärenten pathologischen Dynamik herzuleiten. Die entscheidende Frage ist also, ob es wirklich keine Alternative zu diesem problematischen Ausweg gibt. Muß man zwangsläufig aus der Tatsache einer extremen Öffentlichkeitsorientierung, wie sie im Fall Hitlers vorliegt, schlußfolgern, daß die Fähigkeit zu einer realitätsgerechten Sozialbeziehung in einem nur Nichtpsychotikern gegebenen Ausmaß vorhanden ist? Oder könnte es nicht gerade umgekehrt so sein, daß nur ein psychotischer Gefühlsverlust einen Menschen dazu befähigen kann, derart brutal und rücksichtslos die eigenen Geltungsbedürfnisse zu verfolgen? Wir hatten im Kapitel I bereits darauf hingewiesen, daß Schizophrenie und Erfolg in der Öffentlichkeit sich nicht notwendig ausschließen müssen, sofern die Wahninhalte durch bestätigende Reaktionen der Umwelt vor dem vollständigen Bruch mit der sozialen Realität bewahrt werden. Warum dies so sein kann und inwiefern dieser Mechanismus nicht nur den Ausnahmefall Hitlers beleuchten hilft, sondern die Grundstruktur schizophrener Psychosen überhaupt, sei nun dargelegt.

Nach herkömmlichem Verständnis bricht bei schizophrenen wie depressiven Psychosen der Kontakt zur Realität ab. Insbesondere die Schizophrenie gilt seit jeher als weltabgewandt, was Eugen Bleuler (1911) dazu veranlaßte, den Autismus – neben der Störung der Assoziationen und der Affekte – als eines ihrer Grundsymptome anzuführen. Sigmund Freud schloß sich dieser Einschätzung an, mit der er dann auch die Nichttherapierbarkeit der Psychosen begründete. Von den »Schizophrenien«, schrieb er, »weiß man, daß sie zum Ausgang in affektiven Stumpfsinn, das heißt zum Verlust allen Anteiles an der Außenwelt tendieren« (1924, S. 335). Zweifel an der generellen Gültigkeit dieser Einschätzung wurden erstmals von Heinrich Kranz (1955) erhoben. Ihn irritierte, daß Schizophrene entgegen ihrer Etikettierung als »autistisch« keineswegs Desinteresse an ihrer Umwelt zeigen, wie es bei Depressiven zu beobachten ist. In ihrer wahnhaft verzerrten Wahrnehmung der Realität, so Kranz, komme vielmehr ein übermäßiger Außenbezug zum Tragen: Sie fühlen sich von anderen beobachtet, von geheimnisvollen Mächten und Kräften beeinflußt, gelenkt, verfolgt, erhoben oder mit dem Tod bedroht. Um seine Vermutung empirisch zu überprüfen, untersuchte Kranz die Krankengeschichten von Patienten mit endogenen Psychosen hinsichtlich der

Fragestellung, in welchem Maße die jeweiligen Wahninhalte aus Wahrnehmungen der konkreten Umwelt geschöpft seien. Als Stichprobe wählte er Aufzeichnungen aus drei generationenweit auseinanderliegenden Jahren – 1886, 1916 und 1946 – und stellte fest, daß in den Wahninhalten der Schizophrenen fast ausschließlich die jeweiligen Zeitumstände wiederzufinden waren, während sie bei den Depressiven so gut wie keine Rolle spielten: »Wie ein zeit- und kulturgeschichtliches Bilderbuch konnte man die Krankengeschichten der Schizophrenen aus den drei so verschiedenen Epochen lesen. Friedens-, Kriegs- und Nachkriegssituation, politische und soziale Lebensformen, gesellschaftliche und wirtschaftliche Strukturen, alles Bedeutsame in Kultur, Kunst, Zivilisation und Technik, wissenschaftliche und religiöse Strömungen, im Vordergrund stehende Persönlichkeiten, kurzum alles, was eine der drei ausgewählten Zeitepochen prägte, sind die jeweiligen Quellen, aus denen die Wahninhalte der Schizophrenen gespeist werden. Ihr Erleben erwies sich immer als eng verzahnt mit der Welt, in der sie lebten. Von all dem kann bei den Depressiven nicht die Rede sein. In einer fast ermüdenden Eintönigkeit wiederholen sich jederzeit die gleichen Bilder von Wahnthemen und Wahnausgestaltungen bei ihnen. Ein Zeitkolorit schimmert kaum einmal durch. Der kaleidoskopartigen Buntheit der durch die Zeit- und Weltbezüge gekennzeichneten Erlebniserfülltheit der Schizophrenen steht eine fast starr zu nennende Unwandelbarkeit der depressiven Inhalte gegenüber, die nahezu ausschließlich auf die eigene Innerlichkeit gerichtet sind, von der Welt ›da draußen‹ aber so gut wie keine Notiz nehmen. Und so ist es ziemlich gleichgültig, ob wir eine Depressiven-Krankengeschichte von 1886, 1916 oder 1946 lesen; der Blindversuch würde es im allgemeinen unmöglich machen, sie einer dieser drei Epochen zuzuordnen, was bei den Krankengeschichten der Schizophrenen ohne weiteres möglich wäre. Selbst die Verarmungsinhalte, von denen man sich noch am ehesten vorstellen könnte, daß sie Beziehungen zur jeweiligen Lebenslage erkennen lassen würden, sind bei den Depressiven auf die durch so verschiedene ›Prosperität‹ gekennzeichneten Epochen prozentual genau gleich verteilt« (Kranz 1962, S. 61f).

Die Beobachtungen von Kranz lassen sich dahingehend zusammenfassen, daß Schizophrene mit ihren Wahnthemen wesentlich stärker der Öffentlichkeit verbunden sind als Depressive, die sich ganz auf ihr Privates zurückziehen, hauptsächlich auf Gesundheit, Besitz und Schuld. Die Aufschlußkraft dieser Erkenntnisse für die Diagnose und Therapie endogener Psychosen ist jedoch lange Zeit übersehen worden. Die eingebürgerte Rede vom schizophrenen Autismus wurde von Bürger-Prinz/Schorsch (1969) mit dem Argument verteidigt, es sei »verwirrend«, vom »tradierten Wortgebrauch abzugehen« (S. 455). Dies befremdet um so mehr, als auch sie in ihrer Kritik der These von Kranz »dichte Verknüpfungen mit dem Außen« bei Schizophrenen konstatieren; gleichwohl genügt ihnen der Hinweis auf deren Unfähigkeit zur sozialen Beziehung, um weiterhin das Grundsymptom des Autismus als gegeben anzusehen (S. 457). Kranz hat zu diesen Einwänden zwar Stellung genommen, aber es ist ihm nicht gelungen, die »bemerkenswerte Umwelt- und Mitweltzugewandtheit« bei den Schizophrenen (1970, S. 561) klar genug von ihrer gleichzeitigen Beziehungsunfähigkeit zu differenzieren, um seine Kritiker zu überzeugen. Dieses unerfüllt gebliebene Desiderat ist der Hauptanlaß für die Rekonstruktion der analytischen Psychosentheorie, die wir seit Beginn der neunziger Jahre in Angriff genommen und in verschiedenen Modellanalysen exemplifiziert haben (Paul Matussek 1992, 1997; Paul Matussek u. Peter Matussek 1992, Peter Matussek u. Paul Matussek 1997). Dabei galt es zunächst, den pathologischen Grundzug an den von Kranz erhobenen Befunden präziser zu fassen. Denn Weltabgewandtheit bzw. -zugewandtheit sind Einstellungen, die sich bei jedem Menschen finden lassen. Zu Kriterien einer psychotischen Persönlichkeitsstörung werden sie erst dadurch, daß sie sich in extremer Weise verfestigen. Während ein seelisch gesunder Mensch imstande ist, seinen Außenbezug situationsgerecht zu steuern – etwa, indem er sich bei einem Fernsehinterview gemäß seiner öffentlichen Rolle, im Kreis der Familie hingegen als Privatperson gibt –, zeichnen sich Psychotiker dadurch aus, daß sie auf jeweils eine Variante der Selbstpräsentation festgelegt sind: Der Depressive bleibt auch in der Öffentlichkeit verschlossen und zurückgenommen, der Schizophrene hingegen gebärdet sich auch im intimsten Umfeld, als habe er ein großes Auditorium vor sich. Das Selbstbild des einen ist also auf dasjenige fixiert, was er wahrnimmt, wenn er in sich hineinhorcht, das des anderen konzentriert sich ganz auf seine Oberfläche – ja, er *ist* seine Oberfläche, bar jeder Selbstempfindung.

Daß Hitler geradezu ein Präzedenzfall für die zweite Kategorie ist, fällt auch Nichtpsychiatern auf. So schreibt Kershaw, seine Biographie handle von »einer ›Unperson‹, der eine persönliche Existenz oder Geschichte außerhalb der politischen Ereignisse, an denen sie beteiligt ist, fast völlig fehlt. [...] Für Hitler gab es kein ›Privatleben‹. [...] Für ihn gab es keinen Rückzug in eine Sphäre außerhalb der Politik, eine tiefere Existenz, die seine öffentliche reflexartig bedingt hätte.« Und er präzisiert: »Nicht, daß sein ›Privatleben‹ Teil seines öffentlichen Gesichts wurde, im Gegenteil: Es blieb so geheim, daß das deutsche Volk erst von Eva Brauns Existenz erfuhr, als das Dritte Reich schon in Trümmern lag. [...] Hitlers ganzes Wesen ging in der Rolle auf, die er perfekt spielte: die Rolle des ›Führers‹« (1998, S. 23).

Diese Charaktereigenschaften treten nicht erst mit Hitlers Eintreten in die Politik hervor. Im Kapitel III werden wir ausführlich schildern, wie die von Kranz an den Wahninhalten Schizophrener beobachtete Dominanz des Öffentlichen über das Private schon früh die Lebensgeschichte des späteren Diktators bestimmte – vom Schüler, der den *»kleinen Rädelsführer«* (Hitler 1925/27, S. 3) spielte und sich von seinen Klassenkameraden siezen ließ, über jugendliche Selbstinszenierungen vor seinem Ein-Personen-Publikum Kubizek, in denen er grandiose Visionen als Baumeister und Erlöser Deutschlands entwickelte, politisch-philosophische Tiraden im Männerheim, die Identifikation mit dem Generalstab als Gefreiter im Ersten Weltkrieg, bis hin zu seinem tatsächlichen Hineinwachsen in eine öffentliche Rolle als Redner und Parteiführer. Im ersten Kapitel hatten wir bereits die These vertreten, daß die psychopathologische Deutung der Biographie Hitlers eine notwendige Ergänzung zur historischen Strukturanalyse der NS-Diktatur darstellt. Hier soll nun das begriffliche Instrumentarium vorgestellt werden, mit dem wir den Nachweis dieser These führen werden. Denn um genauer zu verstehen, wie Hitlers Persönlichkeit vollständig in seiner öffentlichen Rolle aufgehen konnte, bedarf es einiger terminologischer Vorklärungen.

Privates und öffentliches Selbst
Eine Alternative zum psychoanalytischen Ansatz

Als Sigmund Freud sein Konzept der Psychoanalyse zu entwickeln
begann, unterschied er zunächst nicht zwischen den Begriffen des Ich
und des Selbst; beide gebrauchte er synonym, um die Ganzheit der
Person auszudrücken. Auch in dem berühmten Strukturmodell aus
Ich, Es und Über-Ich, das er in den zwanziger Jahren entwarf, verzichtete er auf die Annahme einer separaten Struktur des Selbst – die
Persönlichkeitsentwicklung vollzog sich ihm zufolge allein im Konflikt zwischen den Triebansprüchen des Unbewußten und ihrer Kontrolle durch das Über-Ich, aus dessen Bewältigung ein autarkes selbst-
bewußtes Ich hervorgeht. Daß aber gerade dieses Selbstbewußtsein
notwendigerweise zugleich eine Spaltung in das Ich bringt, hat erstmals Lacan (1949) in aller Deutlichkeit herausgearbeitet. Die geläufige Beobachtung, daß Kleinkinder etwa ab dem 6. Monat eine Jubelre-
aktion zeigen, wenn sie in einen Spiegel sehen, interpretiert Lacan als
Freude über einen Identitätsgewinn, der durch Selbstentfremdung
zustande kommt: Das Kind erkenne sich in der bildlichen Reflexion
seiner Gestalt erstmals als eine körperliche Ganzheit; sie verleiht ihm
ein zuvor ungekanntes Gefühl der Einheit, Identität und Dauerhaf-
tigkeit, das es in der säuglingshaften Abhängigkeit von der Mutter
noch nicht haben konnte. Die Kehrseite des Jubel-Anlasses ist die
räumliche Fixierung, die mit ihm einhergeht, denn der Spiegel bannt
die innere Fluktuation des ursprünglichen Begehrens in ein äußeres
Medium. Dies führt zu jener paradoxen Urerfahrung, die Lacan später, Rimbaud zitierend, durch die berühmte Formel ausdrückt: »Je est
un autre/ Ich ist ein anderer« (Lacan 1954–55, S. 14). Demzufolge
muß nach Lacan das Konzept eines autarken Ich preisgegeben werden; denn dieses verdanke seine Homogenität gerade dem, was nicht
mit ihm identisch sei: der Imagination einer Ganzheit, die die grundlegende Mangelerfahrung im Selbstempfinden kompensiert. Je stärker die innere Mangelerfahrung sei, desto größer sei auch die nar-

zißtische Identifizierung mit dem äußeren Spiegelbild. Freilich ist dies nicht nur buchstäblich gemeint. Unter »Spiegelung« versteht Lacan jede Form der Ich-Bestätigung durch ein externes Medium (1949, S. 66). Dazu gehört im weiteren Verlauf der kindlichen Entwicklung insbesondere die Sprache. Jeder Mensch muß, um sich anderen als eigenständige Person präsentieren zu können, Ausdrucksformen erlernen, die seine Innenwelt den Kommunikationsregeln der Umwelt angleichen, das heißt, er muß sich durch etwas identifizieren, was nicht ihm selbst angehört – eine »Quadratur der Ich-Prüfungen« (S. 67), die sich als Grundkonflikt durch jede Lebensgeschichte hindurchzieht.

Die Erkenntnis, daß die Gewinnung personaler Identität immer zugleich auch einen Prozeß der Selbstentäußerung voraussetzt, ist natürlich alt. »Persona heißt Maske« nach der Übersetzung Kants (1900, Bd. 21, S. 142), und Roger Caillois, von dem Lacan den Begriff der »heteromorphen Identifikation« entlehnt (S. 66), sah darin gar ein naturgeschichtliches Erbe des menschlichen Sozialverhaltens (Caillois 1937, 1958). Wie dem auch sei – jedenfalls erweist es sich als schwierig, einen »eigentlichen« Persönlichkeitskern von einer nur für die Umwelt dargestellten Identität abzugrenzen. So muß etwa die von Winnicott (1952, 1985) und Laing (1960) eingeführte Unterscheidung von »wahrem Selbst« und »falschem Selbst« als problematisches Konstrukt angesehen werden, zumal es nach Ludwig Wittgenstein (1953) im strengen Sinne keine »Privatsprache« geben kann, da noch die intimste Selbstwahrnehmung auf Verbalisierung in allgemein verständlichen Worten angewiesen, also prinzipiell immer an die öffentliche Kommunikation geknüpft ist. Vorschläge, wie dennoch zwischen den beiden Selbstaspekten zu differenzieren ist, sind insbesondere aus der Soziologie hervorgegangen: G. H. Mead (1934) unterschied zwischen dem »handelnden Selbst« (»I«) und dem »Selbst als Objekt« (»Me«), in das die Sichtweisen und Zumutungen der Mitmenschen einfließen, insbesondere der für das Individuum bedeutsamen Bezugspersonen. Goffman (1963) betrachtete das Ich als zusammengesetzt aus den beiden Komponenten der »personal identity« und »social identity«.

Die soziologischen Differenzierungsansätze haben schließlich auch in die Psychoanalyse Eingang gefunden. So spricht etwa Mitscherlich (1966) von »persönlichem Ich« und »sozialem Ich«. Das bis heute einflußreichste psychoanalytische Modell aber, in dem die Verschiedenheit der Ich-Aspekte zur Geltung gebracht wird, ist das Konzept des »bipolaren Selbst« von Heinz Kohut (1971, 1977). Ähnlich wie Lacan erläutert er anhand der Metapher des Spiegels den Prozeß der Ich-Bildung als Ergebnis einer Entäußerung: Um sich überhaupt als Selbst wahrnehmen zu können, muß sich der Heranwachsende in den Reaktionen der Umwelt spiegeln, mithin objektivieren. Für den Säugling ist es der Glanz im Auge der Mutter, der diese Funktion erfüllt; dem Erwachsenen können auch symbolische Äußerungen als Bestätigungen des Selbst dienen. Neben diesem Bedürfnis nach Selbstspiegelung gibt es aber auch das Bedürfnis nach Idealisierung: Das Subjekt will seine Identität nicht nur von den Reaktionen anderer abhängig wissen, sondern es will sie auch auf das Erleben gründen, den eigenen Wertvorstellungen zu entsprechen. Den einen Pol des Selbst bilden demnach die Ambitionen, das heißt der Ehrgeiz, anderen zu gefallen; den anderen Pol bilden die Werte und Ideale, also dasjenige, wozu sich ein Mensch im Innersten berufen fühlt. Es ist evident, daß beide Pole durchaus miteinander im Konflikt liegen können – etwa bei einem erfolgreichen Geschäftsmann, der unglücklich ist, weil er seine künstlerische Ader nicht ausleben kann oder umgekehrt bei einem Künstler, dem die öffentliche Anerkennung versagt bleibt. Entsprechend lassen sich aus dem Modell von Kohut psychopathologische Konsequenzen ziehen – etwa, indem es zeigt, wie eine krankhafte Entwicklung »die Schwäche an einem Pol des Selbst durch die Stärkung des anderen Pols ausgleicht« (Kohut 1977, S. 21). Es offenbart jedoch gravierende Nachteile, sobald man versucht, die Bipolarität des Selbst im historischen Kontext zu betrachten, wie es das Anliegen der vorliegenden Studie ist. So bleibt es weitgehend einer statisch-räumlichen Vorstellung der menschlichen Psyche verhaftet, die trotz einer hochkomplizierten und abstrakten Terminologie letztlich nur durch Empathie und »stellvertretende Introspektion« (Wolf 1988, S. 207) zugänglich ist. Die Rede von »Selbstobjekten« tendiert zu einer Verdinglichung seelischer Prozesse, die in ihrer Dynamik wesentlich besser begreifbar wären, wenn man sie als Sicht- und Verhaltensweisen beschreibt. Wir bevorzugen daher eine Begrifflichkeit, die nicht von der (metaphorischen) Annahme innerpsychischer Repräsentanzen ausgeht, sondern von Perspektiven, in denen ein Individuum von anderen und von sich selbst gesehen wird. Eine solche Begrifflichkeit bietet das Paradigma vom öffentlichen und privaten Selbst.

Es entwickelte sich in den siebziger Jahren aus einer Kritik der bis dahin populären Unterscheidung von »innerem« und »äußerem« Selbst. Während diese immer noch zu der irreführenden Vorstellung verleitete, die menschliche Psyche sei aus Lagen wie eine Zwiebel aufgebaut, von der nur die äußeren sichtbar seien, trägt die Rede vom »privaten« und »öffentlichen« Selbst der Tatsache Rechnung, daß *beide* sich in Relation zu sozialen Kontexten konstituieren und als solche Relationen beschreibbar sind. Denn auch dasjenige, was als privat angesehen wird, unterliegt, wie vor allem Ariès/Duby (1985-87) in ihrer *Geschichte des privaten Lebens* gezeigt haben, einer historischen Veränderung: Es bezeichnet jeweils den Bereich, der nicht dem Zugriff öffentlicher Kontrolle ausgesetzt ist. Dieser Bereich, der erst am Ende des 17. Jahrhunderts im engeren Sinne zum Bezirk des Privaten wurde (Goffman 1971, Ariès 1976), hat sich im Verlauf unserer Kulturgeschichte vergrößert, doch damit geht in der Moderne zugleich die gegenläufige Tendenz einher, das Intimste an die Öffentlichkeit zu zerren, so daß Privatheit selbst wiederum zu einer öffentlichen Angelegenheit wird (Sennett 1976).

So können wir in einer ersten Annäherung die folgende Definition von Baumeister (1986) übernehmen: »Das öffentliche Selbst ist das Selbst, das sich in der Gegenwart anderer manifestiert, das sich formt, wenn andere Menschen einem Individuum Eigenschaften und Qualitäten zuschreiben, und das im Prozeß der Selbstpräsentation anderen kommunikativ vermittelt wird. Das private Selbst ist die Art, wie eine Person sich versteht und wie sie wirklich ist – auch wenn andere dies nicht erkennen« (S. v). Dabei gilt es mit Wittgenstein festzuhalten, daß die Vorstellung einer Person davon, wie sie »wirklich« ist, nicht prinzipiell für andere unerkennbar ist, da sie ihre Privatheit, bis in ihr eigenleibliches Spüren hinein, auch für sich selbst nur vor dem Hintergrund der öffentlichen Kommunikationsverhältnisse beschreiben kann. Es liegt also grundsätzlich im Ermessen des Individuums, ob es anderen Einblick in seine Selbstvorstellungen und Befindlichkeiten gewährt. Jeder Mensch hat die Fähigkeit zu lernen, sich an den Erwartungen und Normen seiner Umwelt zu orientieren und dennoch nicht alles, was er denkt und fühlt, anderen Menschen zu offenbaren. Der so entstehende Raum des Privaten ermöglicht es dem gereiften Menschen, in Grenzfällen seinem Gewissen und nicht den Erwartungen der Umwelt zu folgen. Der »öffentliche« Teil des Selbst umfaßt demgegenüber Einstellungen und Verhaltensweisen, die das Individuum der allgemeinen Beobachtung aussetzt, indem es sich entsprechend darstellt (Tedeschi 1986, S. 2).

Weitere Präzisierungen werden von Hogan/Briggs (1986) vorgeschlagen. Sie unterscheiden innerhalb des privaten Selbst zwischen Selbstbild und Selbstwertgefühl (»self-esteem«), um hervorzuheben, daß es nicht dasselbe ist, wie sich jemand sieht und wie er dies bewertet. Hinsichtlich des öffentlichen Selbst sprechen die Autoren von einem öffentlichen Selbst im engeren Sinn, wenn damit die individuelle Wahrnehmung des eigenen öffentlichen Selbst gemeint ist, und vom öffentlichen Ansehen (»reputation«), wenn die Wahrnehmung der Person durch andere gemeint ist (S. 179).

Die klinisch relevante Frage ist nun, wie die beiden Selbstaspekte sich zueinander verhalten. Daß beide sich wechselseitig beeinflussen, ist evident. So wirken die Erfahrungen, die ein Mensch in der Öffentlichkeit macht, zurück auf sein Selbstbild und Selbstwertgefühl. Umgekehrt bestimmen diese die Art, wie er in der Öffentlichkeit auftritt. Der Idealfall wäre zweifellos, wenn sich zwischen beiden ein ausgewogenes Verhältnis einstellt, das heißt, wenn ein Individuum zwischen den beiden Selbstaspekten situationsadäquat wechseln kann, zum Beispiel, indem es in der Partnerschaft intime Gedanken und Gefühle äußert und bei einer politischen Rede eine öffentliche Rolle spielt. Oft wird in unserer Mediengesellschaft freilich auch das Umgekehrte verlangt: So erwarten die Zuschauer von Talkshows, daß sich berühmte Schauspieler in aller Öffentlichkeit als »Privatmenschen« geben; wer aber – etwa als Gewinner eines Preisausschreibens – mit seinem Star einen Tag lang »ganz privat« zusammensein darf, würde sich betrogen fühlen, wenn dieser nicht dem öffentlichen Fernseh-Image entspricht. In der Regel ist dieses situationsgerechte Changieren zwischen den Selbstaspekten unproblematisch; es läßt sich für die meisten Menschen erlernen. Von psychiatrischem Interesse sind dagegen die Fälle, wo der Aspektwechsel mißlingt.

Das ist etwa dann der Fall, wenn ein Individuum sich über sein Ansehen in der Öffentlichkeit täuscht (Martin 1985, Tedeschi 1986) und mit diesen Selbsttäuschungen konfrontiert wird. So wird zum Beispiel ein von seiner Grandiosität überzeugtes Individuum mit Verwirrtheit reagieren, wenn die Zuhörer während eines von ihm gehaltenen Vortrags zu gähnen anfangen oder den Saal verlassen. Ein Schüchterner hingegen, der solche Reaktionen als Bestätigung seines geringen Selbstwertgefühls hinzunehmen gewohnt ist, fühlt sich nicht weniger befremdet, wenn er unerwarteten Jubel beim Publikum erntet. Solche Brüche zwischen privatem Selbstbild und öffentlichem Ansehen werden als »kognitive Dissonanz« bezeichnet (Festinger 1957, Wicklund/Brehm 1976). In der Regel lösen Menschen ihre kognitiven Dissonanzen dadurch auf, daß sie entweder das eigene Selbstbild korrigieren (»Ich werde alt!« bzw. »Offenbar bin ich gar nicht so unattraktiv!«) oder die Wahrnehmung der Umwelt in Frage stellen (»Ignorantes Publikum!« bzw. »Die überschätzen mich!«). Natürlich ist jedes Individuum normalerweise bestrebt, negative Rückmeldungen der Umwelt von vornherein auszufiltern: durch den Verweis auf ungünstige Umstände der Selbstpräsentation, auf eine eingeschränkte Wahlfreiheit bei der Mittelwahl, auf Druck von außen etc. Auch bestimmte Persönlichkeitseigenschaften können dissonanz-mindernd wirken; dazu gehört eine hohe Komplexität des Selbst, die imstande ist, negative Reize als Nebensächlichkeit abzutun und die eigene Aufmerksamkeit auf situationsrelevante Momente zu fokussieren (Rhodewalt 1986, S. 132f). In bestimmten Fällen aber sind diese Bewältigungsstrategien außer Kraft gesetzt. Zwei Extreme sind diesbezüglich vorstellbar: zum einen die übermäßige Fixierung auf das private Selbst, die für Signale der Öffentlichkeit nur insofern empfänglich ist, als sie dieses Selbstbild bestätigen; zum anderen die übermäßige Fixierung auf das öffentliche Selbst, die alle privaten Regungen abspaltet.

Es liegt auf der Hand, daß diese beiden Extremtypen mit den von Kranz anhand ihrer Wahninhalte unterschiedenen Hauptgruppen der endogenen Psychose übereinstimmen. So kreisen beim Depressiven alle Gedanken um sein Innenleben; entsprechend vermag er nur solche Signale aus der Umwelt aufzunehmen, die seine Rückzugstendenz bestätigen – abwertende Reaktionen aus der Öffentlichkeit werden nicht etwa als kognitiv dissonant empfunden, sondern als zugehörig zum eigenen Selbstbild akzeptiert, während positive Rückmeldungen als unpassend ausgeklammert werden (vgl. Rhodewaldt 1986, S. 127). Beim Schizophrenen verhält es sich umgekehrt: Da seine Aufmerksamkeit stets auf die Umwelt gerichtet ist und er sich selbst auch nur im Hinblick auf deren Reaktionen wahrzunehmen vermag, entsteht kognitive Dissonanz bei ihm vorwiegend in solchen Situationen, wo er als Privatperson gefordert ist. Die Fähigkeit zur Intimität aber geht ihm ab; er wird auch im Nahkontakt weiter seine – wirkliche oder nur wahnhaft angemaßte – »öffentliche Rolle« spielen. Dagegen sieht er sich in Situationen einer Beachtung durch die Außenwelt durchaus in seinem Selbstverständnis bestätigt. Diese Bestätigung kann sowohl durch Feindseligkeiten – etwa als Beweis für einen Verfolgungswahn – wie durch positive Rückmeldungen zustande kommen, die im Falle eines Größenwahns freilich tendenziell als unzureichend empfunden werden und dazu führen, daß eine vermehrte Anstrengung unternommen wird, die eigene Reputation zu erhöhen.

Einen Präzedenzfall für die schizophrene Art der Bewältigung kognitiver Dissonanz sehen wir in Hitler. Seine Kontaktunfähigkeit bei gleichzeitiger Orientierung auf große Auditorien war eklatant. Er hatte zeitlebens keine Freunde, aber suchte stets und fand schließlich den Jubel der Masse. Schon Langer hatte in seinem *Psychogramm* festgestellt: »Je kleiner Hitlers private Welt wird, desto mehr muß er die Grenzen seines Machtbereichs erweitern. Gleichzeitig muß er sein fiktives Selbstbildnis als Kompensation für die Entbehrungen und Unterdrückungen um so mehr aufblähen« (S. 149f).

Die größten Dissonanzkrisen lauerten für ihn da, wo der im Führerkult erfolgreich realisierte Größenwahn mit Erkenntnissen über seine dürftige Vorgeschichte zu kollidieren drohte. Sofern er diese Kollisionen nicht durch eine mit großem Aufwand betriebene Geheimhaltungsstrategie vermeiden konnte, wählte er das für ihn ungewöhnliche Mittel der Selbstabwertung. Hierzu zwei der seltenen Beispiele:

Als nach 1933 die in Männerheimzeiten entstandenen Postkartenbilder des jungen Hitler eine Hochkonjunktur hatten und ein »echter
Hitler« Preise bis 10 000 RM erzielte, bemerkte er zu seinem Leibphotographen Heinrich Hoffmann: »*Mehr als RM 150 oder 200 RM
sollten diese Sachen auch heute nicht kosten. Es ist Wahnsinn, wenn man
dafür mehr Geld hergibt. Ich wollte ja kein Maler werden, ich habe diese
Sachen nur gemalt, damit ich meinen Lebensunterhalt bestreiten und
studieren konnte*« (Gesprächsaufzeichnung vom 12.3.1944; Bundesar-
chiv Koblenz, NS 26/36).

Auch die Ovationen, die Hitlers Besuche der Bayreuther Festspiele
begleiteten, waren ihm zuviel. Nach Henriette von Schirach, der
Tochter Hoffmanns, ließ Hitler in Bayreuth folgende Mitteilung in
Visitenkartenformat verteilen: »*Politische Ovationen gehören nicht ins
Theater! 1934*«. An die Festspielbesucher erging folgende schriftliche
Aufforderung: »Im Auftrag des Kanzlers! Der Führer bittet, am
Schluß der Vorstellungen von dem Gesang des Deutschland- oder
Horst-Wessel-Liedes und politischen Kundgebungen absehen zu wol-
len. Es gibt keine deutlichere Äußerung des deutschen Geistes, als die
unsterblichen Werke des Meisters selbst« (Schirach 1983, S. 41).

Man mag sich wundern, warum ein Mensch, der nie genug Bestätigung für seine unübertreffliche Größe bekommen konnte, sich gegen
solche Zeichen einer Selbsterhöhung wandte. Der Grund ist freilich
nicht Bescheidenheit, sondern das Gegenteil. In den beiden genannten Fällen mußte Hitler fürchten, hinter das grandiose Bild, das er der
Öffentlichkeit von sich präsentierte, zurückzufallen. So war der Nimbus seines unübertrefflichen Genies bedroht, wenn er es zuließ, ihm
die offensichtlich mindere Qualität seiner malerischen Leistungen
zuzurechnen; und da ihm jede Fähigkeit abging, öffentliche Ovationen durch kreative Leistungen vom Range eines Richard Wagner zu
rechtfertigen, mußte er ebenfalls prohibitiv einer Situation ausweichen, die den Vergleich nahegelegt hätte.

Das wichtigste Mittel aber, mit dem Hitler seine extreme Außenorientierung vor kognitiver Dissonanz bewahrte, war die Abspaltung
des Privaten, das Grundsymptom schizophrener Psychosen. Dieses
sei nun in seinen wichtigsten Einzelaspekten beschrieben.

Defensive Selbsterhöhung und Gefühlsabspaltung

Die Rekonstruktion der Befunde von Kranz (1962) im Paradigma des öffentlichen und privaten Selbst hat ergeben, daß der übermäßige Außenbezug in den Wahnthemen Schizophrener eine innere Dynamik hat, die sich selbst fortwährend verstärkt. Denn mit jedem Schritt zur Präsentation eines exzeptionellen Selbst riskiert das Individuum eine Vergrößerung der kognitiven Dissonanz gegenüber seinen tatsächlichen Qualitäten. Es wird also dazu getrieben, sein privates Selbst noch hermetischer gegen Falsifikationen – durch die innere wie äußere Wahrnehmung – abzudichten. Diese Beobachtung deckt sich mit Befunden der experimentellen Psychologie, die bei Schizophrenen einen ausgeprägten Hang zur »defensiven Selbsterhöhung« festgestellt haben. Damit ist ein Reaktionsmechanismus gemeint, bei dem der Patient sich vor dem Bewußtsein mangelnder Fähigkeiten oder geringen Durchsetzungsvermögens dadurch abschottet, daß er sich Eigenschaften zuschreibt, die anderen weit überlegen, jedoch nicht überprüfbar sind (Garfield et al. 1987). Ihr Inhalt muß also einerseits den Schizophrenen vor der Öffentlichkeit exponieren, darf aber andererseits nicht zu leicht als Anmaßung durchschaut werden. Das kommt z. B. in der folgenden Formulierung eines von Garfield entwickelten Selbstwert-Fragebogens zum Ausdruck: »Wie groß die Belastung für mich auch sein mag, keiner kann mich dazu bringen, einen anderen zu verletzen.« So ist etwa ein Abstammungs- oder Erfinderwahn im Hinblick auf die Unzugänglichkeit der Inhalte nur schwer zu verifizieren. Der Wahnkranke bewegt sich hier in einem Bereich, der ihm den notwendigen Schutz gewährt und nicht die Nagelprobe der objektiven Gültigkeit zu bestehen hat. Deshalb kann es auch keinen Rekord-Wahn in irgendeinem sportlichen Bereich geben.

Die folgende Episode aus der klinischen Praxis mag den Mechanismus der schizophrenen Selbsterhöhung illustrieren (mündlicher

Bericht von Paul Matussek): »Eine meiner Patientinnen war mit einem religiösen Größenwahn, der in der halluzinatorischen Vision der Mutter Gottes gipfelte, in die Klinik eingewiesen worden. Das Gespräch mit mir als ihrem behandelnden Arzt erwies sich als schwierig, da sie mich für unzuständig erklärte. Ein Theologe hingegen, etwa ein Mann wie Romano Guardini, würde sie durchaus verstehen. Sie konnte nicht ahnen, daß ich selbst studierter Theologe und mit Romano Guardini bekannt war. Als ich ihr anbot, ein Treffen zu arrangieren, ging sie erregt darauf ein. Das Gespräch mit Guardini nahm freilich den vorhersehbaren Verlauf: Zunächst zeigte sich die vom Besuch des berühmten Mannes beglückte Patientin exaltiert zugetan. Schon bald aber verdüsterte sich ihre Stimmung, sie fand immer mehr Anlaß, den psychologisch geschulten Theologen zu kritisieren – zumal dieser ihr anhand einer Paulus-Stelle schonend klarzumachen versuchte, daß Visionen als solche noch kein Erwähltheitszeichen seien, sondern sich durch entsprechende Taten vor der Gemeinde zu verifizieren hätten. Schließlich endete die Begegnung mit ihrer verächtlichen Feststellung: ›Sie verstehen nichts von Theologie!‹«

Der Schizophrene muß die Gemeinschaft mit anderen fürchten, da sie eine permanente Bedrohung seiner Größenphantasien bedeutet. Zwar braucht er stets ein Forum für sein enormes Imponierbedürfnis, aber er muß es auf sichere Distanz halten, um keine Überprüfung seiner Wahnvorstellungen zu riskieren. Kommt es doch einmal zu einem Einblick in die fiktive Natur der prätendierten Größe, bleibt nur der radikale Kontaktabbruch. So wie sich die beschämte Patientin von Guardini abwendete, so hielt sich Hitler bis zu seinem politischen Aufstieg von allen Menschen fern, die seine Wahnvorstellungen vom genialen Maler und Baumeister hätten auf den Zahn fühlen können – etwa dem Bühnenbildner der Wiener Hofoper, Professor Roller, für den er ein Empfehlungsschreiben hatte, oder den Münchner Künstlerkreisen, in deren Cafés er verkehrte.

Hitlers Lebensgeschichte ließe sich als eine kontinuierliche Serie von defensiven Selbsterhöhungen erzählen – mit der makabren Pointe, daß die Prätention von übermenschlichen Fähigkeiten, die sich irdischen Maßstäben entziehen, am Ende schließlich doch ihre

Beglaubigung fand, die einen mörderischen Alptraum wahr werden ließ. Für den vorliegenden Zusammenhang mag als exemplarischer Beleg der Verweis auf das stilisierte Selbstporträt genügen, das Hitler mit *Mein Kampf* vorlegte. Das Werk mit dem bezeichnenden Arbeitstitel *Viereinhalb Jahre Kampf gegen Lüge, Dummheit und Feigheit* ist ein gezielter Versuch der Legendenbildung, bestehend aus unüberprüfbaren Verlautbarungen nach Art des Fragebogens von Garfield – etwa dem schon erwähnten »Entschluß« von Pasewalk, Politiker zu werden, der die tatsächliche Perspektivlosigkeit jener Zeit verhüllt. Auf dem Höhepunkt der NS-Propaganda wurde der Führerkult durch ähnliche Vernebelungsstrategien gestützt. Allein die Titel der zu Hunderttausenden gedruckten Bildbände, die Hitlers Leibphotograph Heinrich Hoffmann später herausbrachte – z. B. *Hitler, wie ihn keiner kennt*, *Hitler abseits vom Alltag* oder *Hitler in seinen Bergen* – lassen die Absicht erkennen, den Nimbus eines von aller Welt entrückten Genies zu verbreiten. Man sieht Hitler, umringt von andächtigen Bewunderern, über Baupläne gebeugt, im Bildhauer-Atelier, an einem Modell gestikulierend oder mit dem Spazierstock den Kiesboden ritzend, als kühnen Entwerfer und Ideengeber, den die Aura einer ebenso undefinierbaren wie unerreichbaren Größe umgibt.

Die primäre Ursache der defensiven Selbsterhöhung ist die Gefühlsabspaltung bzw. eingeschränkte Gefühlsvielfalt, die seit Bleuler (1911) als ein zentrales Symptom der schizophrenen Psychose gilt. Garfield et al. (1987) konnten in Affekt-Erkennungstests zeigen, daß Schizophrene eine im Vergleich zu Depressiven und Normalen deutlich geringere Fähigkeit haben, Gefühlsausdrücke in photographierten Gesichtern angemessen zu deuten. Dieser Befund wird durch die Untersuchung von Krause et al. (1989) dahingehend ergänzt, daß bei Schizophrenen erwartungsgemäß auch die Fähigkeit, eigene Emotionen durch ihr Mienenspiel auszudrücken, stark reduziert ist. Primär private Gefühle wie Glück, Zufriedenheit, Freude wurden fast gar nicht geäußert; es überwogen negative, eher auf die Umwelt bezogene Affekte wie Ärger, Ekel und Verachtung, die auch nur in der oberen Gesichtshälfte angedeutet wurden. Überdies konnten die Autoren zeigen, daß Schizophrene in der Regel dann zu Sprachstörungen neigten, wenn sie mit privaten Äußerungen konfrontiert wurden.

Die maskenhafte Starre in Hitlers Gesichtsausdruck ist vielfach dokumentiert. Erinnert sei hier nur an die »Wer-hält-dem-Blick-länger-stand«-Spiele mit seinen Untergebenen. Und als Beleg dafür, wie leicht ihn schon kleine emotionale Gesten sprachlos machen konnten, sei die folgende Episode angeführt: Hitler erschien 1923 auf einer privaten Silvesterfeier von Heinrich Hoffmann, zu der auch zahlreiche andere Personen, darunter weibliche Fotomodelle, eingeladen waren. Zufällig blieb Hitler in der üppig geschmückten Wohnung unter einem Mistelbusch stehen: »Nun ist es«, berichtet die damals anwesende Henriette von Schirach, »ein alter Brauch, daß man denjenigen, der unter einem Mistelbusch steht, küssen darf. Das wußte Hitler nicht. Aber Else sah es. Else war eines der schönsten Mädchen mit einem Kleid mit goldenen Fransen und den ersten Seidenstrümpfen. Zielbewußt ging sie auf den jungen Hitler zu, der sie ahnungslos betrachtete. Sie umarmte ihn und küßte ihn zärtlich auf den Mund. Die Umstehenden sahen zu. Sie fanden es sehr lustig, daß Hitler, den damals schon jeder kannte und über den es keine Liebesaffären zu berichten gab, so offen geküßt wurde. Es wäre nun das Natürlichste gewesen, wenn er das Mädchen wieder geküßt hätte, aber das tat er nicht. Als sie von ihm abließ, sah er sie ernst an, wandte sich um und holte seinen Trenchcoat. [...] Er nahm den schwarzen Hut und ging ohne Gruß in die Nacht hinaus« (1983, S. 243f).

Ein Grundsymptom, das mit der Gefühlsabspaltung einhergeht und sich im Paradigma vom öffentlichen und privaten Selbst spezifizieren läßt, sind die sogenannten Denkstörungen. Um deren Dynamik näher zu untersuchen, entwarfen Payne et al. (1959) ein Experiment, bei dem sie die Probanden mit einer unlösbaren Aufgabe konfrontierten. Dabei konnten sie beobachten, daß Schizophrene eklatante Schwierigkeiten hatten, beim Erkennen der Unlösbarkeit ihre Aktivität einzustellen. Sie waren offenbar nicht imstande, sich von der äußeren Anforderung auf sich selbst, ihr Privates, zurückzuziehen, wie es Menschen normalerweise tun. Dies ist auch einer der Gründe für den endlosen Redefluß, mit denen Wahnkranke sich zu kommentieren pflegen. Im Falle Hitlers zeigte sich das an seinem Hang zum stundenlangen Monologisieren. Er mußte beständig weiterreden, denn jede Unterbrechung hätte ihn mit seinem inneren Mangel an Privatheit konfrontiert. Die lebenslängliche Beschäftigung mit architektonischen Monumentalbauten, die er um so obsessiver betrieb, je mehr die Chancen der Realisierbarkeit abnahmen, ist ein weiteres Merkmal des Zwangs zur aktionistischen Kompensation der eigenen Gefühlsarmut. In den Formulierungen schließlich, mit denen Hitler kurz vor seinem Selbstmord auf sein Leben zurückblickte, findet diese Getriebenheit ihren neronischen Ausdruck: »*So waren wir zum Krieg verurteilt. Das einzige, was ich selbst noch bestimmen konnte, war die Wahl des günstigsten Augenblicks. Ein Zurück aber gab es für uns nicht. [...] Was auch immer kommen mag, wir werden diesen Kampf bis zum Tode durchstehen*« (Hitler 1945, S. 47f). Auch der Krieg war für ihn eine jener Aufgaben geworden, die er zwar irgendwann als unlösbar erkannte, aber dennoch weiter verfolgen mußte, da ihn der Abbruch mit der Leere seines privaten Selbst konfrontiert hätte – einer inneren Leere, die längst ihre Entsprechung in den äußeren Verwüstungen gefunden hatte.

Während nichtpsychotische Personen durch öffentliche Erfolge Zufriedenheit erlangen, so daß sie sich bisweilen entspannt zurücklehnen können, um ihre äußere Anerkennung innerlich zu genießen, fehlt dem Schizophrenen dieser private Ruhepol. Er findet narzißtische Befriedigung nur im Außenbezug. Da er aber nicht *mit* den anderen sein kann – im Sinne gefühlsmäßiger Bindungen –, muß er *über* den anderen stehen. Dies führt ihn in einen Teufelskreis. Denn mit jeder Erhöhung des öffentlichen Selbst wächst die Wahrscheinlichkeit der Ablehnung durch andere; und um die drohende kognitive Dissonanz auszugleichen, bleibt dem Schizophrenen nur der Versuch, sich noch spektakulärer in Szene zu setzen, so daß er sich immer weiter exponiert. Ein Fall aus der klinischen Praxis mag das illustrieren. Der Patient schilderte seine Krönung zum deutschen König und römischen Kaiser. Hinweisen auf Widersprüche zu seiner realen Situation begegnete er damit, daß er sich überbot: Er war nicht nur deutscher Kaiser, sondern auch der größte aller Heiligen und der größte Entdecker. Das allerdings ist selten der Beginn, sondern meistens der Höhepunkt einer psychotischen Entwicklung (vgl. Paul Matussek 1992, S. 128).

Wir werden bei der Untersuchung von Hitlers Haßpropaganda zeigen, daß diese rekursive Dynamik der Selbstüberbietung auch an dem Prozeß der Radikalisierung beteiligt war, der schließlich in die mörderische Konsequenz der »Endlösung der Judenfrage« mündete. Je größer die öffentliche Erwartung angesichts der anfänglichen Kriegserfolge war, um so mehr mußte Hitler beweisen, daß er zu noch Größerem imstande sei; und als dies auf dem militärischen Feld zu mißlingen begann, führte er diesen Beweis durch unüberbietbare Grausamkeit.

Sie steht am Ende einer Entwicklung, deren Uranlaß die Abspaltung des privaten Selbst und der damit verbundenen Emotionalität bildet. Zahlreich sind die Zeugnisse, die Hitlers Gefühlsarmut seit seinen Jugendtagen belegen. Albert Speer etwa räsoniert: »Manchmal fragte ich mich: Was fehlt mir eigentlich, um Hitler als meinen Freund zu bezeichnen? Ich war ständig in seiner Umgebung, in seinem privaten Kreis fast wie zu Hause und dazu sein erster Mitarbeiter auf dem ihm liebsten Gebiet, der Architektur. Es fehlte alles. Nie in meinem Leben habe ich einen Menschen kennengelernt, der so selten seine Gefühle sichtbar werden ließ, und wenn er es tat, sich augenblicklich wieder verschloß. In meiner Spandauer Zeit unterhielt ich mich mit Heß über diese Eigenart Hitlers. Unseren gemeinsamen Erfahrungen zufolge gab es wohl Momente, in denen man annehmen konnte, ihm nähergekommen zu sein. Aber das war immer eine Täuschung. Falls man seinen herzlichen Ton vorsichtig aufnahm, baute er sogleich abwehrend eine unübersteigbare Mauer auf« (1969, S. 114). Ähnlich äußert sich Joachim von Ribbentrop: »Er hatte in seinem ganzen Wesen etwas unbeschreiblich Distanzierendes [...] Die Unnahbarkeit Hitlers war keine gewollte, sondern von Natur gegebene« (1953, S. 45).

In der Tat ist die Vermeidung von Gefühlsbeziehungen bei Schizophrenen keine freiwillige. Die Fixierung auf das öffentliche Selbst unterbindet alle privaten Selbstäußerungen. Wie aber kommt es zu der Gefühlsabspaltung? Auch dies läßt sich ohne die spekulative Inanspruchnahme der psychoanalytischen Instanzen- oder Repräsentanzenlehren erklären, indem man sich der deskriptiven Begrifflichkeit unseres Paradigmas bedient.

Scham statt Schuld

Ein Hauptanlaß für die narzißtische Fixierung auf das öffentliche Selbst bei gleichzeitiger Unterdrückung privater Gefühlsregungen ist die Beschämung. Denn Scham bringt das Individuum in eine ambivalente Position: Eigentlich möchte man, wie es die sprichwörtlichen Redensarten besagen, »im Erdboden versinken« oder »sich in ein Mauseloch verkriechen«; doch es gehört zur Zwangslage beschämender Situationen, daß ein solcher Rückzug eben nicht möglich ist. Wer zum Beispiel in einem Live-Interview etwas Peinliches von sich gegeben hat, kann nicht einfach das Fernsehstudio verlassen, er muß die Situation überspielen, so tun, als sei nichts gewesen oder gar – zum Beweis, daß seine Entgleisung kein Signal von Schwäche ist – »noch eins draufsetzen«. Das ist nur möglich, wenn das private Empfinden, das den Konflikt mit der öffentlichen Selbstpräsentation unangenehm spürbar macht, so gut wie möglich unterdrückt wird. Schizophrene sind Meister der Schamabwehr. Das zeigt sich unter anderem an der Tatsache, daß bei ihnen das verräterische Signal aus dem Privaten, das Erröten, relativ selten vorkommt. Welchen Preis sie für ihre Immunisierung gegen Infragestellungen ihres öffentlichen Selbst zahlen, sei an dem folgenden Beispiel aus der klinischen Praxis verdeutlicht:

»Ein 16jähriger fährt mit seiner Schulklasse nach Paris. Nach einigen Tagen wird er psychotisch. Bei der üblichen Klinikexploration wird lediglich festgestellt, daß die erste Auslandsreise den Knaben überfordert habe, deshalb sei er – bei entsprechender Vulnerabilität – erkrankt. In der Psychotherapie ergeben sich weitere Einzelheiten, die allerdings ohne eine entsprechende Theorie nicht hätten gewichtet werden können. Diese Einzelheiten haben mit dem lebensgeschichtlichen Kontext seiner Ferienreise zu tun, insbesondere einer ihr vorausgehenden, einmaligen Leistung, die bei dem Patienten den Eindruck erweckte, er sei etwas Besonderes: Er war Klassenbester geworden – allerdings unter Aufbietung aller Kräfte. Diese Leistung, die bei objektiver Betrachtung nicht unbedingt als spektakulär gewertet würde, hielt er gerade wegen des dafür notwendigen Energieaufwands für nicht wiederholbar und insofern für einzigartig. Schon bei der Abreise von Würzburg erlebte er sich als etwas Besonderes, nicht nur als der erste unter den Klassenkameraden, sondern darüber hinausgehend als ›Weltreisender‹ – ein Gefühl, das er nun alleine für sich beanspruchte, obwohl die anderen sich mit dem gleichen Recht auch als solche hätten fühlen können. In Paris aber überfiel ihn ein nicht zu bewältigendes Heimweh. Er weinte und war untröstlich, obwohl er bei den Gastgebern gut aufgehoben war. Schließlich machten sie abwertende Bemerkungen, genauer: Bemerkungen, die er als abwertend empfand – etwa in dem Sinne, daß ein Junge nicht ein so großes Heimweh haben dürfte. Schlagartig trockneten die Tränen, vertrockneten sie. Und mit den Tränen verschwand auch jedes Gefühl. Das Phänomen der Fragmentierung tauchte hier in der Form der Depersonalisation auf. Er war keine Person mehr, und die Umgebung war ihm nicht mehr fremd, sondern irreal« (Paul Matussek 1992, S. 134f).

Die aus der Schamabwehr resultierende Gefühlsabspaltung wirkt sich auch auf das Schuldempfinden aus. Dies läßt sich am besten von der Gegenseite her beleuchten, der Perspektive des Depressiven: In seiner narzißtischen Fixierung auf das private Selbst neigt er dazu, alle Verantwortung für ein mißlungenes Auftreten in der Öffentlichkeit sich selbst zuzuschreiben; er ergeht sich in Selbstvorwürfen und sieht in dem Vorkommnis nur einen weiteren Anlaß, sich von der Welt zurückzuziehen. Im Extremfall wird er den Wahn entwickeln, Ursache von Unheil zu sein. Anders der Schizophrene. Wenn seine Wahninhalte überhaupt mit Schuld zu tun haben, dann im Sinne eines von der Außenwelt auferlegten Schicksals, als Reinkarnation von Christus oder eines großen Märtyrers. Im Vordergrund steht dabei das Interesse an der Bewunderung durch andere, nicht das Gefühl der privaten Verfehlung. Kurz: Die Sorge des Schizophrenen richtet sich auf die Möglichkeit der Beschämung, nicht des Schuldigwerdens.

Ein Extremfall dieser schizophrenen Eigenart ist Hitler. Daß bei ihm ausschließlich Scham gemeint war, wenn er von Schuld sprach, ist vielfach übersehen worden. Fälschlich wurden manche seiner Äußerungen als Ausdruck von Schuldbewußtsein gedeutet – etwa:

»Ich trage dieses mein Los mit dem schuldigen Dank einer Vorsehung gegenüber, die mich für würdig genug gehalten hat, eine ebenso harte, wie für die Zukunft entscheidende Arbeit in der Geschichte unseres Volkes übernehmen zu müssen« (Domarus 1962/63, S. 2186).

»Gott leiht seine Gnade stets nur dem, der sich immer aufs Neue um sie verdient macht« (Prange 1944, S. 90 – Rückübersetzung der Autoren).

»Wenn daher die Vorsehung das Leben als Preis demjenigen schenkt, der es am tapfersten erkämpft und verteidigt, dann wird unser Volk die Gnade vor demjenigen finden, der als gerechter Richter zu allen Zeiten immer noch dem den Sieg gab, der seiner am meisten würdig war« (Domarus 1962/63, S. 2076).

Aus diesen Zitaten spricht nicht ein Gefühl moralischer Verpflichtung, sondern die Befriedigung, möglichen Beschämungen glücklich entgangen zu sein. Wie Hitler dagegen auf Vorhaltungen reagierte, die an sein Schuldgefühl appellieren wollten, beleuchtet beispielhaft eine Episode, die Henriette von Schirach berichtet. Auf einer Hollandreise 1943 war sie Augenzeugin einer nächtlichen Judendeportation geworden und fühlte sich danach als »Mitwisserin von Verbrechen« (Schirach 1983, S. 248). Nach der Devise »Wenn das der Führer wüßte!« wandte sie sich kurz darauf an Hitler persönlich: »›Ich wollte Sie sprechen, ich habe schreckliche Dinge gesehen, ich kann nicht glauben, daß Sie es wollen [...]‹ Er sah mich erstaunt an: ›Es ist Krieg‹, sagte er. ›Aber es waren Frauen, ich sah, wie arme hilflose Frauen weggeführt wurden, abtransportiert in ein Lager. Ich glaube nicht, daß sie zurückkommen werden, man hat ihnen ihr Eigentum weggenommen, ihre Familien gibt es nicht mehr [...]‹ – ›Sie sind sentimental, Frau von Schirach!‹ Hitler stand auf und stellte sich mir zur Seite. ›Was gehen Sie die Jüdinnen aus Holland an!‹« Für ihn war die Frage nach der Schuld allein als Imageproblem relevant; dabei war zunächst nur die deutsche Öffentlichkeit wichtig. Er redete auf Henriette von Schirach ein: »›Verstehen Sie, jeden Tag fallen zehntausend meiner kostbarsten Männer, Männer, die es nie wieder gibt, die Besten. Die Balance stimmt dann nicht mehr, das Gleichgewicht in Europa stimmt nicht mehr. Denn die anderen fallen nicht. Sie leben, die in den Lagern, die*

Minderwertigen leben, und wie schaut es dann in Europa in hundert Jahren aus? In tausend? Ich bin nur meinem Volk verpflichtet, niemandem sonst.‹« (S. 249f).

Was Hitler einzig »*anging*«, war das Spektakuläre der Tat, nicht deren moralische Bewertung. Wenn ihn überhaupt Selbstzweifel quälten, dann kreisten sie um die unaufhörliche Angst, sich zu blamieren oder lächerlich zu machen. Wir werden im Kapitel III darlegen, wie das Motiv der Schamabwehr seine Lebensgeschichte von früh an prägte. Auch als Hitler einen Status erreicht hatte, in dem er nicht mehr herablassend bespöttelt oder belächelt werden konnte, war die Angst vor Blamage keineswegs gebannt. Im Gegenteil: Gerade als »Führer« war er von der paranoiden Furcht geplagt, die Maske seines öffentlichen Selbst könne ins Rutschen geraten. Signale aus dem unterdrückten Privaten, die nicht zum hehren Idealbild des Erlösers von der jüdischen »*Weltpest*« (Jäckel/Kuhn 1980, S. 1242) passen wollten – etwa das hartnäckige Problem der Flatulenz –, wurden mit großem Aufwand bekämpft. Das auffälligste Symptom der psychotischen Schamabwehr Hitlers ist die in den Kriegsreden notorisch wiederkehrende Wahnvorstellung von spöttisch »*lachenden Juden*«, auf die wir am Ende des Kapitels III ausführlich eingehen. Zunächst gilt es, ein weiteres Symptom zu beleuchten, das mit diesem eng verbunden ist.

Aggression gegen Bloßstellungen

Wenn Schizophrene überhaupt Gefühle äußern, so sind sie meist negativer Art und richten sich »extrapunitiv« gegen die Umwelt, das heißt mit der Tendenz, andere für die eigenen Mängel büßen zu lassen. Dies muß nicht mit Gewalttätigkeiten verbunden sein – offene Aggressionen sind sogar bei Schizophrenen äußerst selten (Böker/ Häfner 1973, Lindquist/Allebeck 1990). Bei Hitler jedoch liegt ein solcher Sonderfall vor. Inwiefern er gleichwohl einen allgemeinen Grundzug der schizophrenen Dynamik offenbart, ergibt sich aus den folgenden Beobachtungen.

In der Autobiographie des mit den Nationalsozialisten sympathisierenden Münchner Historikers Karl Alexander von Müller schildert dieser eine Begegnung mit Hitler in den zwanziger Jahren: »[…] durch die offene Tür sah man, wie er auf dem schmalen Gang die Gastgeberin fast unterwürfig höflich begrüßte, wie er Reitpeitsche, Velourhut und Trenchcoat ablegte, schließlich einen Gürtel mit Revolver abschnallte und ebenfalls am Kleiderhaken aufhängte. Das sah ku-rios aus und erinnerte an Karl May. Wir wußten alle noch nicht, wie genau jede dieser Kleinigkeiten in Kleidung und Benehmen schon damals auf Wirkung berechnet war, nicht anders als das auffällige kurzgeschnittene Schnurrbärtchen, das schmaler war als die unschön breitflügelige Nase. […] aus seinem Blick sprach schon das Bewußtsein des öffentlichen Erfolges: aber etwas Linkisches haftete ihm immer noch an, und man hatte das unangenehme Gefühl, er spürte es und nahm es übel, daß man es bemerkte« (zit. nach Schuster 1993, S. 125).

Wer sich anderen als etwas Besonderes präsentiert, muß Skeptiker fürchten. Im Normalfall wird ein Mensch einen inneren Ausgleich für das Erlebnis mißglückter »Angeberei« suchen; er wird zwar eventuell aversive Gefühle gegen die unbeeindruckten Beobachter hegen, sich aber gleichzeitig auch selbstkritisch zurücknehmen. Die Schamröte ist ein solches Signal aus dem privaten Selbst, das der Umwelt Reue über ein unangemessenes öffentliches Auftreten signalisiert. Was aber geschieht, wenn einem Menschen der Rückzug ins Private verbaut ist? Bezeichnenderweise bringt es die schizophrene Struktur mit sich, daß das Erröten hier äußerst selten ist. Der Schizophrene muß in die Offensive gehen.

Eine aggressive Variante der Offensivreaktion haben wir im Einführungskapitel am Beispiel von Mathias Rust beschrieben: Nachdem er mit seiner aufschneiderischen Selbsteinführung als »Kreml-Flieger« bei einer Krankenschwester nicht landen konnte, stach er sie nieder. Es war ihm nicht möglich, die Abweisung selbstkritisch zu relativieren, denn eine andere Identität als die öffentlich präsentierte besaß er nicht.

In einem vergleichbaren – freilich monströs gesteigerten Sinne reagierte Hitler auf abwertende Signale der Umwelt: Er nahm sich nicht zurück, sondern attackierte die Verursacher der kognitiven Dissonanz zwischen dem grandiosen öffentlichen Auftritt und der privaten Dürftigkeit. Zeugen seiner kläglichen Vorgeschichte, die so gar nicht zum Nimbus des großen Führers paßte, wurden mit Einschüchterungen, Drohungen und Mord zum Schweigen gebracht. Schon wer es wagte, ihn auch nur andeutungsweise auf normalmenschliches Niveau herabzuziehen, riskierte sein Leben, wie es der folgende Vorfall illustriert:

Weil man dem 21jährigen Photographen Johann Brandner Anfang 1937 den Zugang zu seiner Wohnung durch den immer größer werdenden Sperrbezirk verweigerte und ihn damit zu kilometerweiten Umwegen zwang, schrieb er einen Brief an Hitler. Als dieser im offenen Wagen an ihm vorbeifuhr, überreichte Brandner sein Bittschreiben eigenhändig. Die entrückte Führerpose war durch die private Annäherung der Banalität preisgegeben, und Hitler reagierte, wie es seiner Struktur entsprach: *»Dem Mann muß geholfen werden«* (Chaussy/Püschner 1997, S. 110) kommentierte er den Zwischenfall – und gab Anweisung zu einer Polizeiaktion, in deren Verlauf Brandner verhaftet und ins Konzentrationslager Dachau gebracht wurde.

Als Hitlers Kriegsglück sich zu wenden begann, wurde das ganze Volk zum potentiellen Zeugen einer drohenden Bloßstellung. Und tatsächlich lag es in der Konsequenz der Abwehrdynamik Hitlers, eher die deutsche Öffentlichkeit der Vernichtung preiszugeben, als die eigene Blamage zuzugestehen. Im Januar 1941 versichert Hitler gegenüber Himmler: »*Da bin ich auch hier eiskalt: Wenn das deutsche Volk nicht bereit ist, für seine Selbsterhaltung sich einzusetzen, ganz gut: Dann soll es verschwinden!*« (Jochmann 1980, S. 239). Das war kein Spontanbekenntnis; es wurde in der Folgezeit hartnäckig wiederholt. Den trotz der wachsenden Einsicht in die Unmöglichkeit eines Sieges fortgeführten Rußland-Feldzug kommentierte Hitler gegenüber ausländischen Besuchern mit den Worten: »*Ich bin auch hier eiskalt. Wenn das deutsche Volk einmal nicht mehr stark und opferbereit genug ist, sein eigenes Blut für seine Existenz einzusetzen, so soll es vergehen und von einer anderen, stärkeren Macht vernichtet werden. [...] Ich werde dann dem deutschen Volk keine Träne nachweinen*« (zit. nach Haffner 1978, S. 152; Hillgruber 1967/70, Bd. 1, S. 657 u. 661). Nicht Kriegslogik spricht aus diesen Sätzen, sondern die Pathologie einer ausschließlichen Fixierung auf das öffentliche Selbst, für die nur der Beifall des Auditoriums zählt. Sollte dieses ihm den Applaus versagen, mußte es ausgelöscht werden: »*Wenn mich das deutsche Volk in diesem Krieg im Stich läßt, hat es seinen Untergang verdient!*« (Krebs 1959, S. 123). Im August 1944 wiederholte Hitler auf einer Gauleiterkonferenz: »*Sollte das deutsche Volk in diesem Ringen besiegt werden, dann war es zu schwach, die Prüfung der Geschichte zu bestehen, und nur der Vernichtung würdig*« (zu Albert Speer, nach Trevor-Roper 1965, S. 77).

Hitlers aggressive Abwehr von Bloßstellungen richtete sich aber nicht nur gegen äußere Zeugen. Auch sich selbst gegenüber war er unerbittlich, wenn es darum ging, die Offenbarung eigener Schwächen oder Fehler zu vermeiden. So gehört etwa die Vermeidung jeder freundschaftlichen Beziehung zu dem Preis, den er für die Aufrechterhaltung seines grandiosen öffentlichen Selbst bezahlte. Er verzichtete auf Vergnügungen und Genußmittel wie Tanzen und Schwimmen, Rauchen und Alkohol, weil er beständig Angst hatte, er könne lächerlich dabei aussehen. Wie eingeschränkt das Dasein war, mit dem er seiner Führerpose Tribut zollte, dokumentiert die folgende Episode:

Nachdem er eine Gesellschaft bei Heinrich Hoffmann verlassen hatte, kehrte Hitler noch einmal zu dessen Wohnung zurück. Hoffmanns 15jährige Tochter Henriette war schon ins Bett gegangen, als es klingelte. In der Tür stand Hitler: »›Ich habe meine Peitsche vergessen.‹ Ja, da hing sie am Garderobenhaken, die kurze lederne Peitsche, die gleichzeitig Hundeleine war. Hundeleine und Talisman. Ich gab sie ihm. Er stand auf dem kleinen Vorplatz auf dem roten Teppich. [...] Herr Hitler trug den englischen Trenchcoat und hielt seinen grauen Velourshut in der Hand. Und nun sagte er etwas, das gar nicht zu ihm paßte; und er sagte es ganz ernst: ›Wollen Sie mich nicht küssen?‹ Er sagte Sie. Was für eine Vorstellung: Herrn Hitler küssen! Ich mochte ihn gern, denn er war für meine Ideen zu haben, auch half er mir, wenn ich bei Vater etwas erreichen wollte. [...] Aber küssen? ›Nein, bitte, wirklich nicht, Herr Hitler, es ist mir unmöglich!‹ Er sagte gar nichts, klopfte mit der Peitsche auf seine Handfläche und ging ganz langsam die Stufen zur Eingangstür hinunter« (Schirach 1983, S. 244f).

Die Szene scheint im Widerspruch zu der bereits erwähnten zu stehen, in der Hitler sprachlos ging, nachdem er geküßt *wurde*. Doch beide zeugen von derselben Kalamität: Als großer Führer konnte er eine private Annäherung nicht zulassen, wenn sie nicht von ihm ausging. Tat er es aber, brachte er nicht selten andere in Verlegenheit. Fast alle seine Frauenbeziehungen waren von diesem Dilemma geprägt. Sexuelle Befriedigung dürfte er, falls überhaupt, nur mit einem Menschen erlebt haben: mit seiner Nichte Geli Raubal. Und wenn ihre Berichte über die perversen Praktiken, die er ihr abverlangt haben soll, stimmen, dann wären sie vor diesem Hintergrund immerhin erklärlich: Das masochistische Verlangen, sich den Exkrementen des Partners auszusetzen, entspricht einem apokryphen privaten Selbst und bestätigt indirekt das öffentliche Selbst des asketischen Kämpfers, der für hedonistische Abweichungen bestraft werden muß.

Die schizophrene Sondernorm

Es gehört zu den elementaren Bedürfnissen des Menschen, als wertvoll angesehen zu werden und seine Taten moralisch gerechtfertigt zu wissen. Dieses Bedürfnis nach »self esteem«, wie es die Sozialpsychologie nennt (Greenberg et al. 1986, S. 197f), entsteht mit dem Angewiesensein des Säuglings auf elterliche Fürsorge und dehnt seinen Bezugsrahmen allmählich über die Familie auf die soziale Umwelt aus, die individuelles Verhalten nach kulturellen Normen bewertet. Die ursprüngliche Angst, von den überlebenswichtigen Eltern verlassen zu werden, wird dabei abgelöst von der Angst, in den Augen anderer wertlos zu sein. Das Selbstwertgefühl bietet einen Schutz vor diesen Bedrohungen. Im sozialen Kontext bedarf es dazu der Vertrauensbildung auf zwei Ebenen: Das Individuum muß die Gewißheit der Integration in sein kulturelles Umfeld haben, und es muß davon überzeugt sein, in diesem Umfeld eine nicht unbedeutende Rolle zu spielen. Greenberg et al. sprechen von einem »kulturellen Drama« (S. 199ff) im Sinne eines Theaterstücks, um diesen Doppelaspekt zu illustrieren. Um ein Selbstwertgefühl aus ihm zu beziehen, müssen zwei Bedingungen erfüllt sein: erstens, daß man überhaupt eine Rolle in dem Stück bekommt, und zweitens, daß diese Rolle genug eigenen Entfaltungsspielraum bietet. Freilich können die beiden Bedingungen nie ganz konfliktfrei zueinander stehen, und es ist evident, daß diejenige Kultur ihren Mitgliedern das Höchstmaß an Selbstwertgefühl ermöglicht, die die größte Vielfalt an individuellen Rollenambitionen zuläßt, ohne das »kulturelle Drama« als solches dabei aufzulösen, das heißt, ohne die Verbindlichkeit der kulturellen Normen völlig preiszugeben.

Was folgt daraus für einen Menschen, der seinen eigenen Wert in Ermangelung eines privaten Selbst nur aus öffentlichen Reaktionen ableiten kann?

Die narzißtische Fixierung des Schizophrenen auf das öffentliche

Selbst hat zur Folge, daß er sich nicht in Rollen fügen kann, die andere ihm zuweisen. Denn er befindet sich immer schon in seinem eigenen Drama. Für ihn »hat jeder Gedanke, jedes Gefühl zugleich den
Mitwisser. […] Man fragt sich, wie man ankommt, aber nicht nur bei
anderen, sondern auch bei sich. Man ist immer auch sein eigenes
Publikum – ob es nun die Art, zu gehen, zu essen oder zu schlafen, alltägliche Aufgaben oder große Werke betrifft« (Paul Matussek 1992,
S. 123). Diese Selbstexposition führt zur Herausbildung einer Sondernorm, die sich nicht oder nur mit Widerstreben in den sozialen
Kontext integrieren kann. Hierzu ein Beispiel:

»Ein Schizophrener, der jahrelang vor seiner Psychose in einer
Jugendmannschaft Fußball spielte, erzählte in der Therapie eher
beiläufig von einem Krach mit seinem Trainer. Ich schenkte dieser
Erinnerung wenig Beachtung, bis mir auffiel, daß der Patient immer wieder darauf zu sprechen kam – meistens im Zusammenhang mit Träumen. Erst nach mehrmaliger Schilderung und
meinem wiederholten Nachfragen kam der Kern der Erinnerung heraus: Er war immer Stürmer und wurde so von allen geschätzt. Bei
einem Spiel betätigte er sich aber plötzlich als Verteidiger, trotz der
Proteste der Mitspieler und vor allem des Trainers. Dazu nahm er
in Sätzen Stellung wie: ›Das ist doch nichts Besonderes!‹ – ›Ich wollte
auch einmal verteidigen!‹ – ›Sollen doch die anderen die Tore
schießen!‹ usw. […] Der Schizophrene orientierte sich nicht am
Ziel des Spiels, also an dem, was allen Spielern gemeinsam ist, sondern
er war im Spiel – wie auch in seinem Leben – von der Frage be-
herrscht: Für wen spiele ich? Für den Trainer? Die Mitspieler? Die
Freundin? Wer schaut mir zu? […] Um das Verhalten des Patienten,
das von Mitspielern als ›merkwürdig‹ und ›trotzig‹ erlebt wurde, psy-
chodynamisch korrekt zu kennzeichnen, müßte man es verschroben
nennen. In ihm wird eine für die Schizophrenie und deren
Vorstufen typische Verhaltensweise deutlich. Der Betreffende will
zwar um jeden Preis mit den anderen Kontakt haben, aber in einer
von ihm zu bestimmenden Weise: Er darf nicht so erscheinen wie die
anderen. Er muß seine Sonderrolle signalisieren; erst dadurch –
und nur dadurch – ist er sich seiner sicher« (Paul Matussek 1992,
S. 123f).

Das Dilemma des Schizophrenen besteht also darin, daß er das »kulturelle Drama« hintertreiben muß, um seiner Sondernorm zu genügen, gleichzeitig aber auf seine Teilnahme an diesem Drama angewiesen bleibt – als Hintergrund, vor dem sich seine Sondernorm überhaupt erst als solche präsentieren kann. In dieses Bild fügen sich die berühmten drei Kriterien Binswangers (1956): Verstiegenheit, Verschrobenheit, Manieriertheit. Alle drei sind Ausdruck der Ambivalenz, zugleich innerhalb und außerhalb des sozialen Kontextes stehen zu müssen. Bei Hitler waren sie deutlich ausgeprägt.

So zeigt sich seine Tendenz zur Verstiegenheit bereits früh in seinen Reaktionen auf Beschämungen: Anstatt sich zurückzunehmen, übertrumpfte er das beschädigte Selbstbild durch immer anmaßendere, für andere immer weniger erreichbare Ambitionen. Dieser Prozeß, den wir schon unter dem Stichwort der defensiven Selbsterhöhung angesprochen haben, führte dazu, daß er sich schon lange vor seinem tatsächlichen Aufstieg in eine Position gebracht hatte, in der es kein Zurück mehr gab. Die Fallhöhe zwischen dem öffentlichen Selbst, das er anderen präsentierte, und der Dürftigkeit seiner realen Existenz war derart groß geworden, daß jeder Rückzug auf ein niedrigeres Anspruchsniveau einem existenzvernichtenden Absturz gleichgekommen wäre – buchstäblich wie bei einem Bergsteiger, der sich »verstiegen« hat. Er hatte bereits in seinen Linzer Jahren die halluzinatorische Eingebung, er sei der Erwählte, um das deutsche Volk »aus der Knechtschaft emporzuführen zu den Höhen der Freiheit« (Kubizek 1953, S. 116f). Das ließ ihm nur die Wahl, den Auftrag zu erfüllen oder sich preiszugeben. Er war derart mit seinem öffentlichen Selbst identifiziert, daß er eine Abweichung davon nicht im Privaten hätte auffangen und relativieren können.

Das für Manieriertheit zentrale Moment der Selbstinszenierung trat bei Hitler zunächst in seiner Kleidung hervor – wir hatten schon einen Eindruck von seiner Karl-May-Ausstattung zitiert – und erreichte seine volle Entfaltung in den einstudierten Posen vor heroischer Kulisse auf den Reichsparteitagen der NSDAP.

Die Verschrobenheit der schizophrenen Sondernorm schließlich spricht aus den eigenwilligen Argumentationen Hitlers. So verteidigt er etwa in *Mein Kampf* seine Vorstellung des exzeptionellen Individu-

ums mit einer merkwürdig inkonsequenten Antithese zum Judentum:

> *»Die Bewegung hat die Achtung vor der Person mit allen Mitteln zu*
> *fördern. [...] Die größten Umwälzungen und Errungenschaften dieser*
> *Erde, ihre größten kulturellen Leistungen, die unsterblichen Taten auf*
> *dem Gebiete der Staatskunst usw., sie sind für ewig unzertrennbar ver-*
> *knüpft mit einem Namen und werden durch ihn repräsentiert. Der Ver-*
> *zicht auf die Huldigung vor einem großen Geist bedeutet den Verlust*
> *einer immensen Kraft, die aus dem Namen aller großen Männer und*
> *Frauen strömt.*
>
> *Das weiß am besten der Jude. Gerade er, dessen Größen nur groß sind*
> *in der Zerstörung der Menschheit und ihrer Kultur, sorgt für ihre abgöt-*
> *tische Bewunderung. Nur die Verehrung der Völker für ihre eigenen Gei-*
> *ster versucht er als unwürdig hinzustellen und stempelt sie zum ›Perso-*
> *nenkult‹. Sobald ein Volk so feige wird, dieser jüdischen Anmaßung und*
> *Frechheit zu unterliegen, verzichtet es auf die gewaltige Kraft, die es*
> *besitzt, denn diese beruht nicht in der Achtung vor der Masse, sondern*
> *in der Verehrung des Genies und in der Erhebung und Erbauung an*
> *ihm«* (Hitler 1925/27, S. 387f).

Das Judentum hegt in dieser rhetorisch krummen Sicht die gleiche
»*Bewunderung*« für seine »*Größen*« wie das deutsche Volk. Diese
Bewunderung wird aber zugleich als »*abgöttisch*« verurteilt – wiederum mit einem Argument, das dem Weltbild entnommen ist, von dem
es sich abgrenzen will: dem Vorwurf des »*Personenkults*«. Der Selbstwiderspruch verrät etwas von der irrationalen Logik des schizophrenen Weltbezugs: Um seine Sondernorm zu rechtfertigen, muß er sich
der kulturellen Maßstäbe bedienen, von denen er sich abhebt.
Bedenkt man die prägende Rolle des Judentums für die deutsche Kultur zur Zeit Hitlers, so läßt sich vermuten, daß er seinen verschrobenen Antisemitismus benötigte, um diesen Selbstwiderspruch auszu-
tragen. Demnach hätte der Judenhaß eine Stellvertreterfunktion: Da
Hitler von der Akklamation einer Öffentlichkeit abhängig war, über
die er sich erheben wollte – nicht zuletzt aus Wut über die durch ihre
Institutionen (Schule, Akademie, Männerheim) erlittenen Demütigungen –, bot sich als Objekt der aggressiven Abwehr der Teil der eigenen Kultur an, der in der Ideologie der Zeit als deren Fremdkörper

ausgegeben wurde. So konnte er sich auch in der Abgrenzung als kulturell zugehörig empfinden. Wir werden auf diese Hypothese noch des öfteren zurückkommen. Für den vorliegenden Zusammenhang bleibt festzuhalten, daß Anfeindungen für die Bestätigung der schizophrenen Sondernorm durchaus zuträglich sind und deshalb unter Umständen sogar gesucht werden. Hitler genoß die öffentlichen Verurteilungen nicht weniger als den Jubel seiner Anhänger: »*Wer in den jüdischen Zeitungen nicht bekämpft, also verleumdet und verlästert wird, ist kein anständiger Deutscher und kein wahrer Nationalsozialist. Der beste Gradmesser für den Wert seiner Gesinnung, die Aufrichtigkeit seiner Überzeugung und die Kraft seines Wollens ist die Feindschaft, die ihm von seiten des Todfeindes unseres Volkes entgegengebracht wird*« (S. 386).

Die Redewendung »Viel Feind', viel Ehr'«, mit der sich Menschen ausnahmsweise relativierend über Kritik hinwegzutrösten versuchen, hat leitmotivischen Charakter für den Weltbezug Schizophrener. Deshalb müssen ihnen gerade solche sozialen Kontexte bedrohlich erscheinen, die von kultureller Vielfalt geprägt sind. Denn in derartigen Kontexten ist es wesentlich schwerer, die öffentliche Aufmerksamkeit auf die eigene Sondernorm zu lenken als in einer homogenen Kultur, in der Abweichungen stärker ins Auge fallen. Dies erklärt den phobischen Unterton in Hitlers Schilderung der multikulturellen Gesellschaft der Habsburgermonarchie, innerhalb derer er vergeblich um exzeptionelle Reputation rang:

»*Das alte Österreich war ein ›Nationalitätenstaat‹. Der Angehörige des Deutschen Reiches konnte im Grunde genommen [...] gar nicht erfassen, welche Bedeutung diese Tatsache für das alltägliche Leben des einzelnen in einem solchen Staate besitzt. [...] Man begriff nicht, daß, wäre nicht der Deutsche in Österreich wirklich noch von bestem Blute, er niemals die Kraft hätte besitzen können, einem 52-Millionen-Staate so sehr seinen Stempel aufzuprägen, daß ja gerade in Deutschland sogar die irrige Meinung entstehen konnte, Österreich wäre ein deutscher Staat. [...] Von dem ewigen unerbittlichen Kampfe um die deutsche Sprache, um deutsche Schule und deutsches Wesen hatten nur ganz wenige Deutsche aus dem Reiche eine Ahnung. [...] Wer endlich konnte noch Kaisertreue bewahren einer Dynastie gegenüber, die in Vergan-*

genheit und Gegenwart, die Belange des deutschen Volkes immer und immer wieder um schmählicher eigener Vorteile wegen verriet? [...] Im Norden und im Süden fraß das fremde Völkergift am Körper unseres Volkstums, und selbst Wien wurde zusehends mehr und mehr zur undeutschen Stadt. Das ›Erzhaus‹ tschechisierte, wo immer nur möglich, und es war die Faust der Göttin ewigen Rechtes und unerbittlicher Vergeltung, die den tödlichsten Feind des österreichischen Deutschtums, Erzherzog Franz Ferdinand, gerade durch die Kugeln fallen ließ, die er selber mithalf zu gießen. War er doch der Patronatsherr der von oben herunter betätigten Slawisierung Österreichs« (Hitler 1925/27, S. 9, 13).

Der Zerfall kultureller Normen erzeugt Anomie – um einen klassischen Begriff des Soziologen Émile Durkheim (1897) aufzugreifen. Unter Anomie ist nicht nur ein Zustand der Regellosigkeit in den gesellschaftlichen und zwischenmenschlichen Beziehungen zu verstehen. Auch widersprüchliche oder miteinander konkurrierende Normen können anomische Verhältnisse erzeugen, weil sie zu Orientierungsverlusten führen. Schizophrene sind hiervon wesentlich stärker betroffen als andere, da sie den Zerfall ihres Auditoriums befürchten müssen, von dessen kollektiver Aufmerksamkeit ihr ganz auf das öffentliche Selbst gegründetes Ichgefühl abhängt. Diese Angst wiederum erzeugt im Falle einer aggressiven Disposition Haß auf den Zustand der Anomie und ihre vermeintlichen Verursacher. Daß bei Hitler die Juden für diese Rolle herhalten mußten, ist aus ideologischen Überlegungen heraus nicht hinreichend zu erklären. Die Ursachen liegen vielmehr in einer Dynamik, die bereits ausgebildet war, als das politische Ziel noch gar nicht feststand. Unfreiwillig bringt Hitler die Beliebigkeit seiner Gegnerwahl selbst zum Ausdruck, wenn er in einer Geheimrede vom 30.5.1942 rückblickend feststellt: *»Das alles ist uns nicht als ein Geschenk des Himmels in den Schoß gefallen, sondern ich habe den Kampf begonnen, einen Kampf gegen alles, was man sich überhaupt an Gegnern vorstellen konnte«* (Picker 1963, S. 501).

Wie dieser Kampf begonnen hat, das sei – nachdem wir die wichtigsten Grundlinien unseres Psychosenmodells grob skizziert haben – nun im lebensgeschichtlichen Kontext nachgezeichnet. Dabei wird sich herausstellen, daß Hitlers pathologische Persönlichkeitsstruktur einen maßgeblichen Anteil an der Art seines politischen Aufstiegs hatte. Dies bedeutet jedoch nicht, daß wir die Verbrechen der Nationalsozialisten auf die Psychodynamik eines einzelnen reduzieren wollen. Wie wir im weiteren Fortgang unserer Studie darlegen werden, gibt es eine historisch bedingte Affinität zwischen der Ausstrahlung Hitlers und seiner Akzeptanz bei den Deutschen. Um diese Affinität aber zu begreifen, bedarf es zunächst einer eingehenden Diagnose der Persönlichkeit Hitlers. Erst die genaue Kenntnis seiner psychotischen Struktur vermag seine einzigartige Wirkung auf andere zu erklären. Deshalb müssen wir zunächst auf die Lebensgeschichte eingehen, bevor wir im Kapitel IV ihr Verhältnis zum kulturhistorischen Umfeld beschreiben.

—— III ——

Hitlers Wahnkarriere
in psychodynamischer Sicht

Als Ergebnis des vorausgegangenen Kapitels läßt sich festhalten, daß weder die psychosomatische noch die im klassischen Sinne psychoanalytische Befunderhebung dem Phänomen gerecht wurden. Hitlers monströse Gefühllosigkeit, das völlige Fehlen persönlicher Empfindungen und die Brutalität, mit der er sein enormes Geltungsbedürfnis durchsetzte, lassen sich nicht aus einem fehlenden Hoden, aus einer späten Pervitinabhängigkeit oder ödipalen Urszenen deduzieren. Um seine Verhaltensantriebe und Handlungsmotive zu ergründen, bedurfte es daher eines Paradigmenwechsels, der den öffentlich-privaten Doppelcharakter des Selbst berücksichtigt. Das neue Paradigma bietet eine Erklärungshilfe sowohl für die inneren Prozesse der Gefühlsabspaltung unter dem Einfluß von Demütigungen und Beschämungen als auch für die kompensatorischen Formen der Selbstpräsentation, die schließlich die fanatischen Akklamationen seiner Umwelt veranlaßten. Im folgenden werden wir darlegen, daß die wesentlichen Charaktereigenschaften Hitlers schon in der Jugend hervorgetreten waren, nicht erst nach der Festungshaft in Landsberg, wie oft behauptet wird (vgl. etwa Eitner 1981, S. 52–60). Dagegen muß der Beginn seiner politischen Ambitionen wesentlich später angesetzt werden, als er es selbst mit der Pasewalk-Schilderung in *Mein Kampf* glauben machen wollte – und worin ihm viele Biographen gefolgt sind.

Hitlers Erfolg war möglich, *weil* er auf einer schizophrenen Struktur beruhte. Ein im psychiatrischen Sinne Normaler hätte dieselbe Unerbittlichkeit gegen sich selbst und andere nicht aufbringen können. Dies wiederum begünstigte seinen Erfolg bei den Massen. Daß dieser Erfolg nur im Zusammenspiel mit institutionellen und mentalitätsgeschichtlichen Kontexten möglich war, soll damit nicht in Frage gestellt werden. Indem unsere lebensgeschichtliche Darstellung das Paradigma vom öffentlichen und privaten Selbst zugrunde legt, fügt sie den vorhandenen Biographien, die um Hitlers Person zentriert sind, nicht einfach eine weitere hinzu. Vielmehr möchte sie zeigen, daß die individuelle Lebensgeschichte Hitlers auf eine Weise mit den sozialgeschichtlichen Kontexten verwoben war, die weder eine psychoanalytische noch eine historische Perspektive allein zu erklären vermögen. Hitlers Wirkung hat ebenso Voraussetzungen in seiner pathologischen Struktur, wie umgekehrt seine pathologische Struktur nur stabilisiert werden konnte durch die öffentliche Zustimmung, die sie fand.

Die Darlegungen in diesem Kapitel beschäftigen sich mit dem ersten Aspekt dieses Zusammenhangs, der Entstehung von Hitlers »Aura« aus der Entleerung seiner Persönlichkeit von privaten Selbstaspekten, die sie zur idealen Projektionsfläche machten. Dieser Entleerungsprozeß begann in seiner Kindheit und war in den Jahren seiner ersten öffentlichen Auftritte als Redner abgeschlossen. Auf diesen Zeitraum werden wir uns daher im folgenden konzentrieren.

Die Quellen über Hitlers erste Lebensjahrzehnte sind allerdings eher spärlich. Dies liegt unter anderem daran, daß er sich seit dem Moment, als sich sein öffentlicher Aufstieg abzuzeichnen begann, systematisch bemühte, die Spuren seiner peinlichen Vorgeschichte zu tilgen. Er ließ Dokumente verschwinden und brachte Zeugen, notfalls mit Gewalt, zum Schweigen. Was bleibt, ist von Legenden durchwirkt: zum einen das stilisierte, oft gänzlich fiktive Selbstporträt, das Hitler in *Mein Kampf* sowie in seinen *Tischgesprächen* (Picker 1963) und *Monologen* (Jochmann 1980) von sich gab, zum anderen die Berichte seiner wenigen Kontaktpersonen in diesen Jahren. Dazu gehören – neben vereinzelten Aussagen aus dem familiären Umfeld – insbesondere die Aufzeichnungen seines Jugendfreundes August Kubizek (1953; Erstfassung 1938 im Auftrag der NSDAP) und seines Männerheimkollegen Reinhold Hanisch (1939; in der Übersetzung folgen wir Hamann 1996), die ebenfalls nicht frei von politisch motivierten Verzeichnungen sind. Viele Biographen ziehen aus diesem Mangel an Primärquellen die Konsequenz, sich über psychologisch relevante Details aus Hitlers Jugend gänzlich auszuschweigen. Aber auch das bewahrt nicht vor Ungereimtheiten. Zu Recht kritisiert etwa Wilfried von Bredow in der Rezension des Buches von Gudrun Pausewang *Adi*

– *Jugend eines Diktators* (1997), das sich ausschließlich an die äußeren Daten hält: »Die Kehrseite dieser lobenswerten Enthaltsamkeit ist, daß sie nichts dazu zu sagen weiß, wie aus dem armen Adi der erfolgreiche politische Agitator und Organisator, der skrupellose Diktator werden konnte« (Bredow 1997, S. L51).

Wenn wir im folgenden weniger zurückhaltend mit entsprechenden Aussagen sind, so glauben wir dies mit unserem Paradigma rechtfertigen zu können. Denn es bietet die Möglichkeit, Hitlers Selbst- wie Fremdwahrnehmungen jeweils als Ausdruck öffentlicher und privater Selbstaspekte zu deuten. Insofern haben auch tendenziöse Darstellungen Hitlers für uns einen dokumentarischen Wert. Da unser Modell auf die spekulativen Annahmen der klassischen analytischen Instanzenlehre zugunsten der Beschreibung von sozialpsychologischen Perspektiven verzichtet, stellt es sich der empirischen Überprüfung. Wir sind uns im klaren darüber, daß sich nicht alle Abgründe der Psyche Hitlers damit ausloten lassen; doch die Annahme destruktiver Urtriebe wäre gerade in diesem Fall keine bessere Alternativerklärung, da sie den komplexen Wechselwirkungen zwischen Individuum und Umwelt ausweicht. Mit unserem Vorgehen suchen wir also der doppelten Gefahr zu entgehen, die die erwähnte Rezension treffend in den Worten zusammenfaßt: »Es gibt eine Verharmlosung mittels Dämonisierung und eine Verharmlosung mittels Verkleinerung ins Alltägliche« (S. L51). Indem wir das vermeintlich Dämonische bei Hitler so konkret wie möglich auf den Prozeß des Überhandnehmens der öffentlichen über die privaten Selbstanteile zurückverfolgen und zugleich das ganz und gar nicht Alltägliche seiner Entwicklung wirkungsgeschichtlich beschreiben, möchten wir die Diskussion um das Phänomen Hitler aus diesem Dilemma der Verharmlosungen herausführen.

Kindheit
Frühe Anzeichen einer Persönlichkeitsspaltung

Auch ohne Zuhilfenahme psychoanalytischer Spekulationen lassen
sich die pathogenen Bedingungen, unter den Adolf Hitler aufwuchs,
hinlänglich genau rekonstruieren. Die Fakten seiner kindlichen Entwicklung erscheinen in der Perspektive unseres Paradigmas als Faktoren einer frühen Abspaltung privater Selbstanteile zugunsten einer
narzißtischen Fixierung auf die öffentlichen. Der statusversessene,
autoritäre Vater und die überängstliche, ihren Adolf abgöttisch ver-
ehrende Mutter bildeten – im negativen wie positiven Sinne – die beiden Identifikationsgrößen, an denen das Kind scheiterte. Inwiefern
hier mißlang, was in den meisten Kindheitsentwicklungen dennoch
gutgehen kann, ist das Erklärungsziel der folgenden Ausführungen.

Die Welt, in die er hineingeboren wurde, trug alle Merkmale des
ehrgeizigen Emporkommenwollens aus primitiven Verhältnissen.
Der Vater Alois war ein uneheliches Kind der Magd Maria Anna
Schicklgruber, die aus kleinbäuerlichem Milieu im Waldviertel
stammte, einer kargen, abgelegenen Region Niederösterreichs. Die
ungeklärte Herkunft seines Großvaters gab später Adolf Hitlers paranoider Sorge Raum, er könnte von jüdischen Vorfahren abstammen.
Mit welchem Erbgut auch immer – der Vater brachte es für die Aus-
gangsbedingungen eines Hinterwäldlers ungewöhnlich weit. Obwohl
er nur Volksschulbildung hatte, diente er sich bis zum Zollamtsober-
offizial in Braunau empor; das war der Spitzenrang, den ein Beamter
ohne höhere Schulbildung damals erreichen konnte. Alois war zweifellos stolz auf seinen Status und renommierte damit beim abendli-
chen Bier in seinem Stammlokal. Aus Berichten über ihn spricht
Respekt, aber auch Befremden über seine Humorlosigkeit, die sich
bisweilen in unvermittelten Wutausbrüchen entlud, wenn man ihm
nicht die erstrebte Aufmerksamkeit zollte. Im Familienkreis trat er –
wie Kershaw (1998) unter Berufung auf die Darstellungen von Jetzin-

ger (1956) und Smith (1967) zusammenfaßt – »als autoritärer, anmaßender, herrschsüchtiger Ehemann und als strenger, distanzierter, gebieterischer und oft reizbarer Vater in Erscheinung« (1998, S. 39).

Hinter der rigiden äußeren Fassade verbarg sich ein unsteter Charakter. Bevor Alois 1885 Adolf Hitlers Mutter Klara heiratete, hatte er mit verschiedenen Frauen drei Kinder gezeugt, zwei davon unehelich. Seine erste Ehe schloß er mit der 14 Jahre älteren Anna Glassl, was weniger auf Legitimationsabsichten als auf materiellem Kalkül beruht haben dürfte. Die Ehe wurde geschieden, nachdem Anna erfuhr, daß ihr Mann eine Affäre mit Fanni Matzelberger hatte, einer jungen Magd im Gasthaus Streif, wo die Hitlers lebten. Fanni zog unmittelbar nach der Trennung von Anna in die Wohnung der Familie. Noch vor der Eheschließung gebar sie ihm 1882 den Sohn Alois, bei der Heirat im Jahr darauf war sie mit Angela schwanger. Schon ein Jahr später starb sie an Tuberkulose. Noch während seine zweite Frau im Sterben lag, nahm Alois Hitler seine 23 Jahre jüngere Kusine zweiten Grades Klara Pölzl zu sich, die bald darauf schwanger wurde. Wegen des engen Verwandtschaftsverhältnisses konnte er sie erst nach einem Dispensgesuch bei der Kirche heiraten. Klara nannte ihren Gatten auch nach dem Anfang 1885 vollzogenen Eheschluß »Onkel Alois«, was ein Licht auf die Gefühlsbeziehung wirft. Drei Kinder brachte sie zur Welt, von denen keines älter als zwei Jahre wurde, bevor sie am 20.4.1889 Adolf gebar. Ängstlich klammerte sie sich an ihren ersten überlebenden Sohn, der auch nach der Geburt seiner Geschwister Edmund (1894) und Paula (1896) ihr ein und alles blieb. In ihm konnte sie das Idealbild eines Mannes aufziehen, der echte Bewunderung verdiente, nicht nur den unterwürfigen Respekt, den der ehrgeizige Gatte ihr abforderte. Dieser war offenbar allein damit beschäftigt, sich zur uneingeschränkten Bewunderung seiner schlichten Umgebung zu inszenieren. Davon zeugen unter anderem die zahlreichen Renommierphotos, die er von sich machen ließ: mit stolzgeschwellter Brust, im vollen Uniformschmuck. Offenbar konnte er gar nicht genug davon bekommen, sich so abgelichtet zu sehen (Kubizek 1953, S. 47). Seinen selbstgefälligen Posen ist das spießige Behagen, aber auch die Anspannung einer narzißtischen Fixierung auf das öffentliche Selbst anzumerken. Das Forum freilich, für das er posierte, war beschränkt: Neben den alltäglichen Respekterweisungen, die er aus der Diensthierarchie beziehen konnte, blieb ihm für sein Geltungsbedürfnis nur die Gastwirtschaft, wo er sich an seiner Reputation nicht weniger als am Alkohol berauschte.

An den Darstellungen, die Adolf Hitler von seinem Vater gibt, fällt auf, daß er sich bemüht, diese Reputation ins Negative zu wenden. Er macht ihn in *Mein Kampf* zum Urbild des aggressiv geschmähten Beamtentypus (Hitler 1925/27, S. 6f); seine pedantischen und pflichtorientierten Züge überzeichnet er ins Unerbittliche und Tyrannische, ohne freilich in dem mythifizierten Bild seiner Entwicklung etwas über seine persönlichen Empfindungen gegenüber dem Vater preiszugeben. Authentisch dürfte gerade deshalb Adolf Hitlers Schilderung des Gefühls »*gräßlicher Scham*« sein, mit dem er ihn als Knabe aus »*stinkenden, rauchigen Kneipen*« nach Hause habe schaffen müssen (nach Frank 1953, S. 331). Daß er ebenso wie die Mutter zum Opfer derber Züchtigungen wurde, ist durch Angaben von Paula belegt: »Besonders mein Bruder Adolf forderte meinen Vater zu extremer Strenge heraus und erhielt dafür jeden Tag eine richtige Tracht Prügel« (National Archives, Washington D. C., NND/881077). Dergleichen war freilich damals keine Seltenheit und gibt insofern keine hinreichende Erklärung für Adolf Hitlers früh erkennbare Gewaltbereitschaft. Doch machen die Prügel das Abgrenzungsbedürfnis gegenüber dem Vater verständlich. Dies wiederum führte ihn in ein Dilemma, das schon ein spezifischeres Licht auf seine spätere Entwicklung wirft – das Dilemma, sich im Innern für etwas Besonderes zu halten und zugleich von außen herabgestuft zu werden.

Das vage, aber tiefsitzende Gefühl der Auserwähltheit verdankte er seiner Mutter. Von Paula als Inbegriff einer »sehr weichen und zartfühlenden Person« charakterisiert (National Archives, Washington D. C., NND/881077), richtete sie nach dem traumatischen Verlust ihrer ersten drei Kinder ihre ganze ängstliche Fürsorge auf Adolf. So suggerierte sie ihm früh das Sonderlingsbewußtsein dessen, der zu Höherem auserkoren ist. Hitlers eklatante Beziehungslosigkeit findet hier ihre ersten Anlässe. Er äußerte verschrobene Wünsche und reagierte schnell verärgert, wenn er sie nicht erfüllt bekam. Bei der Mutter hatte er damit Erfolg. Sein Halbbruder Alois berichtet: »Meine Stiefmutter stellte sich immer auf seine Seite. Er stellte die verrücktesten Ansprüche und kam damit durch. Wenn man es ihm nicht recht machte, wurde er sehr zornig« (nach Gilbert 1950, S. 18, Übersetzung der Autoren). Den Geschwistern gegenüber zeigte Adolf eine geradezu phobische Abneigung gegenüber Intimität und Zärtlichkeiten. So erinnert sich Paula an eine panische Fluchtreaktion ihres Bruders, als dieser zufällig hörte, wie die Mutter ihr vorschlug, sie möge ihn morgens mit einem Kuß wecken (Paula Hitler 1959). Offenbar waren solche Vertraulichkeiten mit seinem Sonderstatus nicht zu vereinbaren.

Auch in seinem späteren Leben »wich er«, wie Kubizek berichtet, »jeder Begegnung mit Menschen aus. Die bunte Masse, die sich durch den Prater wälzte, war ihm rein physisch unerträglich. So sehr er mit den kleinen Leuten fühlte, konnte er sich diese nicht weit genug vom Leibe halten« (1953, S. 171). Als die beiden Freunde einmal Zeugen einer Arbeiterdemonstration wurden, bemerkte Kubizek, daß Hitler trotz grundsätzlicher Übereinstimmung mit den Zielen der Demonstranten »nicht im mindesten daran dachte, sich etwa an dieser Kundgebung aktiv zu beteiligen« (S. 246). Er konnte nicht *mit* den anderen sein, sondern nur *über* den anderen. In der Nähe von Menschen fürchtete er einen Identitätsverlust, eine Ängstlichkeit, die sich zur Paranoia steigerte, je mehr er sich durch überspannte öffentliche Selbstaspekte zu identifizieren gewöhnt hatte. Eine Gesprächsbemerkung Hitlers zeugt von seinem Bemühen, dieses Empfinden zu rationalisieren: »*Darum schreit ein Kind und wehrt sich, wenn eine Großmutter es immer wieder an sich drücken will; denn es möchte seine Kräfte nicht an eine Sterbende vergeuden. Und die Großmutter nimmt ja auch das Kind nur auf die Arme, gerade weil sie die überflüssigen Kräfte des Kindes an sich reißen will – unbewußt natürlich*« (Wagener 1978, S. 101).

Hitler hatte mit seinen Großmüttern keinen Umgang, und ob die zitierte Bemerkung unmittelbar auf seine ambivalenten Empfindungen gegenüber der frühverstorbenen Mutter zurückzuführen ist, muß offenbleiben. Es ist jedoch evident, daß wir die Ursachen für die von den Biographen immer wieder hervorgehobenen Persönlichkeitsmerkmale – »Hitlers gestörte Sexualität, sein Zurückweichen vor jedem Körperkontakt, seine Angst vor Frauen, seine Unfähigkeit, echte Freundschaft zu schließen, und seine Leere in den menschlichen Beziehungen« (Kershaw 1998, S. 81) – in der geschilderten Kronprinzenrolle seiner Kindheit zu suchen haben: Bevorzugt gegenüber den Stief- und leiblichen Geschwistern, kultivierte er die Manierismen seines Superioritätsgefühls. Die besondere Strenge des Vaters ihm gegenüber war nur die indirekte Bestätigung für diese Selbsteinschätzung, die ihm die spezielle Zuwendung der Mutter suggerierte. Beides machte ihn unnahbar.

So wuchs er mit einem »Sonderbewußtsein als Anführer« (Fest 1973, S. 38) auf. In den Spielen mit Gleichaltrigen – etwa im nachgestellten Kampf der Buren gegen die Engländer (Hamann 1996, S. 19f) – war er offenbar tatsächlich der »*kleine Rädelsführer*«, als den er später das Rollenverständnis seiner Kindheit beschreibt (Hitler 1925/27, S. 3). Die vom Vater negativ, von der Mutter positiv besetzte Notwendigkeit, sich über die anderen zu erheben, wird denn auch auf einem berühmten Foto der vierten Volksschulklasse in einer entsprechenden Pose sinnfällig: Vom höchsten Podest, an zentraler Stelle plaziert, blickt der Zehnjährige mit stolz über der Brust verschränkten Armen, »in einer Geste demonstrativer Überlegenheit« (Fest 1973, S. 37) über seine Mitschüler hinweg in die Kamera.

Seine guten Zeugnisse auf den dörflichen Volksschulen von Fischlham, Lambach und Leonding, die mit den Wohnorten der Familie wechselten, gaben dieser Pose Nahrung. Dies jedoch nur so lange, bis er auf die Realschule in Linz kam. Obwohl der Vater bereits die Ansprüche an seinen Sohn reduziert und darauf verzichtet hatte, ihn aufs Gymnasium zu schicken, ließen ihn die im Vergleich zu den ländlichen Volksschulen gehobenen Anforderungen erbärmlich versagen. In Leonding war er sozusagen noch der »erste im Dorfe«, doch in der Linzer Realschule vermochte er die Schulkameraden nicht mehr zu beeindrucken. Kubizek schreibt: »In der Klasse fiel er kaum auf. Er hatte keine Freunde und Kameraden wie in der Volksschule und suchte auch keine. Mehrmals hatten ihn einzelne dieser verwöhnten Musterknaben fühlen lassen, daß man ihn, den vom Dorfe kommenden Jungen, an dieser Schule nicht für voll nähme. Das genügte ihm, um sich noch stärker von seinen Mitschülern zu isolieren« (S. 57).

Sein stolzes Einzelgängertum verschaffte ihm jedoch keinen Respekt, da er es nicht durch Leistungen legitimieren konnte. Zu seinen Lernschwierigkeiten trug die Tatsache bei, daß die Lehrer im Unterschied zur Betreuungssituation an der Dorfschule je nach Fach wechselten. Gleich in der ersten Klasse blieb er sitzen. Nach deren Wiederholung schaffte er es mit Mühe bis zur dritten Klasse, konnte dann jedoch abermals nicht versetzt werden.

Dies war um so beschämender für ihn, da er die Realschule eigentlich schon als Unterschreitung seines Niveaus ansehen mußte. Um die Karriereaussichten des Vaters zu übertrumpfen, dem er sich überlegen wähnte, wäre ein Besuch des Gymnasiums erforderlich gewesen. Nun hatte er die Peinlichkeit zu ertragen, daß sein Vater – offenbar im Bewußtsein, daß es mit Ermahnungen zu mehr Fleiß nicht getan war – durchaus Nachsicht mit den dürftigen Schulerfolgen zeigte und einer Herabsetzung der Anforderungen zustimmte.

Bemerkenswert ist, wie Hitler auf diese erste Serie von Beschämungen seines Selbstbildes reagierte: Er steckte nicht zurück, um sein öffentliches Selbst der Realität anzupassen, sondern steigerte seine Überheblichkeit. Er gab sich als ein ganz besonderer Mensch, an den die normalen Bewertungsmaßstäbe nicht heranreichen. Der Klassenlehrer Dr. Huemer beschreibt sein Verhalten rückblickend als »widerborstig, eigenmächtig, rechthaberisch und jähzornig« (Jetzinger 1956, S. 105f). Dieses aggressive Verhältnis gegenüber der Umwelt war schon im Familienkreis zutage getreten. Was nun verstärkend hinzukam, war die Notwendigkeit der Abwehr von Beschämungen. Hierin liegt, wie wir noch zeigen werden, die energetische Quelle von Hitlers Judenhaß. Sie hat mit konkreten Negativ-Erlebnissen nichts zu tun. So ist auch der unlängst von Kimberley Cornish (1998) unternommene Versuch, aus der Schulbekanntschaft Hitlers mit Ludwig Wittgenstein die Ursache seiner Antipathie gegen Juden zu konstruieren, völlig haltlos. Wittgenstein war zwar im gleichen Alter wie Hitler, aber aufgrund seiner hohen Begabung zwei Schulklassen weiter. Wenn überhaupt, dann gab er eher ein positives als negatives Vorbild für Hitler ab. Denn auch der Fabrikantensohn galt an der Linzer Anstalt als Sonderling: »Zu seinen Marotten gehört, seine Mitschüler zu siezen und auch von ihnen – außer einem einzigen Freund – zu verlangen, mit ›Sie‹ – ›Herr Ludwig‹ – angesprochen zu werden« (Hamann 1996, S. 27). Genau dasselbe wird von Hitler berichtet. Auch er ließ sich von den Mitschülern, die sich selbstverständlich alle mit »Du« anredeten, siezen und unterstrich diesen manierierten Zug mit der fiktiven Beteuerung, er sei aus gutem Hause (Görlitz/Quint 1952, S. 34f).

So führte sein Weg in die Verstiegenheit. Der Status des Vaters, für dessen Erlangung die schulischen Leistungen schon nicht mehr ausreichten, wurde kompensatorisch übersprungen. Das sicherte ihm das Bewußtsein der eigenen Sondernorm, jedoch um den Preis, den Boden der Tatsachen zu verlassen. Der Weg zurück in die Gemeinschaft mit anderen wäre mit einem für ihn unerträglichen Eingeständnis des Scheiterns verbunden gewesen.

Schon in der Schulzeit also entwickelte sich das für Hitler symptomatische Grundmuster: eine Überkompensation von Demütigungen durch forcierte Selbsterhöhungen. Was diesen Mechanismus zu unterlaufen drohte, wehrte er aggressiv ab, ohne den Versuch zu machen, die eigenen Ambitionen durch Taten unter Beweis zu stellen. »So zog er sich ganz in seinen Trotz zurück und ließ alles laufen, wie es lief«, schreibt Kubizek (S. 57) über Hitlers Umgang mit seinem Schulversagen. Da er nichts einzubringen hatte, was seinen Hochmut rechtfertigen konnte, mußte er sein öffentliches Selbst mit Attributen ausstatten, die sich der Nachkontrolle entziehen. Er war dazu verurteilt, die anderen auf Distanz zu halten, um ihnen eine unerreichbare Größe vorspielen zu können.

Die Isolationstendenz wurde verstärkt, als der Vater am 3. 1. 1903 plötzlich verstarb. Entlastet von der realen Konkurrenzsituation, konnte sich der 13jährige fortan seinen Überlegenheitsphantasien widerspruchslos hingeben. Die peinlich unheroischen Umstände von Alois Hitlers Tod – er brach beim morgendlichen Frühschoppen im Gasthaus zusammen – dürften Adolf mindestens ebensoviel Kummer bereitet haben wie der Verlust des strengen Tyrannen. Als der »Sohn aus gutem Hause« den so wenig standesgemäß Verstorbenen auf der Totenbahre liegen sah, soll er jedenfalls nach Augenzeugenberichten in fassungsloses Schluchzen ausgebrochen sein (Kubizek 1953, S. 54).

Die Mutter war nun sein einziger Halt im Leben, doch auch diesen konnte er sich nur durch Akte der Selbstverleugnung sichern. Dies war der Preis, den er für ihre Beglaubigung seines Überlegenheitsgefühls zu entrichten hatte. War sie bisher devot im Dienste der pflichtorientierten Maximen ihres Gatten gestanden, konnte sie nach dessen Tod ihren Wunschphantasien über eine grandiose Zukunft des Sohnes freien Lauf lassen. Sie versorgte ihn mit übertriebener Hätschelei – und machte dabei keinen Hehl aus ihren großen Erwartungen. Unablässig beschäftigte sie der Gedanke um Adolfs Zukunft – was sie ihm immer wieder zeigte und auch sagte (Kubizek 1953, S. 127f, 132). Trotz der Anwesenheit der jüngeren Geschwister Paula und Edmund – der sieben Jahre ältere Bruder Alois war schon bald außer Haus – behandelte sie ihn wie ein Einzelkind. Er war der Erwählte, auf den sich ihre ganze überprotektive Energie richtete (Eitner 1981, S. 17f, Carr 1978, S. 197). So teilte sie mit ihrem »Adi« den kompensatorischen Glauben, daß seine schulischen Mißerfolge keine Falsifikation seiner grandiosen Lebensperspektiven waren, sondern eher eine Bestätigung ihrer Exzeptionalität. »Er ist doch aus der Art gefallen«, soll sie einmal zu Kubizek mit einem Ausdruck fassungsloser Bewunderung gesagt haben (1953, S. 127). Auch wenn der Bestaunte aufgrund dieser Podeststellung kaum zur Erwiderung ihrer Empathie fähig war, verstärkte diese doch zweifellos seine Anhänglichkeit. »Obwohl er kein ›Muttersöhnchen‹ im gewöhnlichen Sinne war«, schreibt der jüdische Hausarzt Dr. Bloch, »habe ich niemals eine innigere Zuneigung gesehen« (Bloch 1941, S. 36).

Um sich ihren Glauben an seine Bewunderungswürdigkeit zu erhalten, mußte er hinaus in die Welt. Sie schickte ihn auf die Realschule in Steyr, nachdem er an der Linzer Anstalt in einer Wiederholungsprüfung für die dritte Klasse gescheitert war und man ihm das Abschlußzeugnis für diese Klassenstufe nur unter der Bedingung seines Weggangs auszustellen bereit war. An seinem neuen Schulort wurde Adolf bei Kosteltern untergebracht. Die Trennung von der Mutter fiel ihm unendlich schwer, gleichwohl bemühte er sich, ihren Erwartungen zu entsprechen. Dazu gehörte auch die Firmung zu Pfingsten 1904, die er nach Auskunft seines Firmpaten Lugert »nur mit größtem Widerwillen über sich ergehen ließ« (Gesprächsaufzeichnung Jetzinger 1956, S. 116).

Auch an dem niedrigeren Anspruchsniveau der Realschule in Steyr scheiterte er. Mit drei »Nicht genügend« – in Deutsch, Mathematik und Stenographie – blieb ihm die mittlere Reife verwehrt. An die Aussicht auf eine erfolgreichere Wiederholung des Schuljahrs glaubten seine Lehrer offenbar nicht – sie sollen »dringend davon abgeraten« haben (S. 103). Und ihm selbst erschien, wie er in *Mein Kampf* zugibt, dieses Ziel »*unerhört schwer*« (Hitler 1925/27, S. 19). Vor allem aber zog es ihn zurück zur Mutter. Gleichzeitig fürchtete er freilich die Blamage, ihre Erwartungen enttäuscht zu haben (Kubizek 1953, S. 61).

Seine Reaktion ist abermals durch eine Unterdrückung der privaten Selbstanteile charakterisiert: Als der 16jährige im Herbst 1905 die Schule mit »elementarem Haß« (Kubizek 1953, S. 61) verließ, verwendete er das miserable Abgangszeugnis zunächst in einer theatralischen Geste als Klosettpapier. Seine Vorgeschichte hatte ihn irreversibel auf eine Tendenz festgelegt, die auf Beschämungen nur mit gesteigerten Formen der Selbstüberhöhung reagieren kann. Statt seinen Mangel an vorzeigbaren Qualitäten als Anlaß zu mehr Bescheidenheit zu nehmen, drehte er den Spieß um und äußerte sich verächtlich über die anderen, ja, das ganze System der Schule, so wie er später das gesamte Beamtentum für verabscheuungswürdig erklären sollte, je mehr sich herausstellte, daß er unfähig war, den Anforderungen der öffentlichen Institutionen zu genügen.

Doch die nach außen zur Schau gestellte Verachtung des Schulsystems war mit den Realitäten nicht zu vereinbaren. Das Zeugnis, das ihm die mittlere Reife verwehrte, mochte er in einer spontanen Trotzreaktion vernichten. Die beschämenden Tatsachen ließen sich dennoch nicht verheimlichen. Kleinlaut erbat er sich also eine Neuauflage des Zeugnisses und überlegte, wie er seiner Mutter erklären könnte, daß er sich außerstande sah, das Schulziel zu erreichen. Seine Kräfte, größtenteils gebunden durch die Abwehr der erlittenen Beschämungen und die Prätention einer nicht vorhandenen Überlegenheit, waren aufgebraucht. Ihrer Wahrnehmung mußte das entgehen, denn selbstverständlich hegte sie die Erwartung, daß er die Schulausbildung zu Ende bringen und ihm das auch keine Mühe bereiten würde, sofern er nur wollte. Da sie also sein Nicht-Können als ein Nicht-Wollen ausgelegt hätte, war das Undenkbare einer

Enttäuschung ihrer voraussetzungsgebundenen Liebe vorprogrammiert. Hitler befand sich in einer Situation der äußersten Anspannung: Einerseits benötigte er dringend den Trost und das Verständnis der Mutter für seinen Wunsch nach Beendigung der aussichtslosen Schulplackerei; andererseits wußte er, daß ihm seine Mutter just diesen einen Liebesbeweis nicht geben konnte. Eine Anerkennung seiner Schwäche wäre einem vollständigen Verlust ihrer Wertschätzung gleichgekommen. Unter dieser Spannung brach er zusammen. Kubizek, den Hitler kurz vorher kennengelernt hatte und mit dem er sich sogleich exklusiv verband, erinnert sich: »Adolf machte in jenen Monaten, im Herbst 1905, eine schwere Krise durch, die schwerste, die ich in den Jahren unserer Freundschaft an ihm erlebte. Äußerlich kam dies darin zum Ausdruck, daß er ernstlich erkrankte. Er selbst spricht in seinem Buch von einem Lungenleiden. Seine Schwester Paula berichtet von einem Blutsturz. Wieder andere behaupten, es sei ein sich selbst suggeriertes Magenleiden gewesen. [...] Meiner Erinnerung nach handelte es sich bei jener Krankheit tatsächlich um ein Lungenleiden, und zwar um einen Lungenspitzenkatarrh« (S. 62). Die merkwürdige Unklarheit der Diagnose macht schon deutlich, daß es sich hier weniger um einen physisch als vielmehr psychisch bedingten Zusammenbruch handelte. Die Krankenakten des herbeigerufenen Hausarztes enthalten denn auch nicht den geringsten Hinweis auf ein organisches Leiden. Hamann (1966, S. 33) vermutet gewiß zu Recht eine tiefe Erschöpfungskrise, doch die Ursachen hierfür lagen nicht in körperlicher, sondern in seelischer Überanstrengung: Hitler durchlitt die bisher größte aller Beschämungen für eine bereits prekär verstiegene Selbstpräsentation. Das übliche Reaktionsmuster der Überkompensation versagte aber in einem Moment, wo sich die Bedürftigkeit seines privaten Selbst noch allzu deutlich spürbar machte. Er wollte sich endlich einmal so schwach zeigen dürfen, wie er sich insgeheim fühlte. Das aber war ihm durch die Erwartungen gerade des Menschen verwehrt, dem er sich überhaupt hätte offenbaren mögen. Eine demonstrative Invalidität war die einzige Lösung aus seinem Dilemma – eine ambivalente Lösung, denn der Bettlägerige war so zwar legitimiert, sich in die Obhut der Mutter zu begeben, doch zugleich mußte er sich wie sie für seinen erbärmlichen Zustand hassen, da er einem Verrat an dem grandiosen Selbstbild gleichkam, das beide bisher so innig verband.

Wir haben allen Grund, diese äußerste aller bisher erlittenen Demütigungen als einen Primäranlaß für die Abstoßung der privaten Selbstanteile Hitlers zu interpretieren, als einen ersten Schritt auf dem Weg zur vollständigen narzißtischen Fixierung auf sein öffentliches Selbst, das solche Zeichen der Schwäche nicht mehr kennen sollte. Hier liegt eine der Wurzeln für Hitlers schizoide Kälte, die sich gegen jede Form der emotionalen Betroffenheit systematisch immunisierte. Fortan blieb er diesem Primäranlaß verhaftet. Während er die Spuren des Vaters eher zu verwischen suchte, führte er ein Foto und ein Ölporträt der Mutter stets mit sich, bis an den Ort seines Suizids im Führerbunker (vgl. hierzu Eitner 1981, S. 17, Steinert 1991, S. 27). Sein Plan, ihr nach dem Krieg in Linz einen hohen Glockenturm errichten zu lassen (vgl. Carr 1978, S. 233), blieb eine Wunschphantasie. Die grandiose Konzeption dieses Monuments und die Tatsache, daß er es nicht realisieren konnte, symbolisieren den Uranlaß seines gespaltenen Weltbezugs.

Die starke Bezogenheit auf die überhöhte Status-Erwartung der Mutter war ein maßgeblicher Grund für die Hochspannung, unter der Hitler sein ganzes Leben lang stand. »Alles beschäftigte und beunruhigte ihn« (Kubizek 1953, S. 21), ohne jedoch in schöpferische Tätigkeit umgesetzt werden zu können. Dieser Zwiespalt entwickelte sich schon während der Schulzeit und vertiefte sich in den Jahren danach. Die Familie zog im Juni 1905 in eine komfortable Wohnung in Linz, wo Hitler nun »das Leben eines schmarotzenden Faulenzers« führte (Kershaw 1998, S. 51). Er ließ sich von drei Frauen bedienen, die den Haushalt für ihn erledigten: seiner Mutter, deren Schwester Johanna (die »Hanitante«) und seiner kleinen Schwester Paula. Vier Monate lang nahm er Klavierunterricht und erhielt dafür einen eigenen Flügel. Ein gewisses Talent im Zeichnen wurde sporadisch ausgeübt; bisweilen versuchte er sich auch im Gedichteschreiben. Die unsystematisch betriebenen Aktivitäten sowie Opern- und Konzertbesuche waren ihm Anlaß genug, sich in eine zukünftige Karriere als bedeutender Künstler hineinzuphantasieren. Er war ein Langschläfer, der sich mit konkreten Lebensentscheidungen schwertat – ja schwertun mußte, da diese mit seinen grandiosen Selbstvorstellungen interferiert hätten.

Dieser Hintergrund ist zu bedenken, wenn Kubizek über die gemeinsame Zeit in Linz und Wien berichtet, Hitler sei von rastloser Tätigkeit erfüllt gewesen. »Er zeichnete, er malte, er dichtete, er las. Ich kann mich nicht erinnern, daß Adolf einmal nichts zu tun gehabt hätte oder nur eine Stunde hindurch Langeweile empfand.« Auch dem Freund allerdings fiel auf: »Es war dabei kein bestimmter Zweck, kein klares Ziel zu sehen. Er häufte nur mit unerhörter Energie Eindrücke, Erfahrungen und Material um sich auf« (1953, S. 63).

Die Unfähigkeit zu ruhen und zu entspannen ist kennzeichnend für nahezu alle schizophrenen Psychosen. Die sogenannte Defizienztheorie der Schizophrenie erklärt dies aus einer »Intentionsinstabilität«, bei der Hyperaktivität – scheinbar paradox – mit Adynamie gekoppelt ist. Der Antriebsmangel bei gleichzeitiger Betriebsamkeit wird dabei als Symptom einer »Schon- und Schutzhaltung vor Überforderung von intentionaler Anspannung bzw. als ihre Begleiterscheinung« gedeutet (Mundt 1984, S. 582). Die Betroffenen müssen sich andauernd mit irgendwelchen Aktivitäten beschäftigen, um den inneren Mangel nicht zu spüren, vor dem sie auf der Flucht sind. Ein geradezu klassisches Beispiel für dieses Symptom ist die zerstreute Rastlosigkeit Hitlers in den Jahren nach seinem Schulabgang. Seine Betriebsamkeit durfte sich nicht in realisierbaren Projekten konkretisieren, da dies unweigerlich zu Eingeständnissen des eigenen Unvermögens hätte führen müssen. Jeder Einblick in sein privates Selbst bzw. in dessen Substanzverlust an gefühlsmäßig verankerter Intentionalität mußte ängstlich vermieden werden. Ein Ausdruck dieser Abdichtung ist die fehlende Bereitschaft, anderen ein autonomes Urteil über das eigene Tun zuzugestehen. »Wenn ihn ein bestimmter Einfall erfaßt hatte«, schreibt Kubizek, »war er davon wie besessen. Da existierte nichts anderes mehr für ihn. Er konnte darüber die Zeit, den Schlaf, den Hunger, alles vergessen. [...] Dann wurde ein Notizblock herausgerissen, der Bleistift flog über das Papier. So und nicht anders gehöre diese Aufgabe gelöst, erklärte er. Ich mußte seine Skizze mit dem ausgeführten Entwurf vergleichen, mußte anerkennen oder verwerfen wie er, dies alles mit einem Eifer, als hinge unser beider Leben davon ab« (1953, S. 99).

Affektunterdrückung, Selbstmaskierung und Distanznahme waren die probaten Mittel, um sich gegen die verletzenden Beschämungen zu immunisieren, denen Hitler sich als Kind und Jugendlicher in großem Umfang ausgesetzt sah. Er, der in den Augen der Mutter zum Allerhöchsten bestimmt war, mußte das Eingeständnis der Dürftigkeit unterdrücken, das ihm seine unbewältigte Hinterwäldler-Existenz, seine überlegenen Linzer Mitschüler und das Scheitern an den schulischen Minimalanforderungen allzu deutlich vor Augen führten.

Auszuhalten war diese krasse Fallhöhe zwischen Anspruch und Wirklichkeit nur dadurch, daß die realen Mißerfolge als Zeichen einer höheren Bestimmung ausgegeben wurden, als indirekte Bestätigungen einer Sondernorm, die mit den üblichen Erfolgsmaßstäben nicht zu messen ist. Um den Nimbus der trotzigen Auflehnung gegen die bürgerlichen Konventionen überzeugend inszenieren zu können, mußte schamvolle Betroffenheit in kühle Überlegenheit gewendet werden. Kurz: Hitler sah sich genötigt, sein privates Empfinden zugunsten eines öffentlichen Selbstkonstruktes einzukapseln und schließlich abzuspalten.

Aus dieser Dynamik ging in den Jahren nach dem Schulabgang Hitlers Selbststilisierung zum Bohemien hervor, der Bildungssystem und Beamtentum verachtet. Wenn Hitler in dieser Zeit »den Eindruck eines asketischen Spintisierers oder eines verträumten Künstlers« machte, so war das kein Zeichen von Dandyismus (Eitner, S. 23, 27) – hierzu fehlte ihm die Lockerheit –, sondern bereits das dubios schillernde Resultat einer aus seelischer Not geborenen Strategie der Selbstverhüllung, die den Typ des verkannten Genies nur mimt.

Wie auch Steinert (1991) hervorhebt, ist die Wahl einer diffusen Berufsperspektive als Kunstmaler Ausdruck von Hitlers sozialem Unterlegenheitsgefühl. Da Künstler jenseits der sozialen Schranken stehen, sind sie mit den Maßstäben der Gesellschaft, vor denen Hitler versagte, nicht zu messen (S. 31). Dieser defensive Hintergrund erklärt, warum er den für einen Reifungsprozeß erforderlichen Sozialkontakten ausweichen mußte. Für einen jungen Mann in seinem Alter hat das fatale Konsequenzen, weil es ihm den für seine

Entwicklung notwendigen Schritt zum Nahkontakt mit dem anderen Geschlecht verbaut. Hitler hatte sich beim irrealen Übersteigen realer Bewährungssituationen durch kompensatorische Größenphantasien bereits so weit verstiegen, daß er den Weg zum Du verfehlen mußte.

Pubertät
Der verbaute Weg zur Gemeinschaft

In seinem Buch *Kindheit und Gesellschaft* vertritt Erik H. Erikson die These, daß das nationalsozialistische Reinheitsideal, das sich schließlich bis in die Ausrottung des phobisch als »Bazillus« wahrgenommenen Judentums erstreckte, auf Hitlers unbewältigte Pubertätskonflikte zurückzuführen sei. Begründet wird diese These durch eine Theorie der Persönlichkeitsentwicklung, der zufolge der Pubertät als der Phase, in welcher der Schritt vom Ich zum Du riskiert wird, eine Schlüsselrolle für den individuellen Reifungsprozeß zukommt: »So ist der junge Erwachsene, der aus der Suche nach und aus seinem Beharren auf seiner Identität hervorgeht, voller Eifer und Bereitwilligkeit, seine Identität mit der anderer zu verschmelzen. Er ist bereit zur Intimität, d.h., er ist fähig, sich echten Bindungen und Partnerschaften hinzugeben und die Kraft zu entwickeln, seinen Verpflichtungen treu zu bleiben, selbst wenn sie gewichtige Opfer und Kompromisse fordern. Körper und Ich müssen nun die Organ-Modalitäten und die Kernkonflikte beherrschen, um ohne Furcht vor einem Ich-Verlust Situationen begegnen zu können, die Hingabe verlangen: in Orgasmus und geschlechtlicher Vereinigung, in enger Freundschaft und physischem Kampf, in Erlebnissen der Inspiration durch Lehrer und der Intuition aus der Tiefe des Selbst. Wenn der junge Mensch aus Furcht vor dem Ich-Verlust diesen Erlebnissen ausweicht, so führt dies zum Gefühl tiefster Vereinsamung und schließlich zu einer gänzlichen Beschäftigung mit sich selbst, zu einem Verlust der Umwelt. Das Gegenteil der Intimität ist die Distanzierung: die Bereitschaft, die Kräfte und Menschen zu isolieren und wenn nötig zu zerstören, deren Wesen dem eigenen gefährlich scheint und deren ›Territorium‹ auf den Bereich der eigenen intimen Beziehungen überzugreifen droht. Vorurteile, die sich so entwickeln (und die in Politik und Krieg verwertet und ausgenutzt werden), sind ein Auswuchs der blinden

Ablehnung, die während des Kampfes um die Identität scharf und grausam zwischen dem Vertrauten und dem Fremden unterscheidet« (1950, S. 258).

Erikson selbst hat seine Darlegung über die Gefahren einer gescheiterten Pubertät an Hitlers Biographie nicht weiter konkretisiert. Dies soll im folgenden nachgeholt werden. Dabei wird sich zeigen, daß jener entscheidende Schritt der Persönlichkeitsentwicklung im Falle Hitlers auf ungewöhnlich dramatische Weise mißlang. Im Lichte des Paradigmas vom öffentlichen und privaten Selbst wird darüber hinaus die psychotische Tendenz der Distanznahme gegenüber den anderen erkennbar: Die exklusive Außenorientierung wird in der Isolation durch wahnhafte Phantasien aufrechterhalten.

Der unmittelbarste Ausdruck dieser Symptomatik ist die vollständig auf Einbildungen beruhende »Beziehung« zu Stefanie Rabatsch, einem Mädchen, das er nur aus der Ferne beobachtete und das er gleichwohl – ohne je ein Wort mit ihr gewechselt zu haben – über Jahre hinweg als seine Geliebte betrachtete, die ihm telepathische Signale ihrer Gegenliebe sandte. Für eine potentielle Kontaktaufnahme hatte sich Hitler eine uneinlösbare Bedingung gestellt, deren widersprüchliche Logik der Fixierung auf sein öffentliches Selbst entsprach: Gerade weil die Angebetete ihm als angemessene Partnerin für seine imaginierte Größe erschien, durfte er sich ihr nicht nähern, bevor er den Status vorweisen konnte, der diesem Phantasiebild seiner selbst gerecht wurde. Das Scheitern auf dem Weg zum Du scheint in der Tat die Folge einer ersten Episode von floridem Größenwahn gewesen zu sein.

Ehe wir auf die konkreten Details dieser Episode und ihrer Lebensumstände näher eingehen, ist es nötig, einiges über die Zuverlässigkeit der hierfür maßgeblichen Informationsquelle zu sagen: die Aufzeichnungen des Jugendfreundes August Kubizek. Bei seinen »Erinnerungen« muß berücksichtigt werden, daß sie ursprünglich im Auftrag der NSDAP verfaßt wurden, um die »unbegreifliche Größe des Führers in seiner Jugend« herauszustellen (IfZ München, MA-731). Doch sowohl in dieser 1938 angefertigten Version wie auch in der überarbeiteten Fassung von 1953 schlägt bei aller erkennbaren Heroisierungsabsicht und manchen sachlichen Fehlern oder Irrtümern eine Art von ratlosem Staunen über die Eigentümlichkeiten Hitlers durch, die als authentischer Reflex des Erlebten gelesen werden kann. Gerade insofern es Kubizek *nicht* gelingt, seinen Nachkriegsvorsatz zu erfüllen, eine »sachliche, gerechte und daher wirklich überzeugende Darstellung der geschichtlichen Tatbestände« zu geben (S. 8), erfahren wir aus seiner perspektivischen Brechung mehr über Hitlers Wirkung auf andere als aus einem nüchternen Faktenbericht. Just dort, wo es sich um »persönliche Erlebnisse« handelt – so befindet auch Hamann (1996) –, machen Kubizeks Aufzeichnungen einen »glaubwürdigen Eindruck« (S. 81). Und Kershaw schließt sich diesem Urteil an; er sieht in Kubizeks »Erinnerungen eine glaubwürdigere Quelle für Hitlers Jugend, als früher angenommen wurde«, da die Konstellation der ungleichen Freunde hier stimmig eingefangen sei: »Kubizek war leicht zu beeindrucken – Hitler war auf der Suche nach einer Person, die er beeindrucken konnte. Kubizek – nachgiebig, willensschwach, ergeben; Hitler – überlegen, bestimmend, beherrschend« (1998, S. 52). Im übrigen ist Kubizek diese Konstellation und die Rolle, die er dabei zu spielen hatte, nicht ganz unbewußt geblieben. »Er mußte eben sprechen«, resümiert er seine Bedeutung für Hitler, »und brauchte jemand, der ihm zuhörte« (1953, S. 22).

Wenn man also in Kubizeks Aufzeichungen mit psychiatrischem Blick zwischen den Zeilen liest, läßt sich einiges darüber erfahren, wie sich Hitler in den Jahren nach dem unrühmlichen Schulabgang zu verschrobenen Wahnideen verstieg. Er hielt dem leicht zu beeindruckenden Freund pausenlos Monologe, und dieser hatte keine andere Funktion, als ihm still zuzuhören, denn für Hitler blieben – wie Kubizek bemerkt – »meine Ansichten ganz belanglos. Er brauchte mich ja bloß, um zu sich selbst sprechen zu können, denn er konnte doch nicht auf der alten Steinbank in Schönbrunn Selbstgespräche führen. Wenn er von einer Idee so erfüllt war, daß er sich entladen mußte, brauchte er mich etwa so, wie ein Solist ein Instrument braucht, um seinem Empfinden Ausdruck zu verleihen« (Kubizek 1953, S. 255).

Die monologischen Entladungen kreisten vor allem über das Genie Wagners und das Titanentum seiner teutonischen Helden, sowie über die Notwendigkeit, die öffentlichen Bauten in Linz abzureißen, um sie nach eigenen Plänen größer, imponierender neu zu errichten. Hitler hatte in dieser Zeit bereits jede Bodenhaftung verloren. Er gab sich nach außen, in Kleidung und Habitus, als das, was er nicht hatte werden können: als Student. Die öffentlich zur Schau gestellte, real nicht gedeckte Existenzform, die er durch eine sorgfältig herausgeputzte, stutzerhafte Garderobe unterstrich, hielt er so lange aufrecht, bis eine weitere demütigende Niederlage ihn veranlaßte, die Prätention noch weiterzutreiben.

Während der Jahre seines Scheinstudentendaseins reifte in ihm der Traum von einer großen Künstlerlaufbahn heran. Er kompensierte die Scham seines schulischen Versagens durch ein exzentrisch-genialisches Gehabe, und in dem Bedürfnis, alle bisherigen Niederlagen vergessen und ihre Urheber unter sich lassen zu können, malte er tatsächlich unentwegt, manisch getrieben vom Drang, etwas anderes, Besseres, irgendwie »Höheres« zu sein (Fest 1973, S. 40). Zeugen aus dieser Zeit erinnern ihn als einen »etwas geschreckten Jungen«, der bei freundlichem Zuspruch nicht auftaute, sondern erst recht ein »verschlossenes Wesen« an den Tag legte (Gesprächsaufzeichnung Lugert, Jetzinger 1956, S. 115f). Auf der Flucht vor der Konfrontation mit seinen Ohnmachtserfahrungen gegenüber Vater und Mutter, Klassenkameraden und Lehrern errichtete er sich eine Tagtraumwelt von phantastischen Dimensionen. Er beschäftigte sich bis tief in die Nacht mit seinen städtebaulichen Großprojekten oder besuchte Wagner-Opern, die seine Megalomanie musikdramatisch untermalten.

Bei einem dieser Opernbesuche lernte er August Kubizek kennen: als Konkurrenten beim Ergattern eines der bequemeren Stehplätze. Diesem erschien er auf den ersten Blick als ein »auffallend blasser, schmächtiger Jüngling«, der »stets mit peinlicher Sorgfalt gekleidet und [...] äußerst zurückhaltend« war, also vermeintlich »aus besserem Hause« stammte (Kubizek 1953, S. 17). Hitlers Zurückhaltung sollte bald einer völligen Inanspruchnahme des Freundes weichen, die allerdings zugleich von emotionaler Distanz geprägt war. In der Beziehung zwischen beiden – die auch von Kubizek nur unter Vorbehalten als »Freundschaft« bezeichnet wird – zeigte sich von vornherein, wie weit Hitler bereits jede Fähigkeit zum privaten Kontakt verloren hatte. Kubizek war nur das Auditorium für Hitlers grandiose

Selbstdarstellungen. Ohne eine menschliche Bindung mit dem entsprechenden Austausch an Privatem einzugehen, ja gerade durch diese Distanziertheit zog Hitler ihn in seinen Bann. Dabei entgingen Kubizek die Ungereimtheiten und Verschrobenheiten der Selbststilisierung des Freundes nicht – wie zum Beispiel »das schwarze Ebenholzstöckchen mit dem zierlichen Elfenbeinschuh als Griff [...], ein ausgesprochen studentisches Requisit«. Als er sich neugierig nach Hitlers Schulbildung erkundigte, provozierte er ungeahnt einen Zornesausbruch: »Mit der Schule wolle er absolut nichts zu tun haben. Die Schule ginge ihn nichts mehr an. [...] Er hasse die Professoren und grüße keinen mehr, und auch die Mitschüler hasse er, die in der Schule doch nur zu Nichtstuern erzogen würden. Nein, mit der Schule dürfe ich ihm nicht kommen.« Wieviel gekränkter Stolz sich hinter dieser Tirade verbarg, erfuhr Kubizek gleich darauf, als er zustimmend bemerkte, auch er selbst habe wenig Erfolg in der Schule gehabt: »›*Warum keinen Erfolg*‹, wollte er wissen. Es gefiel ihm keineswegs, daß ich in der Schule, die er doch so sehr verachtete, schlecht abgeschnitten hatte. Ich fand mich in diesem Widerspruch nicht zurecht« (S. 19).

Der Widerspruch ist leicht aufzuklären: Hitler konnte seine Verachtung für die Schule nicht mit dem eigenen Mißerfolg begründen, denn das hätte geheißen, daß er sein öffentliches Selbst herabmindert. Seine ganz auf Außenwirkung abgestellte Selbstpräsentation mußte unwillig jeden Verdacht beiseite schieben, sie könne kompensatorische Wurzeln haben. Daß sich dem so verhielt, war auch für Hitler nicht mehr voll einsehbar; die Abwehrreaktion erfolgte inzwischen ganz automatisch. Es ist ein Grund für seinen späteren Erfolg bei den Massen – für die Kubizek das vorweggenommene Stellvertreter-Publikum abgab –, daß Hitlers reaktive Wut keine Spur von Selbstinfragestellung zeigte. Möglich ist das nur, wenn der private Anlaß des kompensatorischen Verhaltens weitgehend abgespalten ist. Weil dieser Anlaß zum blinden Fleck für ihn geworden war, konnte er ganz selbstverständlich den Freund für ein schulisches Versagen tadeln, das für ihn selbst in weit höherem Maße zutraf.

Trotz oder gerade wegen dieser Widersprüche in seinem Verhalten gelang es ihm, den schlichten Kubizek zu beeindrucken. Er zeigte ihm

Gedichte und Zeichnungen – bzw. Andeutungen davon, denn zu mehr reichte es kaum: »etwas verworrene, unübersichtliche Pläne« (Kubizek 1953, S. 20), deren weitere und genauere Ausführungen er angeblich zu Hause hatte. Bei aller Skepsis nahm der zum Auditorium auserkorene Freund die Angeberei willig auf. Zwar wunderte er sich, daß Hitler für den Austausch mit seinen hochtrabenden Plänen nicht den Kontakt zu Fachleuten suchte, ja diesen vielmehr ängstlich vermied (S. 186), aber um so mehr fühlte er sich geschmeichelt, daß dieser rätselhafte Exzentriker mit einem so gewöhnlichen Menschen wie ihm vorliebnehmen wollte: Hitler, schreibt er, »zählte zu jener besonderen Menschengattung, von der ich selbst in kühnen Augenblicken geträumt hatte; ein Künstler, der den nackten ›Brotberuf‹ verachtete und sich nur mit Dichten, Zeichnen, Malen und dem Besuch des Theaters beschäftigte. Das imponierte mir ungeheuer. Ich erschauerte vor dem Großartigen, das ich da erlebte« (S. 20).

Kubizek war also das ideale Objekt für die Zurschaustellungen eines genialischen öffentlichen Selbst, die Hitler benötigte, um sein Defizit an privatem Ichgefühl auszugleichen. Daß die Außenwirkung dieser Überkompensation derart groß war, kann mit der Naivität des Freundes allein nicht erklärt werden, denn von seinem Bildungs- und Begabungsniveau her war er dem Freund mindestens ebenbürtig. Vielmehr war es das pathologisch Abnorme an Hitlers Ausstrahlung, dem Kubizek jenes Faszinosum des »Großartigen« abgewann, das später ganze Massen »erschauern« ließ. In der Tat kann der schizophrenietypische Mangel an privatem Selbst, der in der Regel eher Befremden erregt, bei einer entsprechend grandiosen Garnierung des Außenbezugs eine erhöhte Bannkraft mit sich bringen. Schon an schizophrenen Kindern läßt sich beobachten, daß ihnen der Wegfall aller persönlichen Empfindungen bisweilen zu Außendarstellungen von ungeheurer Intensität verhilft (vgl. Erikson 1950, S. 191ff). Beim jugendlichen Hitler resultierte die beeindruckende Emphase, mit der er seine gigantomanischen Projekte vortrug, aus der paranoiden Abwehr jeder Erinnerung an das persönliche Versagen. Gerade seine Gefühlsleere im zwischenmenschlichen Bezug konnte von einem begeisterungswilligen Beobachter wie Kubizek als Zeichen einer übermenschlichen Größe verkannt werden.

Eigenmächtig verfügte Hitler über Kubizeks Freizeit, nahm ihn als Zuhörer vollkommen unter Beschlag. Er duldete keinen anderen Menschen neben sich, der das Interesse seines Exklusivauditoriums von ihm ablenken könnte, da dies einer Relativierung der inszenierten Einzigartigkeit gleichgekommen wäre. Als Kubizek sich einmal darüber wunderte, daß Hitler ihn auf eine Trauerfeier für einen ihm unbekannten Lehrer begleiten wollte, erhielt er die Begründung: »*Weil ich nicht leiden kann, wenn Du mit anderen jungen Leuten gehst und sprichst*« (S. 24). Der darin geltend gemachte Narzißmus ist keiner, der auf privatem Begehren nach Liebe und personaler Anerkennung beruht. Es ist ausschließlich ein Narzißmus des öffentlichen Selbst. Ob Hitler von seinem Freund gemocht wurde, war ihm völlig gleichgültig. Was für ihn ausschließlich zählte, war die Beglaubigung dessen, was er nach außen hin vorgab zu sein. Zeitlebens sollte er ohne echte Beziehungen zu anderen Menschen bleiben, da er einzig darauf aus war, seine Maskerade bestätigt zu finden. Diese mußte mit allen Mitteln aufrechterhalten werden, denn sie bot Schutz vor Einblicken in den Mangel an Persönlichkeit. Was er wirklich dachte und fühlte, blieb auch Kubizek verborgen (S. 173). Ein Durchbrechen der Intimitätssperre wurde entsprechend vom jugendlichen Hitler als massive Bedrohung erlebt. Als beide einmal – der eine dozierend, der andere lauschend – durch Linz spazierten, begegnete ihnen ein früherer Schulkamerad Hitlers, der sich, ihn am Rockärmel fassend, mit einem freundlichen »Servus« nach seinem Befinden erkundigte. Kubizek berichtet: »Ich war darauf gefaßt, daß Adolf dem Schulkameraden ebenso freundlich antworten würde, nachdem er doch so viel auf gutes, höfliches Benehmen hielt. Aber meinem Freund stieg die Zornesröte ins Gesicht [...]. ›*Das geht dich einen Dreck an!*‹ schrie er ihm erregt in das Gesicht und stieß ihn derb zurück. Dann faßte er mich am Arm und setzte mit mir seinen Weg fort, ohne sich um den anderen zu kümmern. [...] ›*Alles künftige Staatsdiener!*‹ sagte Adolf, noch immer wütend, zu mir, ›*und mit solchen Kreaturen bin ich in einer Klasse gesessen!*‹ Es dauerte lange, bis er sich beruhigt hatte« (S. 23).

Die aggressive Abwehr der freundlichen Geste ist das Symptom einer bereits zur Paranoia ausgewachsenen Angst vor dem Einblick in das private Selbst und der pathologischen Fixierung auf das öffentliche. Wenn einer andere am Rockärmel faßte, dann war es Hitler – umgekehrt war es für ihn eine unerträgliche narzißtische Kränkung, da jede personale Zuwendung ihm gegenüber einer Mißachtung seiner unerreichbaren Größe gleichkam. Gerade vor Kubizek, dem einzigen, unentbehrlichen Adressaten dieser Größendarstellungen, mußte Hitler die gönnerhafte Vertraulichkeit des Klassenkameraden als besonders beschämend empfinden, ja als Bedrohung seiner Identität. Schizophrenietypisch daran ist die Unfähigkeit, eine Infragestellung des öffentlichen Selbst durch eine Rückversicherung des eigenen Wertes im privaten Ichgefühl auszugleichen, wie es normalerweise der Fall ist. In seiner Erstarrung zur Maske ist dem Schizophrenen die Möglichkeit einer solchen inneren Rückversicherung versperrt. Dies gilt auch für Hitler. Er versteckte sein privates Selbst so lange hinter dem öffentlichen, bis er nichts mehr zu verstecken hatte. Er war der Größte, und wenn die Umwelt das nicht anerkannte, dann mußte er sie aggressiv attackieren und sich eine neue schaffen.

Die Umbaupläne für Linz, die er vor Kubizek immer ausgreifender entwickelte, sind für diese Übersiedlung in eine Ersatzwelt ein klarer Beleg. »Ich beobachtete«, schreibt Kubizek, »dieses Treiben anfangs mit sehr gemischten Gefühlen und wunderte mich, weshalb er sich mit solcher Starrköpfigkeit mit Dingen befaßte, die doch, so glaubte ich, niemals verwirklicht werden könnten. Aber er steigerte sich um so intensiver in ein Projekt hinein, je weiter es von seiner Verwirklichung entfernt war« (S. 100). Bald schon begnügte sich Hitler nicht mehr mit der Veränderung einzelner Gebäude – Bank, Rathaus, Theater –, sondern er bezog mehr und mehr die gesamte Stadt und schließlich auch die Umgebung von Linz in seine Planungen ein: Eine neue Donaubrücke sollte gebaut werden – so riesig, daß für die Zufahrt eine Höhenstraße anzulegen war. Der Bahnhof wurde vor die Tore der Stadt verlegt, damit er den Verkehr und den Ausbau der Innenstadt nicht behinderte. Die Burg Wildberg sollte im Sinne einer historistischen »*Insel, auf der die Jahrhunderte stehengeblieben sind*«, rekonstruiert und mit Handwerkerfamilien besiedelt werden, damit die Touristen dort »Leben und Treiben in einer mittelalterlichen Burgsiedlung« studieren könnten. Auf den Lichtenberg war ein 300 Meter hoher Stahlturm zu setzen, damit man von der Plattform aus den Wiener Stephansdom sehen würde. Ein riesiges Denkmal mit »Ehrenhalle« schließlich sollte »die Büsten aller Großen« aufnehmen, überspannt von einer Kuppel, von der man »den herrlichen Rundblick auf das weite Land genießen« würde und die wiederum gekrönt werden sollte von der »Figur Siegfrieds, der sein Schwert Nothung in die Lüfte streckt«. Der Vorplatz des Denkmals sollte dann unmittelbar in die Donaubrücke übergehen. All dies waren keine sporadischen Einfälle, wie sie jugendlicher Übermut sich bisweilen ausdenken mag. Hitler steigerte sich in sein größenwahnsinniges Projekt mit solcher Intensität, daß es für ihn zur Wirklichkeit wurde. Kubizek versichert: »So sehr lebte Adolf bereits in diesem ›umgebauten‹ Linz, daß er seine täglichen Gepflogenheiten darauf abstellte. Wir gingen zum ›Ehrentempel‹, zur ›Weihehalle‹ oder in unser ›Mittelalterliches Freiluftmuseum‹« (S. 100–106).

Daß all diese Pläne nicht realisierbar waren, selbst wenn Hitler einmal der größte aller Architekten und ein reicher, mächtiger Mann werden würde – dies waren Überlegungen, die für Kubizek eine Rolle spielten, nicht aber für seinen Freund. »*Ach was, Geld!*« soll er auf die Einwände geantwortet haben. Und er überspannte die Kluft zwischen Anspruch und Wirklichkeit auf symptomatische Weise: Er kaufte ein Lotterielos – was aber für ihn nicht etwa bedeutete, daß er sein Glück versuchen wollte. Für Hitlers Selbstverständnis konnte es nicht anders sein, als daß er den Haupttreffer ziehen würde. »*Hier habe ich ihn*«, erklärte er Kubizek nach langem, scheinbar systematischen Auswählen. Die Tage bis zur Ziehung vergingen in schwelgerischen Phantasien, was man alles mit dem gewonnenen Geld anfangen würde. Als die Stunde der Wahrheit kam, soll Hitler fürchterlich getobt haben wie einer, der sich persönlich getroffen und betrogen fühlt. »Nicht ein einziges Mal«, schreibt Kubizek, »kam Adolf auf den Gedanken, sich selbst Vorwürfe zu machen, weil er mit solch absoluter Selbstverständlichkeit den Haupttreffer für sich beansprucht hatte« (S. 109).

Nach der Lotterie-Enttäuschung war Hitler tief deprimiert und beschied sich mit kleiner dimensionierten Projekten, wie etwa dem Neubau der Brücke, die Linz mit Urfahr verbindet, wo seine Mutter zuletzt gelebt hatte (S. 109f). Doch die Niederlage war nur ein weiterer Anlaß für Hitler, seine defensive Selbsterhöhung zu verstärken. Er mußte sich noch weiter von den Menschen entfernen, um seine Größenvorstellungen vor möglicher Beschämung zu bewahren.

Anregungen für das ins Phantasmatische gesteigerte Selbstbild fand er in der Opernwelt Wagners (vgl. Köhler 1997). Aus ihr bezog er auch, wenn man Kubizeks Schilderung glauben kann, die Inhalte für eine Episode offenbar floriden Größenwahns: der halluzinatorischen Überwältigung durch eine fremde Stimme, die ihn zur politischen Erlösung Deutschlands aufrief. Anlaß war eine Linzer Aufführung von Wagners *Rienzi*. Der Besuch der Oper, die in der parabelhaften Verarbeitung eines Stoffes aus dem mittelalterlichen Rom das Idealbild eines Volkstribuns entwirft, beeindruckte Hitler tiefer als alle bisherigen Musiktheater-Erlebnisse. Kubizek berichtet von dem anschließenden Spaziergang auf den nächtlichen Freinberg als der »eindrucksvollsten Stunde, die ich mit meinem Freunde erlebte«:

»Es war Mitternacht geworden. Doch mein Freund ging, ernst und verschlossen, die Hände tief in die Manteltaschen vergraben, die Straße weiter, aus der Stadt fort. Obwohl er sonst nach einem künstlerischen Erlebnis, das ihn bewegt hatte, gewohnt war, gleich zu sprechen und mit scharfem Urteil die Aufführung zu kritisieren [...], schwieg Adolf nach dieser Rienzi-Aufführung noch lange. [...] Wie von einer unsichtbaren Gewalt getrieben stieg Adolf zum Gipfel des Freinberges hinan. [...] Adolf stand vor mir. Und nun ergriff er meine beiden Hände und hielt sie fest. Es war dies eine Geste, die ich bisher noch nie an ihm erlebt hatte. Ich spürte am Druck seiner Hände, wie tief erschüttert er war. Seine Augen fieberten vor Erregung. Die Worte kamen nicht wie sonst gewandt aus seinem Munde, sondern brachen rauh und heiser aus ihm hervor. [...] Etwas ganz Merkwürdiges, das ich früher, wenn er in erregter Form zu mir gesprochen hatte, nie an ihm beobachtet hatte, fiel mir in dieser Stunde auf: Es war, als würde ein anderes Ich aus ihm sprechen, von dem er selbst mit gleicher Ergriffenheit berührt wurde wie ich. Keineswegs war es so, wie man von einem mitreißenden Redner mitunter sagt, daß er sich an den eigenen Worten berauschte. Im Gegenteil! Ich hatte eher den Eindruck, als würde er mit Staunen, ja, mit Ergriffenheit selbst miterleben, was da mit elementarer Kraft aus ihm hervorbrach. Ich mute mir kein Urteil über diese Beobachtung zu. Aber es war ein ekstatischer Zustand, ein Zustand völliger Entrückung, in welchem er, was er an *Rienzi* erlebt hatte, ohne dieses Beispiel und Vorbild unmittelbar zu erwähnen, in einer großartigen Schau auf eine andere, ihm gemäße Ebene stellte [...]. Wie eine angestaute Flut durch die berstenden Dämme bricht, brachen die Worte aus ihm hervor. In großartigen, mitreißenden Bildern entwickelte er mir seine Zukunft und die seines Volkes.« Die sonst verkündeten Lebensziele eines Malers oder Architekten zeigen sich vor dem Hintergrund dieser Vision als das, was sie schon immer waren: bloße Chiffren des Strebens nach einer Sondernorm: »Es ging ihm um ein Höheres, das ich aber noch nicht völlig begreifen konnte. Ich wunderte mich darüber sehr, weil ich dachte, der Beruf des Künstlers erschiene ihm als das höchste, erstrebenswerteste Ziel. Nun aber sprach er von einem Auftrage, den er einst vom Volk empfangen würde, um es aus der Knechtschaft emporzuführen zu den Höhen der Freiheit« (Kubizek 1953, S. 116f).

Das halluzinatorische Erlebnis muß in der Tat tiefe Spuren bei Hitler hinterlassen haben. Mehr als 30 Jahre später, anläßlich eines Besuchs von Kubizek in der Reichskanzlei 1939, konnte sich Hitler, auf die Freinberg-Szene angesprochen, sofort an alle Einzelheiten erinnern. Kurz danach, bei einem Besuch in Bayreuth im August 1939, stellte Hitler seinen Freund Winifred Wagner vor und erzählte ihr vom gemeinsamen *Rienzi*-Erlebnis. Hitler schloß mit der Bemerkung: »*In jener Stunde begann es*« (S. 118). Von 1933–1938 leitete die *Rienzi*-Ouvertüre die Nürnberger Parteitage der NSDAP ein; sie wurde damit zur »heimlichen Hymne des Dritten Reichs« (Hamann 1996, S. 40).

Lange vorher war sie zu seiner eigenen heimlichen Hymne geworden. Beflügelt durch das Wahnerlebnis, gewann das Selbstbild Hitlers nun die Konturen einer öffentlichen Heldenrolle. Was in jener Stunde »*begann*«, war die Verabschiedung der Alltagswirklichkeit zugunsten eines schizophrenen Erlöserwahns, der den Realitätsmangel seiner Visionen in den Beweis ihrer Großartigkeit umschlagen ließ. Die Ambitionen des genialen Künstlers und Baumeisters hielt Hitler zwar in den folgenden Jahren weiter aufrecht, doch je mehr sich unter den

Augen seines Ein-Personen-Publikums seine Inkompetenz herauszustellen drohte, desto vermessener und absurder wurden die verkündeten Vorhaben. Seine Verstiegenheit hatte eine Dimension angenommen, die ihm nicht nur den Rückweg in kommunizierbare
Verhältnisse, sondern in die Realität überhaupt versperrte. Jeder
Schritt zurück wäre – wie bei einem Bergsteiger, der sich verstiegen
hat – einem Absturz gleichgekommen. Es ging nur weiter aufwärts,
weg von menschlichen Maßstäben und Empfindungen.

Vor diesem Hintergrund ist die Episode mit Stefanie Rabatsch zu
sehen, der wir uns nun zuwenden. Der Kontakt zu dem Mädchen –
und damit der pubertätsgemäße Schritt vom Ich zum Du – war buchstäblich verbaut durch ein grandioses öffentliches Selbst, das jeden
Einblick in das private Selbst hermetisch abriegelte. Unter diesen
Umständen mußte sich die jugendliche Schwärmerei zu wahnhafter
Realitätsferne auswachsen.

Hitler sah Stefanie, augenscheinlich ein Mädchen aus besseren
Kreisen (sie war Beamtentochter), beim regelmäßigen Abendspazier-
gang mit ihrer Mutter. Er war von ihrer Erscheinung so angetan, daß
er ihre Promenaden am Schmiedtoreck täglich beobachtete. *»Ich liebe
sie nämlich«*, erklärte er seinem Freund (Kubizek 1953, S. 64), ohne
daß er irgendwelche Anstalten machte, ihr näher zu kommen. Er hielt
sich stets in sicherer Distanz, so daß sie ihn überhaupt nicht bemerken konnte. Als man sie später auf die jugendliche Schwärmerei Hitlers ansprach, konnte sie sich nicht an den jungen Mann erinnern, der
ihr Abend für Abend auflauerte. Während der vier Jahre, in denen
Hitler sie umschwärmte, fiel kein einziges Wort zwischen beiden. Ihm
genügte die Phantasie, kurze Blicke von ihr zu erhaschen. Und als sie
einmal bei einer öffentlichen Festveranstaltung aus einem Wagen heraus zufällig in seine Richtung eine Blume warf, war er von ihrer
Gegenliebe endgültig überzeugt. Auf die Frage Kubizeks, warum er
sich dann nicht einfach vorstellte, gab er eine charakteristische
Begründung: Er habe keinen ausreichenden Status für eine angemes-
se Kontaktaufnahme. *»Ich muß doch schon bei der Vorstellung meinen
Beruf nennen«*, erwiderte er, *»›Adolf Hitler, akademischer Maler‹ oder
so ähnlich. Aber das bin ich noch nicht. Erst muß ich das sein. Dann
kann ich mich vorstellen«* (S. 67).

Die Schüchternheit des Jünglings ist verständlich, zumal Hitler zu seiner Qual feststellen mußte, daß er junge Offiziere als Konkurrenten hatte, deren Verehrung Stefanie sichtlich genoß. Das psychotische Element seiner Begründung tritt aber darin hervor, daß er den eigenen Status zur unabdingbaren Voraussetzung einer Kontaktaufnahme zum anderen Geschlecht macht. Und da er sich längst zu einem Selbstbild von genialischer Größe verstiegen hatte, war ein »angemessener Status« in seinen Augen etwas, das weit jenseits normaler Maßstäbe lag. Der psychotische Reaktionsmechanismus macht also gerade das zur Bedingung der Aufnahme einer Intimbeziehung, was sich dieser in den Weg stellt. Hitler konnte erst in dem Moment mit Frauen sexuellen Verkehr haben, als sein monströses Geltungsbewußtsein öffentlich beglaubigt wurde. Auch das sollte mit echter Intimität nichts zu tun haben – eine Folge der Tatsache, daß der normale pubertäre Reifungsprozeß bei Hitler blockiert war.

Kubizek übernimmt Hitlers Rationalisierung, wenn er schreibt: »Er besaß schon damals eine so hohe Auffassung von dem Verhältnis des Mannes zur Frau, daß ihm der übliche Weg des Bekanntmachens unwürdig erschien. Jede Form des Flirts lehnte er scharf ab« (S. 68). Das mußte Hitler freilich auch, da ihm für das Spiel mit flüchtigen Einblicken in das private Begehren die psychologischen Voraussetzungen fehlten. Er befand sich in dem Dilemma, die Auserkorene nur in den Formen öffentlicher Selbstdarstellung anhimmeln zu können und diese zugleich mangels realer Substanz für sich behalten zu müssen. So schrieb er Stefanie Liebesgedichte, die er niemals abschickte, und baute ihr im Geist Paläste, die er nicht realisieren konnte.

Die Schwärmerei hatte nichts mit dem »holden Liebeswahn« eines Jugendlichen zu tun – sie war wahnsinnig im klinischen Sinn. Kubizek beobachtet, wie das Phantasma der heroischen Liebe »für Adolf immer mehr an Wirklichkeit verlor und sich zu einem reinen Idealbilde verklärte. [...] Seine Gefühle und Empfindungen für Stefanie verloren zusehends jeden realen Rückhalt« (S. 231). Den fehlenden Kontakt im wirklichen Leben empfand er nicht als einen Mangel, den es zu überwinden galt, sondern nahm ihn als bedeutungsvolles Zeichen einer telepathischen Kommunikation zwischen Auserwählten: »Er behauptete immer«, schreibt Kubizek, »es genüge völlig, daß er

Stefanie eines Tages gegenübertrete. Sofort würde sich dann alles weitere klären, ohne daß dazu ein einziges Wort zwischen ihnen gesprochen würde. Zwischen so ungewöhnlichen Menschen, wie er und Stefanie es seien, bedürfe es gar nicht der sonst unter Menschen üblichen Formen sprachlicher Mitteilung. Außergewöhnliche Menschen verstünden sich gegenseitig mit Hilfe der Intuition, erklärte er mir. Wenn es sich um ein noch so weit abliegendes Thema handelte, war Adolf stets davon überzeugt, daß Stefanie seinen Plan nicht nur genau kennen, sondern dafür ein ebenso immenses Interesse haben würde wie er selbst. Wenn ich dann einwarf, daß er Stefanie ja noch gar nichts davon erzählt habe, und daß ich zweifle, ob sie sich überhaupt um derlei Dinge kümmere, geriet er in Wut und schrie mich an: ›*Das begreifst du eben nicht, weil du den Sinn einer außergewöhnlichen Liebe nicht verstehen kannst.*‹« (S. 67).

Seine Wut erstreckte sich auch auf die zahlreichen jungen Männer, die ungleich ihm ein fehlender Sonderstatus nicht davon abhalten konnte, Stefanie auf ihren Spaziergängen zu begleiten. Als »*Nichtstuer*« beschimpfte der Nichtstuer seine Konkurrenten (S. 65). Für die unübersehbare Tatsache, daß diese gleichwohl des Umgangs für würdig erachtet wurden, fand er eine Erklärung eigener Art. Er verleugnete das klare Zeichen der Widerlegung seiner imaginären Beziehungsvoraussetzung und deutete es »als eine Art selbstgeschaffener Ablenkung […], mit der Stefanie ihre stürmischen Empfindungen für ihn verbergen wollte« (S. 67). Freilich half ihm das nicht, die Kluft zwischen Realität und Fiktion zu überbrücken; und wenn wir Kubizeks Bericht trauen dürfen, dann nahm Hitler ausschnitthaft wahr, in welchem Zustand er sich befand: »Tag und Nacht verfolge ihn das Bild der Geliebten. Er sei unfähig, etwas zu arbeiten, ja, er vermöge kaum mehr, klar zu denken. Er fürchte, wahnsinnig zu werden, wenn dieser Zustand noch längere Zeit fortdauere, ein Zustand, den er von sich aus nicht zu ändern vermöchte, für den er aber auch nicht Stefanie verantwortlich machen könne. ›*Es gibt nur eines*‹, rief er aus, ›*ich muß fort, weit fort von Stefanie.*‹« (S. 126).

Tatsächlich vollzog Hitler nun eine räumliche Trennung. Er brach Anfang Mai 1906 zu seinem ersten Wienbesuch auf. Der psychotische Hintergrund dieser Distanzierungsmaßnahme tritt zutage in der

Anweisung, die er seinem Freund zum Abschied gab: Stefanie werde, erklärte er, seine Abwesenheit natürlich sofort bemerken und sich besorgt nach ihm erkundigen. Dann solle er antworten: »Mein Freund ist nicht krank, vielmehr mußte er nach Wien reisen, um dort das Studium an der Akademie für bildende Kunst aufzunehmen. Nach Abschluß dieses Studiums wird er ein Jahr auf Reisen verbringen, im Auslande natürlich [...]. Nach vier Jahren wird er zurückkehren und um ihre Hand anhalten« (S. 72). Offenbar sollte Kubizek damit nur die Auskünfte bestätigen, die Hitler Stefanie zugleich auch schriftlich zukommen ließ. Nach dem Zweiten Weltkrieg auf die damaligen Ereignisse angesprochen, erklärte sie: »Ich erhielt einstens einen Brief, worin mir einer mitteilte, er gehe jetzt auf die Kunstakademie, aber ich solle auf ihn warten, er werde wiederkommen und mich heiraten. Was sonst noch darin stand, weiß ich nicht mehr, auch nicht, ob und wie der Brief unterschrieben war. Ich wußte nur damals absolut nicht, wem ich denselben zuschreiben sollte. Der Brief kam per Post und wurde so wie alle Briefe von meiner Mutter gelesen, es folgte aber keines der sonst üblichen Donnerwetter« (schriftliche Mitteilung, Jetzinger 1956, S. 144). Jetzinger kommentiert: »Daß der Brief kein häusliches Donnerwetter auslöste, ist verständlich, die kluge Mutter wird schnell erkannt haben, daß es sich da entweder um einen Ulk handelte oder um einen Schreiber, bei dem es irgendwo piepte« (S. 144f).

In den zwei Wochen, in denen Hitler sich in Wien aufhielt, machte er keinerlei Anstalten, einer Verwirklichung seines phantastischen Lebensentwurfs näherzukommen. Er durchstreifte die Stadt, besuchte die Gemäldegalerie und Wagner-Opern – unter anderem eine Aufführung des *Tristan* unter Gustav Mahler – und ließ die Gelegenheit verstreichen, sich für die Aufnahmeprüfung an der Akademie anzumelden. Wahrscheinlich fühlte er sich einem Verifikationstest seines Selbstideals abermals nicht gewachsen. Dennoch hegte er die Erwartung, daß seine Abwesenheit genügt habe, um von Stefanie schmerzlich vermißt zu werden. Bei seiner Ankunft in Linz erkundigte er sich sogleich nach ihrer Reaktion. »Adolf wollte es nicht glauben«, schreibt Kubizek, »daß Stefanie nicht nach ihm gefragt habe. Er nahm an, daß sie selbstverständlich genauso große Sehnsucht nach ihm gehabt habe wie er nach ihr« (S. 73). Die Beschämung seiner wahnhaften Liebe traf ihn tief, zumal er sich mit jenem Brief zu einem Bekenntnis verstiegen hatte, das nun jeden Kontaktversuch erst recht der befürchteten Blamage aussetzen würde. Die Enttäuschung dürfte ihn motiviert haben, sich aus Linz zu entfernen und nun einen ernsthaften Versuch zur Aufnahmeprüfung an der Wiener Kunstakademie zu wagen. Er bat seine Mutter um ihre Einverständniserklärung für das Studium, die sie ihm trotz der Einwände des skeptischen Vormunds hoffnungsvoll erteilte. Anfang September 1907, nach geraumer Vorbereitungszeit also, meldete sich Hitler zur Zulassungsprüfung in Wien und bestand auch die erste Kandidatenauswahl. Voll *»stolzer Zuversicht«*, wie er selbst in *Mein Kampf* bekennt, ging er nun in den zweiten Teil der Prüfung, das Probezeichnen. Doch abermals klafften Selbstbild und Realität weit auseinander: *»Ausgerüstet mit einem dicken Pack von Zeichnungen, hatte ich mich damals auf den Weg gemacht, überzeugt, die Prüfung spielend leicht bestehen zu können. In der Realschule war ich schon weitaus der beste Zeichner meiner Klasse gewesen; seitdem war meine Fähigkeit noch ganz außerordentlich weiterentwickelt worden, so daß meine eigene Zufriedenheit mich stolz und glücklich das Beste hoffen ließ. [...] Ich war vom Erfolg so überzeugt, daß die mir verkündete Ablehnung mich wie ein jäher Schlag aus heiterem Himmel traf. [...] Geschlagen verließ ich den Hansenschen Prachtbau am Schillerplatz, zum ersten Male in meinem jungen Leben uneins mit mir selber«* (Hitler 1925/27, S. 18f).

Hitlers Zeichnungen wurden als »ungenügend« bewertet – ja, der Direktor der Akademie, den Hitler nach der Ablehnung fassungslos aufsuchte, legte ihm dar, daß seine Zeichnungen völlig *»einwandfrei«* seine *»Nichteignung zum Maler«* bewiesen. Mit diesem *»jähen Schlag«* hatte er nicht gerechnet. Die Demütigung wurde noch verschlimmert, als ihm der Direktor die Alternative eines Architekturstudiums nahelegte. Das war nicht etwa deshalb niederschmetternd für ihn, weil ihm – wie er in *Mein Kampf* behauptet – die schulischen Voraussetzungen für diesen Ausbildungsgang fehlten (S. 19). Hitler hätte durchaus der Weg an die Architekturschule der Akademie offengestanden (vgl. Joachimsthaler 1989, S. 35), doch war es mit seiner Struktur unvereinbar, eine solche – nur zweitbeste – Option zu wählen.

Die Ablehnung hielt er ängstlich geheim, sowohl vor der Mutter als auch vor Kubizek. Wiederum konnte er die Beschämung nicht durch den Rückzug auf ein inneres Selbstwertgefühl ausgleichen; wiederum befand er sich in dem Dilemma, die einzigen ihm nahestehenden Personen nicht als Trostspender aufsuchen zu können, denn auch deren Akzeptanz war ganz auf sein öffentliches Selbst bezogen. Schon beim Weggang aus Linz hatte er den Abschied von der Mutter vermieden, da er, wie Kubizek schreibt, eine »öffentliche Preisgabe von Gefühlen« verabscheute (S. 130). Erschwerend kam nun hinzu, daß Klara Hitler schwer krank war und um so mehr einer Bestätigung der in ihren Sohn gelegten Hoffnungen bedurfte. Zwar pflegte er seine kranke Mutter, wie insbesondere Binion (1976) entgegen anderslautender Darstellungen belegt, aufopferungsvoll, doch entging ihr dabei nicht, daß er sein Innerstes vor ihr verborgen hielt und sich auf einer einsamen Bahn befand, fern von allen menschlichen Bindungen. Kurz vor ihrem Tod sagte sie ahnungsvoll über ihren Sohn: »Der geht seinen Weg weiter, als wäre er allein auf der Welt« (Kubizek 1953, S. 132).

Als die Mutter starb, erlitt Hitler seinen zweiten großen Zusammenbruch. Der Familienarzt Dr. Bloch erinnert sich: Obschon mit vielen Szenen am Totenbett vertraut, habe er »noch nie einen vom Schmerz so gebrochenen Menschen gesehen wie Adolf Hitler« (Bloch 1941, S. 39). Zu seinem psychischen Kollaps trug neben dem Kummer über den Verlust des einzigen Menschen, der ihn geliebt hatte, zweifellos die Tatsache bei, daß er gerade diesem Menschen sich nicht hatte offenbaren können. Nun gab es endgültig keine Alternative mehr zu einem Leben der absoluten Kontaktlosigkeit im exklusiven Außenbezug.

Tatsächlich ging er nun seinen Weg, als wäre er allein auf der Welt, wie es die Mutter vorausgesagt hatte – ohne Rücksicht auf Gefühle, einzig dem verschrobenen Bewußtsein der eigenen Sondernorm verpflichtet. Sein späterer Aufstieg beruht auf dieser forcierten Abspaltung des Privaten. Die eisige Kälte, die ihn seit dem Tod der Mutter vollends umgab, seine »bemerkenswerte Treulosigkeit« (Fest 1973, S. 375), verschafften ihm ein ungeheuer skrupelloses Durchsetzungsvermögen. Doch zunächst fand dieser Aufstieg nur in seiner Phantasie statt, als Ersatz für die reale Bedeutungslosigkeit.

Die Wiener Jahre
Psychotischer Realitätsverlust

Bevor wir uns nun der dunkelsten Phase in Hitlers Biographie zuwenden – den Jahren 1908–1913 in Wien, von denen wir annehmen, daß
sie aufgrund ihres dramatischen Realitätsverlustes für die Wahnentwicklung Hitlers von zentraler Bedeutung sind –, ist ein Wort zur
Terminologie nötig. Der Begriff des Wahnsinns ist so weit in die All-
tagssprache eingedrungen, daß eine Unterscheidung, die Kliniker
vornehmen, dabei verlorengeht: die Unterscheidung zwischen
»wahnhaften Störungen« und Wahnsystemen mit schizophrenen
Inhalten. Erstere können zwar auch in der Form von Verfolgungs-,
Größen-, Eifersuchts-, Liebes- oder hypochondrischem Wahn vorliegen, werden aber als »nicht-bizarr« oder »kulturell angemessen« von
den schizophrenen Formen des Wahnsinns abgegrenzt: Der wahnhaft
Gestörte hat immer noch so viel Realitätsbezug, daß die Inhalte seiner Vorstellungen in seiner Kultur wenigstens vorkommen *könnten,*
auch wenn sie nicht real sind (Deister/Möller 1998, S. 90f).

Um dies an einem Beispiel zu verdeutlichen: Jeder Mensch, der
schon einmal eifersüchtig war, kennt die Erfahrung, daß er in diesem
Zustand die Welt verzerrt wahrnimmt – etwa, wenn er die geliebte
Person mit einer anderen flirten sieht und in ihre Gesten mehr hin-
eindeutet, als tatsächlich dahintersteckt. Das ist völlig normal. Eine
wahnhafte Störung liegt vor, wenn die Eifersucht von irrealen Phantasien begleitet wird und diese Phantasien eine bestimmte Dauer
haben (nach ICD-10 mindestens 3 Monate, nach DSM-IV mindestens
1 Monat). Ein Mensch mit dieser Störung hätte immer noch so viel
Realitätsbezug, daß er für seine Zwangsvorstellung, sein Partner
werde mit einer anderen Person intim, nachvollziehbare Gründe
angeben könnte. Er würde z. B. sagen: »Die Bettwäsche war verknit-
tert; daran erkenne ich, daß Du mit jemand anderem hier warst.« Die
wahnhafte Störung kann so weit gehen, daß auch höchst Unwahr-

scheinliches unterstellt wird, z. B. daß der Seitensprung während des Nachtschlafs im gemeinsamen Ehebett stattgefunden habe. Ob es sich bei solchen Phantasien schon um einen schizophrenen Wahn handelt, zeigt sich erst daran, daß eine unrealistische Begründung für die eigene Wahrnehmung gegeben wird. So antwortete etwa ein Patient auf die Nachfrage seiner Frau, wie denn der vermeintliche Liebhaber in die Wohnung gekommen sein sollte:»Durch den Kamin.«

In welche Kategorie Hitlers Wahnentwicklung fällt, wird im folgenden zu klären sein. In den einschlägigen Hitler-Monographien bleibt die Unterscheidung meist unerörtert. Wir hatten schon erwähnt, daß auch Kershaw (1998) von einem»fortschreitenden Größenwahnsinn Hitlers« (S. 26) oder seinem»paranoiden Antisemitismus« (S. 101) spricht, dies jedoch nicht psychopathologisch verstanden wissen möchte (Augstein/Raulff 1998, S. 45). Wir glauben hingegen, daß sich in dem Zeitraum, um den es nun gehen soll, die in Hitlers Struktur angelegte Tendenz zum Größen- und Verfolgungswahn durchaus Merkmale von Schizophrenie annimmt. Die Ursachen sehen wir darin, daß die zunehmende Dürftigkeit der realen Lebenssituation Hitlers ihn zu einer Überkompensation durch immer verschrobenere, schließlich bizarre Formen der Selbstpräsentation trieb. Just diese Symptomatik, die ihn zunächst in eine immer tiefere Isolation führte, sollten ihm später, in gewandelten sozialen Kontexten, zu einer einzigartigen Publikumswirkung verhelfen.

Die Quellen über diesen Zeitraum sind allerdings spärlich. Der Grund hierfür ist eben die symptomatische Tatsache, daß Hitlers letzte Jahre in Wien von einem vollständigen Verlust aller zwischenmenschlichen Kontakte gekennzeichnet sind. Der Mangel an Auskünften über ihn ist also selbst schon ein Indiz für seine damalige Lebenssituation. Gleichwohl lassen sich – nicht zuletzt dank der minutiösen Rekonstruktion von Hamann (1996) – Hitlers sozialer Abstieg und seine zunehmende Verschrobenheit hinlänglich genau nachzeichnen. Man muß sich dabei vor Augen führen, daß hier nicht irgend jemand gestrauchelt war wie andere auch, sondern einer, der sich längst zu dem Selbstbild verstiegen hatte, ein genialer Künstler, ein grandioser Architekt, ein Erlöser der deutschen Nation zu sein. Die Kluft zwischen diesem Selbstbild und der Lebensrealität Hitlers wurde so groß, daß sie sich nicht mehr mit nachvollziehbaren Selbstrechtfertigungen überbrücken ließ. Die Wahninhalte verloren zusehends jeden Realitätsbezug.

Dieser Prozeß begann mit der beschämenden Ablehnung an der Kunstakademie, die mit seinen hochtrabenden Ambitionen derart unvereinbar war, daß er sie weder der Mutter noch dem Freund beichten konnte. Auch die beiden einzigen Menschen, die ihm nahestanden, waren für ihn nur Auditorien seines öffentlichen Selbst, vor denen er die private Demütigung geheimhalten mußte. Nachdem Klara Hitler kurz darauf verstorben war, ließ er sich seinen Anteil des wenigen von ihr hinterlassenen Geldes auszahlen (das väterliche Erbe lag bis zum 24. Lebensjahr auf einem Sperrkonto). Anscheinend konnte er im Verlauf der gerichtlichen »Todfallaufnahme« eine Offenlegung seiner realen Lebenssituation nicht vermeiden, überspielte sie aber sogleich durch die nebulöse Schilderung von Privatstudien. Dies geht aus einem Brief hervor, den die Vermieterin der Mutter in jener Zeit schrieb: »Der Sohn einer Partei von mir wird Maler, studiert in Wien seit Herbst, er wollte in die k.k. Akademie der Bildenden Künste, fand aber dort keine Aufnahme mehr und ging dann in eine Privatanstalt (Panholzer glaube ich)« (IfZ München 19/19, Hamann 1996, S. 59). Kubizek aber erfuhr über die Ablehnung nichts. Er blieb für den Gestrauchelten, der sich von seiner übrigen Familie distanzierte, nun der letzte Halt. Da Hitler diesen Halt (noch) nicht preisgeben mochte, stand er vor der Alternative, mit Kubizek in Linz zu bleiben und dadurch die Falsifikation seiner hochtrabenden Pläne einzugestehen oder ihn nach Wien zu locken, um dort die Fiktion eines Kunststudiums vor ihm aufrechtzuerhalten. Bei seiner Struktur konnte er gar nicht anders, als die zweite Lösung zu wählen. Kubizek wurde überredet, mit nach Wien zu gehen, wo es ihm sogleich gelang, Aufnahme im Wiener Musikkonservatorium zu finden – auch das muß Hitler mit gemischten Gefühlen gesehen haben: Als ihm Kubizek von der bestandenen Prüfung berichtete, sagte er nur spitz: »*Ich hab gar nicht gewußt, daß ich einen so gescheiten Freund habe*« (Kubizek 1953, S. 161).

Sie teilten sich ein Zimmer als Untermieter in der Stumpergasse 31. Hitler meldete sich als »Künstler« an, unternahm aber nichts, was ihn

in dieser Hinsicht hätte weiterbringen können. Dies ist um so bemerkenswerter, als er eine durchaus attraktive Chance geboten bekam: Die
Vermieterin der verstorbenen Mutter hatte mit dem erwähnten Brief
eine Wiener Freundin veranlaßt, ein Empfehlungsschreiben für Hitler
an Alfred Roller zu richten, den renommierten Bühnenbildner der
Wiener Hofoper und Professor an der Kunstgewerbeschule. Und
Roller hatte auf den Appell an sein Mitgefühl für das künstlerisch
begabte Waisenkind auch prompt mit einem sehr wohlwollenden,
ausführlichen Brief reagiert: »Der junge Hitler soll nur kommen und
soll Arbeiten mitbringen, damit ich sehe, wie es mit ihm steht. Ich will
ihm nach bestem Gewissen raten, so gut ichs eben verstehe« (IfZ München F 19/19, Hamann 1996, S. 60). Die Gelegenheit blieb ungenutzt
– Hitler zog es vor, ein spektakuläres Scheinstudium zu betreiben, statt
sich einer offiziellen Überprüfung seiner wirklichen Talente zu unterziehen. Der Verzicht auf eine realistische Lebensperspektive war der
Preis, den er für die Bestätigung seiner Sondernorm zu zahlen bereit war. Vorerst reichte das von der Mutter hinterlassene Geld sowie
25 Kronen Waisenrente, um die Fiktion aufrechtzuerhalten.

In dem Zimmer, das die beiden Freunde bewohnten, entstand somit
eine verquere Situation: Der Musikstudent, der früh aufstand, um ans
Konservatorium zu gehen, wurde beim Nachhausekommen von dem
Langschläfer Hitler empfangen, der den gemeinsamen Lebensraum
mit wahllos angehäuften Büchern, Broschüren und Bauplänen okku-
pierte, als sei er derjenige, der wirklich ernsthaft studiert. Kubizek
hatte große Mühe, seinen Lebensraum zu behaupten; er bekam Vorhaltungen, daß sein Flügel im Weg sei, und wenn er sich schlafen legen
wollte, wurde er mit nächtlichen Vorträgen Hitlers daran gehindert.
»Kaum hatte ich mich im Bett verkrochen, begann er auf und ab zu
schreiten und legte los. Schon am erregten Ton seiner Stimme erkannte ich, wie sehr ihn seine Gedanken bedrängten. Er ging förmlich über
und mußte sich entladen, um die ungeheuren Spannungen, die ihn
erfüllten, ertragen zu können [...] Da lag ich also wach im Bette,
während Adolf [...] mit solcher Leidenschaft auf mich einsprach, als
wäre da nicht ein armer, belangloser Musikstudent, sondern ein politischer Machthaber, der über Sein und Nichtsein des deutschen
Volkes zu entscheiden hätte« (1953, S. 244f).

Das Verständnis von Hitlers späterem Aufstieg bliebe lückenhaft, wenn es nicht die von Kubizek geschilderte psychodynamische Konstellation berücksichtigt: Ein im Bett liegender Musikstudent wird als Volkstribun imaginiert, dem ein kontaktgestörter Eigenbrötler in glühender Leidenschaft die Schicksalsfragen Deutschlands auseinandersetzt – dies ist genau die Rollenteilung von »Führer« und »Trommler«, mit der Hitler später seine Rednerkarriere begründen sollte (Tyrell 1975), bis er seinen Part so erfolgreich spielte, daß ihm der andere von alleine zufiel. Wie in der Zeit, als ihm tatsächlich das deutsche Volk zum Auditorium wurde, so ging es ihm schon bei den Vorträgen, die Hitler vor Kubizek hielt, nicht eigentlich um politische Interessen, sondern darum, daß man ihn ernst nahm: »Wenn diese Ausführungen«, schreibt Kubizek, »zu sehr in die Breite gingen, schlief ich mitunter ein. Sobald er dies entdeckte, rüttelte er mich wach und schrie mich an, ob mich seine Worte etwa nicht mehr interessieren würden? Dann möge ich ruhig schlafen, wie alle in dieser Zeit schliefen, die kein nationales Gewissen haben« (S. 245). So wie er sich in diesen Tiraden aus seiner Alltagsexistenz herausphantasierte, so sollte Hitler in seinen späteren Massenauftritten an den konkreten Lebensinteressen seiner Zuhörer vorbeireden und sie paradoxerweise gerade dadurch in den Bann schlagen. »*Schweigt mir mit Euren Tagesfragen!*« rief er in einer seiner Wahlkampagnen. »*Die Tagesfragen sind dazu angetan, den Blick für das Große zu trüben*« (Preiss o.J., S. 42). In der Tat ging es ihm nur um den »*Blick für das Große*«, das heißt für die Größe seiner Selbstpräsentation. Und Kubizek war der erste, der sich diesem Exerzitium zu unterziehen hatte.

Daß die grotesk realitätsfernen Kammerspielauftritte Hitlers nicht nur Ausdruck seiner Genialität sein konnten, sondern offenbar dem Bemühen entsprangen, sein dürftiges Dasein durch ein grandioses Selbstbild zu überspielen, wurde Kubizek freilich bewußt. Und wenn er etwa über den Freund räsoniert: »Die völlige Bedeutungslosigkeit seiner Existenz glich er durch um so entschiedenere Stellungnahmen zu allen öffentlichen Fragen aus« (1953, S. 92), so spricht er den zugrunde liegenden Kompensationsmechanismus in aller Klarheit aus. Was Kubizek nicht erkennen konnte, ist der psychotische Hintergrund dieses Mechanismus. Während bei Neurotikern das durch

Minderwertigkeitsgefühle angestachelte Geltungsstreben in Aktivitäten zum systematischen Kompetenzerwerb einmündet – wie etwa in
dem klassischen Beispiel des sprachbehinderten Redners Demosthe-
nes –, ist Schizophrenen dieser Weg in der Regel verschlossen. Sie sind
derart fixiert darauf, der Außenwelt ein beeindruckendes Selbst zu
präsentieren, daß sie es gar nicht erst mit sich vereinbaren könnten,
sozusagen »bei Null« anzufangen, um ihren hochfliegenden Ambitionen schrittweise näher zu kommen. Ihre Selbsterhöhung ist defensiv,
d.h. sie stützt sich auf Merkmale, die nicht von anderen überprüfbar
sind. Nur dadurch können sie ihre Sondernorm unter Beweis stellen.
Hitlers Ausweichen vor dem Kontakt mit Alfred Roller war ein Beispiel für diese defensive Selbsterhöhung. Ein weiteres ist die folgende
Episode:

Kubizek erzählte einem Studienkollegen am Konservatorium, der
als Journalist beim *Wiener Tagblatt* arbeitete, von den schriftstelleri-
schen Talenten seines wirtschaftlich darbenden Freundes. Der Journalist zeigte Verständnis und bat um eine literarische Probearbeit, die
ihm Hitler persönlich in die Redaktion bringen sollte. Hitler, der seine
schlechten Deutschzensuren nicht zu Unrecht bekommen hatte, tat
gleichwohl so, als sei das kein Problem für ihn. Am Abend vor dem
Treffen setzte er sich hin und schrieb zur Bewunderung Kubizeks
»eine Novelle« mit dem Titel *Der nächste Morgen*. Schon die Über-
schrift deutet darauf hin, daß Hitlers Gedanken eher auf die antizipierte Offenbarung seiner Unfähigkeit zum Schriftsteller als auf die
sprachliche Ausgestaltung einer erzählerischen Fiktion gerichtet
waren. Den Fortgang schildert Kubizek so: »Am nächsten Morgen, als
wir in die Langegasse gingen, um mit meinem Kollegen zu sprechen,
gab es einen Riesenkrach. Adolf gab, kaum daß er den Mann gesehen
hatte, die Novelle gar nicht aus der Hand, drehte sich in der Türe um
und schrie mich schon auf der Treppe an: ›*Du Trottel! Hast du denn
nicht gesehen, daß das ein Jude ist?*‹ Das hatte ich allerdings nicht gesehen« (1953, S. 250).

Hitler war zwar schon in dieser Zeit ein begieriger Leser der rechtspopulistischen Zeitungen und Pamphlete, hatte aber gleichwohl in
diesen und den folgenden Jahren keinerlei Widerstände, freundschaftlich mit Juden zu verkehren und ihnen seine Bilder zu verkau-

fen. Daß er nun die Chance auf eine einträgliche Ausübung seiner angeblichen literarischen Talente aus weltanschaulichen Gründen ausschlug, war also ein reiner Vorwand. Keineswegs wurde Hitler durch die vermeintlich jüdische Erscheinung des Journalisten – die Kubizek nicht erkannte, weil sie vermutlich gar nicht zu erkennen war – in die Flucht getrieben, sondern vielmehr durch die drohende Beschämung eines professionellen Urteils über seine schriftstellerische Fähigkeiten.

Daß das so vehement geäußerte Interesse an den politischen Fragen der Zeit nur vorgeschoben war, um Hitlers Ausweichen vor einer Offenbarung seiner fehlenden Kompetenzen zu rationalisieren, zeigt sich auch daran, daß er seine Tiraden über alle möglichen öffentlichen Angelegenheiten ebensowenig in praktische Schritte umsetzte. Kubizek wundert sich:»Wer jedoch [...] schließen würde, daß sich der junge Hitler mit fliegenden Fahnen in die Tagespolitik gestürzt hätte, irrt sich. Ein bleicher, kränklicher, hoch aufgeschossener Jüngling, völlig unbekannt den Leuten und unerfahren in der Stadt, eher verhalten und scheu als aufdringlich, betreibt diese intensive Beschäftigung völlig für sich allein. Nur die wichtigsten Einfälle und Lösungen, die er gefunden hat, Ideen, die unbedingt ein Publikum brauchen, trägt er abends mir, also einem ebenso unbedeutenden und einschichtig lebenden Menschen, vor. [...] So intensiv ihn das Politische geistig beschäftigt, so intensiv hielt er sich tatsächlich von praktischer politischer Betätigung fern. Er tritt keiner Partei bei, schließt sich keiner Organisation an, beteiligt sich nicht an parteimäßigen Kundgebungen und hütete sich, seine eigenen Gedanken über den engen Kreis seiner Freundschaft hinauszutragen« (S. 92). Freilich sollte sich das später ändern. Doch was mit Hitlers Politikerkarriere anders wird, ist weniger die nachholende Verifikation einer zuvor verkannten Sonderbegabung als vielmehr die Akklamation seines Größenwahns durch ein Publikum, das diesen Wahn mit realer Größe verwechselte.

Für den Zeitraum der Wiener Jahre bleibt zunächst festzuhalten, daß Hitler sich in der schizoiden Situation befand, den exklusiven Öffentlichkeitsbezug seiner Äußerungen mit einer vollständigen Kontaktvermeidung gegenüber dieser Öffentlichkeit kombinieren zu müssen, da er sich sonst rasch als Hochstapler dekuvriert hätte. Er schloß sich den politischen Organisationen und gesellschaftlichen oder künstlerischen Tendenzen, von denen er beständig redete, nicht an, weil er intuitiv wußte, daß man ihn in diesen Kreisen nicht für voll nehmen würde. Für seine grandiosen Selbstdarstellungen hielt er sich einzig an Kubizek, sein bereitwilliges Ein-Personen-Publikum. Auch darin blieb der Außenbezug erhalten. Die langen Monologe, die Hitler ihm vortrug – ekstatischen Entladungen gleich, als bräche etwas Fremdes aus ihm heraus –, suchten nicht den Austausch unter Freunden, sondern nur Zustimmung für das eigene Geltungsbedürfnis (S. 22).

Und der Zuhörer fügte sich in seine Rolle. Kubizek machte wenig Aufhebens von seinen kontinuierlichen Fortschritten im Studium, die ihn nach und nach in eine Hitler eigentlich überlegene Position brachten. Seine Zurückhaltung mag damit zusammengehangen haben, daß ihm das Bedrohungspotential bewußt war, das für den anderen aus seinen kleinen Erfolgen hervorging. Zwar wußte er noch nichts von dessen peinlich verhüllter Niederlage an der Akademie. Doch es gab andere Zeichen. So zum Beispiel die Reaktion Hitlers, der nur zu phantasmagorischer Frauenliebe fähig war, auf die Damenbesuche, die sein Zimmergenosse zum Klavierunterricht empfing. Bald schon provozierte das einen weiteren Haßausbruch. Kubizek berichtet: »Kaum war das Mädel draußen, fiel er, der seit dem mißglückten Erlebnis mit Stefanie frauen- und mädchenfeindlich eingestellt war, wütend über mich her. Ob unsere ohnedies durch den Flügel, dieses Monstrum, verstellte Bude nun auch zum Rendezvous für dieses musikalische Weibsgezücht werden sollte, fragte er mich erbost. Ich hatte Mühe, ihn davon zu überzeugen, daß die Ärmste keineswegs Liebeskummer hege, sondern nur Prüfungsschmerzen. Das Ergebnis war ein ausführlicher Vortrag über die Sinnlosigkeit des weiblichen Studiums« (S. 163). Auch aus dieser Episode spricht deutlich der Zusammenhang zwischen unterdrückter privater Kränkung und überspannter öffentlicher Selbstdarstellung, die ihre Ursache natürlich nicht in einer prinzipiellen Geringschätzung von Frauen hat, sondern in der – vom Zwang zur Aufrechterhaltung der Fassade bedingten – Not der Vermeidung jeden Nahkontakts.

Davon war zunehmend auch der Kontakt zu dem einzigen Menschen betroffen, den Hitler überhaupt in seiner Nähe duldete, weil er ihn als Publikum brauchte. Denn das Scheinstudium, das Hitler Kubizek mühsam vorgaukelte, geriet in einen so eklatanten Gegensatz zur Realität, daß es aufzufliegen drohte. Kubizek begann sich zu wundern: »Während in der Regel das Berufsstudium im Laufe der Jahre immer konkreter, einseitiger, spezieller wird und einen eindeutigen Bezug auf das Praktische erhält, wurde es bei Adolf immer allgemeiner, vielseitiger, abstrakter und entfernte sich immer weiter von der Praxis. Je hartnäckiger er vor sich selbst die Parole wiederholte: ›*Ich will Baumeister werden*‹, desto mehr verflüchtigte sich dieses Ziel in der Wirklichkeit. Immer weiter griff er in seinen Studien aus, immer neue Bereiche zog er mit herein. Es war die typische Haltung eines jungen Menschen, dem der konkrete Beruf im Weg steht, um die Berufung, die er in sich spürt, zu erfüllen« (S. 187f). Die Schlußfolgerung freilich war falsch. Hitler wich dem Beruf nicht aus, um eine Berufung zu erfüllen, sondern er wich der Wirklichkeit aus, um ihre Beschämungen nicht ertragen zu müssen. Er war nicht auf dem Weg zum Baumeister, sondern zum »Luftbaumeister« (Eitner 1981, S. 27). Mochten manche Vorhaben aus der Linzer Zeit noch realisierbar erscheinen – etwa der Neubau der Brücke nach Urfahr, der tatsächlich 50 Jahre später von Hitler vollzogen wurde (Kubizek, S. 109f) –, nahmen seine Wiener Architekturpläne den unmenschlichen Ausdruck der Megalomanie an – so zum Beispiel der Abriß und prachtvollere Wiederaufbau der Wiener Hofburg. Die größenwahnsinnigen Projekte hatten keinen anderen Zweck als den, die innere Leere und das wachsende Bewußtsein des eigenen Mißerfolgs durch äußere Betriebsamkeit zu überdecken. Als ihn Kubizek wieder einmal verbissen über seinen Papieren brüten sah und ihn fragte, womit er sich denn beschäftige, antwortete Hitler gereizt: »*Ich arbeite an der Lösung des Wohnungselends in Wien und mache zu diesem Zweck bestimmte Studien*« (S. 176).

So trugen Kubizeks bescheidene, aber kontinuierliche Fortschritte in der Konkretisierung seiner Lebensperspektive unfreiwillig dazu bei, daß Hitler immer mehr abhob. Dessen ganz und gar nicht bestimmte, sondern vielmehr unbestimmte Studien wurden ausgreifender, um den drohenden Beweis der eigenen Unterlegenheit abzuwenden. Wenn etwas an ihnen zielstrebig war, dann war es das Motiv der Einschüchterung des Zeugen und seiner Auslöschung als Person mit eigenen Ansichten und Ansprüchen. »Ich war«, berichtet Kubizek, »bei dieser großzügigen Planung überall im Wege. Es gab ja auch im ganzen Zimmer keinen Fußbreit Boden mehr, der nicht in den Dienst dieser Aufgabe gestellt worden wäre« (S. 178). Bald schon gingen Hitlers Pläne über die Rolle des Baumeisters von Brücken, Burgen und ganzen Städten hinaus. Er verstieg sich weiter zum Entwurf eines gesamtgesellschaftlichen Projekts mit der Bezeichnung »*Idealstaat*« (S. 180). Dazu gehörte unter anderem die Kreation eines neuen Volksgetränks. Auf den Einwand Kubizeks, daß die Wiener wohl kaum auf ihren Wein verzichten würden, erwiderte Hitler: »*Da wirst du nicht gefragt werden!*« (S. 179).

Allmählich steuerten Hitlers Aktivitäten auf eine Konfrontation mit dem Freund zu, dessen wachsende ästhetische Kompetenz in paranoider Abwehr des eigenen Unterlegenheitsgefühls übertrumpft werden mußte. Den Rückhalt hierfür bezog Hitler aus seiner Identifikation mit dem Genie Wagners. Den Schöpfer heroischer Gesamtkunstwerke erwarb er, wie Kubizek schreibt, »so vollkommen für sich, als könnte dieser ein Teil seines Wesens werden«. Die Identifikation schloß die antizipierte Ablehnung durch das Urteil der anderen mit ein: »›*Siehst du*‹, hieß es dann, ›*auch Richard Wagner ist es so ergangen wie mir. Zeit seines Lebens mußte er gegen die Verständnislosigkeit seiner Umwelt ankämpfen*‹« (S. 84). Gewiß stiftete der Zug ins Grandiose, mit dem auch Wagner seiner Umwelt zunächst vergeblich zu imponieren suchte, eine nur sehr oberflächliche Parallele mit Hitler, der über keinerlei Kompositionskenntnisse verfügte. Um so mehr mußte dieser sein Vorbild übertreffen. Unter anderem verfaßte er das Exposé zu einem Schauspiel, an dem nach Auskunft Kubizeks das Bemerkenswerteste die riesenhafte Anlage des Bühnenbilds war: »Wir waren durch Richard Wagner gewohnt, daß an eine Bühne große Anforderungen gestellt wurden. Aber was Adolf da entworfen hatte, stellte den Meister völlig in den Schatten« (S. 184). Zur unmittelbaren Gegnerschaft mit Kubizek kam es, nachdem Hitler von ihm die Information aufgeschnappt hatte, daß man unter den nachgelassenen Schriften Wagners den Entwurf zu einem Musikdrama mit dem Titel *Wieland der Schmied* gefunden habe. Eines Tages teilte er dem vom Konservatorium heimkehrenden Zimmergenossen zu dessen Verblüffung mit: »*Du, Gustl, aus dem ›Wieland‹ mache ich eine Oper!*« Als der zunächst sprachlose Kubizek sich wieder gefaßt hatte, fragte er Hitler, wie er sich einen solchen Geniestreich vorstelle. »*Ganz einfach, ich komponiere und du schreibst es auf.*« Der Musikstudent, der zwar mit der Tatsache vertraut war, daß sich sein Freund »mit seinen Plänen, Projekten und Gedanken schließlich immer schon mehr oder minder außerhalb der üblichen Vorstellungen« bewegte, ließ durchblicken, daß dieser von Kompositionstechnik »überhaupt keine Ahnung« habe und zog sich in ein Café zurück. Zu seiner Verblüffung erklärte Hitler ihm bei seiner Rückkehr, das Vorspiel zu der Oper sei schon fertig. Kubizek war erleichtert, daß sein Verhalten »das Selbstbewußtsein meines Freundes keineswegs verletzt« habe. Darin aber täuschte er sich. Gerade weil er dem Größenselbst Hitlers eine narzißtische Kränkung zugefügt hatte, konnte der gar nicht anders, als die Flucht nach vorne anzutreten. Natürlich war das sogenannte Vorspiel eine Katastrophe. Kubizek erklärte sich daraufhin bereit, Hitler Nachhilfe in Kompositionstechnik zu geben. »Da wurde er zornig. ›*Ich bin doch nicht verrückt*‹, schrie er mich an, ›*wozu habe ich denn dich? Vorerst wirst du das, was ich auf dem Flügel vorspiele, genau zu Papier bringen.*‹« Daß Hitler durchaus verrückt war, zeigt sich an der Unfähigkeit, auch nur den kleinsten Rat anzunehmen; jeder Ansatz dazu wurde als Angriff auf seine unerreichbare Größe paranoid abgewehrt. Kubizek fährt fort: »Ich versuchte ihm zunächst klarzumachen, daß er sich an einen bestimmten Takt halten müsse. Da schrie er mich an: ›*Bin ich der Komponist oder du?*‹« Trotz der sich abzeichnenden Unlösbarkeit der Aufgabe war es Hitler nicht möglich, seine Bemühungen einzustellen – ein typisches Merkmal Schizophrener, wie wir es bereits unter Verweis auf Payne et al. (1959) beschrieben hatten. Er komponierte Tag und Nacht an seiner Oper. »Ich kannte diesen Zustand«, berichtet Kubizek, »da ihn ein selbstgestellter Auftrag völlig erfüllte und zu rastloser Tätigkeit zwang, schon seit langem an ihm. Wie etwas Dämonisches brach es über ihn herein.« Es ist müßig zu erwähnen, wie die Geschichte ausging – Kubizek drückt es vornehm aus: »*Wieland der Schmied*, Adolfs Oper, blieb ein Fragment« (S. 201ff).

Die Episode zeigt, daß Hitlers Identität inzwischen eins geworden war mit den Objekten seiner defensiven Selbsterhöhung. Er besaß damit die psychologischen Voraussetzungen für den unbedingten Durchsetzungswillen seiner Größenphantasien, der ihm zu seiner späteren Karriere verhalf. Auch die Führerrolle sollte Hitler nur dazu dienen, die innere Leere zu kompensieren – eine Tarnexistenz, die Sebastian Haffner von einem »Schwindler in der Maske eines Staatsmannes« sprechen ließ (1939/96, S. 20). Dennoch ist die Rede vom »Schwindler« irreführend. Hitler *war* seine Maske – und er war es bereits in seiner Wiener Zeit. Die Wutausbrüche, von denen Kubizek berichtet, hatten denselben paranoiden Hintergrund wie die späteren Tobsuchtsanfälle, die Hitler regelmäßig bekam, wenn Einblicke in seine dürftige Vorgeschichte drohten – etwa als er 1942 erfuhr, daß in seinem Heimatdorf eine Gedenktafel angebracht wurde (vgl. Köhler 1997, S. 22f). In allen diesen Fällen handelte es sich um das Reaktionsmuster einer verselbständigten Abwehr von Einblicken in das private Selbst. Die Tendenzen zum Verfolgungs- und Größenwahn greifen dabei ineinander. Denn wer anderen ein überzogenes Bild von sich gibt, muß deren kritische Nachfragen und Nachforschungen fürchten, und je grandioser er sich ihnen präsentiert, um so mehr muß er innerlich auf der Lauer liegen.

So verhielt es sich schon mit Hitlers Reaktionen auf Kubizek. Nachdem er diesem die Ablehnung an der Akademie verschwiegen hatte, lebte er in dem prekären Zustand permanenter Angst vor Enttarnung. Harmlos gemeinte Erkundigungen des Freundes nach seiner konkreten Karriereplanung trieben ihn in die Verzweiflung: »Sein Gemütszustand bereitete mir von Tag zu Tag mehr Sorge. Niemals früher hatte ich diese selbstquälerische Art an ihm entdeckt. Im Gegenteil! Was sein Selbstbewußtsein anging, besaß er meiner Erfahrung nach eher zuviel davon als zuwenig. Doch das schien jetzt ins Gegenteil umzuschlagen. Immer tiefer wühlte er sich in seine Selbstvorwürfe hinein. Doch bedurfte es nur einer einfachen Umschaltung [...], und die gegen sich selbst gerichtete Anklage wurde zu einer Anklage gegen die Zeit, gegen die ganze Welt. In sich überstürzenden Haßtiraden schleuderte er der Gegenwart seinen Zorn entgegen, allein und einsam, gegen die gesamte Menschheit, die ihn nicht verstand, die ihn nicht gelten ließ, von der er sich verfolgt und betrogen fühlte« (Kubizek 1953, S. 165). Die Haßtiraden gingen, wie Kershaw schreibt, »von einem übergroßen Ego aus, das verzweifelt akzeptiert zu werden wünschte und außerstande war, mit der persönlichen Bedeutungslosigkeit, den eigenen Fehlschlägen, dem Mittelmaß zurechtzukommen« (1998, S. 73). Da Kubizek der einzige Adressat dieses übergroßen Ego war, mußte er irgendwann selbst in die Schußlinie geraten: »Der geringste Anlaß konnte zu wütenden Zornesausbrüchen führen. Es gab Tage, an denen ich ihm nichts recht machen konnte und er mir jedes Zusammensein gründlich verleidete [...]. Mit aller Welt war er überworfen. Wohin er blickte, sah er nur Ungerechtigkeit, Haß, Feindschaft. Nichts hatte vor seinem kritischen Urteil Bestand, nichts ließ er gelten« (Kubizek 1953, S. 163).

Zum Einsturz der paranoid verteidigten Fassade kam es aus scheinbar nichtigem Anlaß: einem Streit über das Klavierspiel des Freundes. Einen normalen Menschen hätten die pianistischen Übungen schlimmstenfalls gestört – Hitler aber, den jeder Ton des erfolgreichen Musikstudenten peinlichst an das eigene Versagen erinnerte, fühlte sich davon regelrecht verfolgt. Eines Nachmittags fuhr er auf den übenden Kubizek los: »*Dieses ewige Geklimper [...]. Nie ist man davor sicher.*« Als Kubizek daraufhin einen Stundenplan an die Wand heftete, um dem Freund die Zeiten kundzutun, wann er vor seinem Üben »sicher sein« konnte, provozierte dies den Eklat mit Hitler: »So kam es nun angesichts des an die Kastenwand gehefteten Stundenplanes, der auf ihn wie ein amtlich beglaubigter Garantieschein auf meine Zukunft wirken mußte, zur Explosion. ›*Diese Akademie*‹, schrie er, ›*lauter alte, verkrampfte, verzopfte Staatsdiener, verständnislose Bürokraten, stupide Beamtenkreaturen! Die ganze Akademie gehört in die Luft gesprengt!*‹« (S. 166f). Mit der Heftigkeit dieser Reaktion hatte Hitler sich verraten. Auf die irritierte Nachfrage seines Freundes, warum er denn so auf die Akademien schimpfe, die er doch selbst besuche, sah er sich endlich zur Offenbarung seines Scheiterns genötigt.

Zwar blieb Hitler noch eine Zeitlang mit Kubizek zusammen, doch bald schon wurde es für ihn unerträglich, jemanden um sich zu haben, der seine Fassade – und sei es auch nur ausschnitthaft – durchschaute. Er mußte in die vollständige Isolation. Diese Konsequenz unterscheidet den Größen- und Verfolgungswahn des Schizophrenen von dem des Neurotikers. Während die verzerrte Wahrnehmung eines Menschen, der sich nach mehreren Erfahrungen des Scheiterns in der sprichwörtlichen Situation zu befinden wähnt, wo sich »alles gegen ihn verschworen hat«, noch in den Bereich wahnhafter Störungen fällt, interpretierte Hitler seine Niederlagen psychotisch: als das planmäßige Wirken heimtückischer Mächte. Kubizek schreibt: »Er sprach von den Fallstricken, die raffiniert ausgelegt worden seien – ich erinnere mich noch genau an diesen Satz! – nur zu dem einzigen Zwecke, um ihn an seinem Aufstiege zu hindern. Aber er werde diesen unfähigen, senilen Tröpfen noch beweisen, daß er ohne sie weiterkäme als mit ihnen« (Kubizek 1953, S. 182). Auch seinem Ein-Personen-Publikum gegenüber mußte er diesen Beweis nun antreten.

Zunächst machte er noch einen heimlichen Versuch, die Beschämung zu tilgen, die er durch die unfreiwillige Offenbarung der Akademie-Ablehnung erlitten hatte. Als der Freund zu seiner Familie nach Linz fuhr, unternahm Hitler in dessen Abwesenheit einen zweiten Anlauf zur Aufnahmeprüfung. Die Karten und Briefe, die er Kubizek schrieb, lassen darauf schließen, daß er tatsächlich mit ungewohnter Zielstrebigkeit arbeitete, ohne freilich seine Pläne zu verraten. Doch auch dieser letzte Versuch, seine Ambitionen an die Realität zurückzubinden, scheiterte. Die Ablehnung fiel sogar noch schroffer aus als zuvor – Hitler durfte nicht einmal zur Prüfung antreten. Die Demütigung war so unerträglich für ihn, daß er seinem Freund, dem er sich stets als der hoch Überlegene präsentiert hatte, nicht mehr unter die Augen treten mochte. Zwar hätte er mit dessen Zuneigung und Verständnis rechnen können, aber gerade das war für ihn angesichts der irreversiblen Festlegung auf sein grandioses öffentliches Selbst das Undenkbare.

Während Kubizek sich immer noch in Linz aufhielt, zog Hitler ohne Abschiedsgruß und ohne jeden Hinweis auf seinen künftigen Verbleib aus dem gemeinsam bewohnten Zimmer in der Stumpergasse aus und mietete sich am 19. 11. 1908 als Untermieter in der nahe gelegenen Felberstraße 22 ein. Im Meldeformular bezeichnete er sich nun als »Student« – was bemerkenswert ist zu einem Zeitpunkt, da er soeben alle Aussichten auf ein Studium endgültig begraben mußte. Die Berufsbezeichnung dürfte er aber auch deshalb angegeben haben, weil die Auszahlung der Waisenrente an einen Studiennachweis gebunden war, Hitler also schon aus finanziellen Erwägungen bemüht sein mußte, den falschen Schein so lange wie möglich aufrechtzuerhalten.

Kubizek, dem das ganze Ausmaß der seelischen Misere Hitlers verborgen geblieben war, hatte Mühe, den plötzlichen Abbruch der Freundschaft zu verarbeiten. Das letzte Lebenszeichen, das er bekommen hatte, war eine Postkarte zu seinem Namenstag am 28. August. Auch seine Nachfragen bei Hitlers Familie in Linz, wo dessen Halbschwester Angela für Tante Johanna und Paula den Haushalt führte, blieben erfolglos, da Hitler ihnen ebenfalls keine Auskünfte über sich gab. Erst rund anderthalb Jahrzehnte später sah Kubizek seinen Jugendfreund wieder: auf einem Titelbild der *Münchner Illustrierten* – und nahm mit Bedauern zur Kenntnis, daß der politische Starredner seinen Künstlertraum nicht hatte verwirklichen können. Einzelheiten über dessen unrühmliche Zwischenzeit blieben Kubizek aufgrund der Geheimhaltungsmaßnahmen Hitlers bis nach dem Krieg verborgen. Als er dann in Gesprächen mit dem Hitler-Biographen Franz Jetzinger über den sozialen Abstieg des Jugendfreundes nach ihrer gemeinsamen Zeit in Wien informiert wurde, konnte er sich die abrupte Trennung endlich erklären: »Jetzt begriff ich sein damaliges Verhalten. Er wollte keinen Freund mehr haben, weil er sich der eigenen Not schämte. Allein und einsam wollte er seinen Weg gehen und tragen, was ihm das Schicksal auferlegte. Es war der Weg in die Einsamkeit, in die Wüste, in das Nichts« (Kubizek 1953, S. 263f).

Daß Hitler eher bereit war, den einzigen Menschen, mit dem er Kontakt hatte, aufzugeben, als ihn über sein Scheitern ins Vertrauen zu ziehen, zeugt von der absoluten Dominanz des öffentlichen über das private Selbst. Die Abwehr der Scham war wichtiger als das Bedürfnis nach Nähe – falls von einem solchen überhaupt die Rede sein kann, denn eine »Freundschaft« war die Beziehung gewiß nur aus der Perspektive Kubizeks, für Hitler war sie ein Auditorium der Selbstinszenierung. Die Ursachen für die Distanznahme liegen also nicht nur in dem singulären Ereignis des verheimlichten Scheiterns, sondern in der Dynamik einer Entwicklung, die per se ihren übermäßigen Außenbezug durch Kontaktvermeidung erkaufen mußte. Jede Vertraulichkeit war eine potentielle Bedrohung für Hitlers durch und durch schambesetzte Identität. So mußte er schließlich jenen Weg in »die Wüste, in das Nichts« antreten.

Noch verfügte er über genug finanzielle Mittel, um sich ein akzeptables Ersatz-Domizil anmieten zu können und das Scheinstudentendasein weiterzuführen. Die Waisenrente von 25 Kronen hätte dafür nicht ausgereicht – offenbar waren also noch Restbeträge aus dem Erbe der Mutter und einem Darlehen der »Hanitante« vorhanden. Doch schon nach wenigen Monaten waren diese Reserven aufgebraucht. Im August 1909 mußte Hitler in eine schäbigere Wohnung umziehen; er nahm sich ein Zimmer in der Sechshauser Straße 58, wo er nun als Beruf »Schriftsteller« angab. Der Identitätswechsel könnte darauf hindeuten, daß Hitler inzwischen auf die Vortäuschung eines Studiums verzichtete, da Hitlers Vormund Josef Mayrhofer den Schwindel irgendwann durchschaut haben mußte, der die Bedingung für die Auszahlung der Waisenrente künstlich aufrechterhielt. Die Familie benötigte das Geld dringend für den Unterhalt der dreizehnjährigen Schwester Paula und bestand darauf, daß Adolf, der schließlich alt genug war, um sich Arbeit zu suchen, ihr seinen Erbanteil zukommen ließ. Noch wurden die Beträge überwiesen, aber Hitler war klar, daß er sich weiter einschränken mußte. Bis ihm die Hinterlassenschaft seines Vaters am 20. April 1913 zufiel, stand er vor der Alternative, sich eine Arbeit zu suchen – die bei seinen schulischen Voraussetzungen natürlich weit unter seiner Würde sein mußte – oder die Aufrechterhaltung seiner imaginären Genialität mit einem Leben in Armut zu bezahlen. Er wählte die zweite Option. Nach nur drei Wochen verließ er das Zimmer in der Sechshauser Straße. Der Meldezettel vom 16.9.1909 trägt den Vermerk »unbekannt verzogen« (Koblenz BA, NS 26/17a, Hamann 1996, S. 206), was darauf hindeutet, daß Hitler sich aus dem Staube machte, ohne die Miete zu entrichten. In den nächsten fünf Monaten führte er das Leben eines Stadtstreichers, ließ sich in Armenküchen verköstigen, verbrachte seine Tage in billigen Caféhäusern und übernachtete im Freien, solange es die Witterung erlaubte. Anfang November mußte er zum ersten

Mal ein Obdachlosenasyl aufsuchen. Es handelte sich um das Haus eines privaten Trägervereins im Bezirk Meidling.

Das Besondere an Hitlers Abstieg im Vergleich zu anderen, die dasselbe Schicksal erleiden, ist, daß hier ein Mensch unter die sozial Gescheiterten und Gestrandeten geriet, der diese Realität nicht als solche wahrnehmen konnte. Sein wahnhaft übersteigertes Selbstbild hinderte ihn daran, die erforderlichen Maßnahmen zu ergreifen, um sich aus der Notlage zu befreien. Er bot in jenen Jahren, wie Treher formuliert, »das ausgeprägte Bild des vertrottelten, zu selbständiger Lebensgestaltung unfähigen Geisteskranken« (1966/90, S. 247). Näheres erfahren wir aus dem Bericht von Reinhold Hanisch (1939), einem polizeibekannten Stadtstreicher, der Hitler im Obdachlosenasyl kennenlernte. Hanisch erinnert sich: »Ich habe niemals eine solche hilflose Ergebung in das Unglück erlebt.« Seine Versuche, Hitler zu einem Broterwerb zu bewegen, blieben erfolglos – angeblich, weil dieser zu kraftlos gewesen sei, doch die Vermutung, daß die Scheu vor körperlicher Betätigung eher aus Eigendünkel resultierte, dürfte den Tatsachen näherkommen. So wurden Gelegenheitsarbeiten als Koch ebenso rasch wieder aufgegeben wie Einsätze beim Graben- und Schneeschaufeln. Daß Hitler sich als Hilfsarbeiter »*am Bau*« verdingt habe, wie er später in *Mein Kampf* (1925/27, S. 42) und in seinen politischen Reden behauptete, ist nach den Recherchen Hamanns (1996, S. 206ff) reine Legende. Das einzig Authentische daran sind Hitlers unfreiwillige Hinweise auf einen verschrobenen Umweltbezug: »*Ich trank meine Flasche Milch und aß mein Stück Brot irgendwo seitwärts und studierte vorsichtig meine neue Umgebung*« (1925/27, S. 42). Die schizophrenietypische Absonderung von den anderen verhinderte die Integration in ein berufliches Umfeld. Nur in der Anonymität des Einzelgängertums konnte Hitler seinen Broterwerb suchen – so etwa als Kofferträger am Westbahnhof, wobei er aber laut Hanisch wegen seines verwahrlosten Äußeren kaum Kunden fand.

Um seinen Sonderstatus gegenüber den anderen Obdachlosen herauszustreichen, erwähnte Hitler bei jeder Gelegenheit, er habe die Kunstakademie besucht. Dies veranlaßte Hanisch zu einer Geschäftsidee, die das verkannte Genie schon eher mit seiner Struktur vereinbaren konnte: Hitler sollte Ansichtskarten abmalen, und da er sich geschämt hätte, sie selbst feilbieten zu müssen, wollte Hanisch die kleinen Kunstwerke in Gasthäusern verkaufen. Den Erlös würden beide sich teilen. Aufgrund dieser Aussicht auf eine fortgesetzte Selbstinszenierung als Künstler ließ sich Hitler nach einigem Drängen des Kumpans dazu herab, einen Bittbrief an die »Hanitante« zu schreiben (Hamann 1996, S. 227). Er bekam 50 Kronen, von denen nun die notwendige Malerausstattung finanziert wurde. Mit den Verkaufserlösen der Bilder konnten sich die beiden Geschäftspartner bald ein etwas besseres Domizil leisten: Nach fünf Monaten Obdachlosigkeit zog Hitler zusammen mit Hanisch in das Männerheim in der Meldemannstraße. Bei der Registrierung gab er als Beruf »Kunstmaler« an, bezeichnete sich aber gegenüber den übrigen Heimbewohnern in einem weiteren Vernebelungsakt defensiver Selbsterhöhung als »Architekturmaler«. Auch seinem Äußeren suchte er die provokantmanierierten Züge des messianischen Genies zu geben: In einen überlangen Mantel gehüllt, mit schmierigem Filzhut auf dem Kopf, der von wirren Haarsträhnen und einem zotteligen Kinnbart eingerahmt wurde, trat er wie ein »Wüstenwanderer« auf.

Doch die intendierte Wirkung blieb unzulänglich; Hitlers merkwürdiges Erscheinungsbild veranlaßte die Mitbewohner zu spöttischen Bemerkungen und trug ihm – in Anspielung auf den legendären Burenführer – den Spitznamen »Ohm Paul Krüger« ein (Hanisch 1939). Die seltsame Gestalt war auch für ihre Umgebung nicht mehr von dieser Welt. Auch und gerade im sozialen Elend mußte Hitler die Sonderrolle spielen. Und sie wurde ihm trotz aller Skepsis gewährt. Sein Stammplatz im Gemeinschaftsraum wurde freigehalten, wo er seinen Malarbeiten nachkam – immer wieder unterbrochen durch endlose Tiraden über dieselben Themen, mit denen er schon Kubizek in den Ohren gelegen hatte: ein krauses Gemisch aus Politik, Karl May, Gottfried Semper und Richard Wagner. Seine Zuhörer schüttelten darüber meist nur die Köpfe. Als er einmal über Schopenhauer dilettierte, mußte er die Peinlichkeit erleben, von einem anderen Wohnheiminsassen, den man »Professor« nannte, ob seiner mangelnden Kenntnisse zurechtgewiesen zu werden (Hamann 1996, S. 238). Um so vehementer wurden seine Ausbrüche, die nach Hanischs Schilderung von den anderen aber auch nur als »eine Art von Unterhaltung« aufgenommen wurden. Belustigt nahm man ihn, wie er nun einmal war: als Sonderling, der sich in seiner abenteuerlichen Verkleidung für etwas Besseres hielt (Hamann 1996, S. 243).

Das Geschäft mit Hanisch lief eine Weile gut. Hitler malte seine Bilder nach Postkarten und anderen Vorlagen, und Hanisch verkaufte sie an Wirtshausgäste, Rahmenhändler und Polsterer, die billige Illustrationen zur Dekoration ihrer Produkte brauchten. Daß die künstlerische Qualität eher dürftig war – so vermochte Hitler zwar leidlich Gebäude zu kopieren, versagte aber völlig bei Menschen, die auf seinen Bildern stets leblos wirken –, konnte er sich nicht eingestehen. Deshalb kam es denn auch bald zum Konflikt mit Hanisch: Hitler war bei einem Parlamentsbild, das er für besonders gelungen hielt, der Meinung, daß sein Geschäftspartner dafür wesentlich mehr als sonst, nämlich 50 Kronen, kassiert haben müsse. Hanisch aber beteuerte, nur zwölf Kronen bekommen zu haben, was vermutlich der Wahrheit entsprach. Wiederum befand sich Hitler im Zustand eines in den Verfolgungswahn umschlagenden Größenwahns: Zweifel an der Vorstellung über den eigenen Wert waren nicht möglich, also mußte er betrogen worden sein. Nach einem heftigen Streit mit Hanisch zog dieser aus dem Männerheim aus. Dort verbreitete Hitler weiterhin seine Betrugsgeschichte – mit dem Erfolg, daß einer seiner Mitbewohner, Siegfried Löffner, Hanisch an die Polizei auslieferte, als er ihn zufällig im Geschäft eines Rahmenhändlers traf. Bei der Vernehmung kam heraus, daß Hanisch sich an seinem neuen Wohnort, dem Männerheim Wurlitzergasse, unter falschem Namen gemeldet hatte. Als Motiv nannte er Furcht vor Hitlers Jähzorn. Hitler gab auf Nachfrage zu Protokoll, daß sein ehemaliger Geschäftspartner den falschen Namen schon ihm gegenüber gebraucht habe, und sorgte mit dieser Verknüpfung des vermeintlichen mit dem tatsächlichen Betrug für eine siebentägige Inhaftierung des Feindes.

Doch er fühlte sich weiter verfolgt. Wie aus den Erinnerungen eines anderen Mitbewohners, des Brünner Anonymus (1935; vgl. Hamann 1996, S. 248f), hervorgeht, glaubte Hitler, er werde durch einen Freund Hanischs, den Maler Karl Leidenroth, fortwährend observiert. So glaubte er zu bemerken, daß der Kollege immer wieder scheinbar zufällig, in Wahrheit aber absichtlich an seiner Staffelei vorbeistrich, um »auf seine Arbeit einen Blick zu werfen, wobei man in seinem Gesicht einen boshaften Ausdruck beobachten konnte«. Hitler war überzeugt, »daß K[arl Leidenroth] sicher nur sein Verderben wolle, und zwar aus Konkurrenzneid«. Die paranoide Phantasie ging so weit, daß Hitler »seine Arbeit bedeckte oder sie umdrehte«, sobald er die bohrenden Blicke des anderen in seinem Rücken spürte. Möglicherweise hat er gerade durch diese Abwehrmaßnahmen Leidenroth provoziert, der ahnte, daß der anmaßende Kollege, der sich vor den Mitbewohnern rühmte, auf die Kunstakademie gegangen zu sein, tatsächlich etwas zu verbergen hatte. Denn Leidenroth war, was Hitler nur prätendierte: ein akademischer Maler. So kam es zwei Jahre nach der Anzeige gegen Hanisch zur Revanche der beiden Freunde. Hitler erhielt eine polizeiliche Vorladung wegen Führung eines falschen Titels. Die Schmach einer öffentlichen Bloßstellung wendete er mit einer bemerkenswerten Begründung ab: Er könne nicht zur Vorladung ins Kommissariat kommen, weil seine Schuhe mangelhaft seien. Daraufhin gab man sich mit einer Ermahnung beim Heimleiter zufrieden.

Daß Hitler in dieser Phase bereits stark von antisemitischem Gedankengut beeinflußt war, ist hinlänglich bekannt und ausführlich dokumentiert. Unter Hinweis auf den »Alldeutschen« Georg Ritter von Schönerer und den Wiener Bürgermeister Karl Lueger, dessen Christlich-soziale Partei den radikalen Antisemitismus schürte, schreibt Kershaw: »Hitler bewunderte beide Männer sehr. Erneut wäre es seltsam, wenn ausgerechnet er sie zwar bewundert hätte, aber von einem so wesentlichen, ständig wiederkehrenden Element ihrer Botschaft unberührt geblieben wäre. Bestimmt hatte er von Lueger gelernt, welchen Nutzen die Politik aus der Popularisierung des Judenhasses ziehen kann.« Doch sein Interesse galt weniger den politischen Inhalten als der Befriedigung von Sensationsgier: »Die ausdrücklich antisemitische Zeitung, die Hitler gelesen und als einzige gelobt hat, das *Deutsche Volksblatt*, mit einer damaligen Tagesauflage von 55 000 Exemplaren, beschrieb die Juden als Verursacher von Verfall und Korruption und brachte sie wiederholt mit Sexskandalen, Perversion und der Prostitution in Verbindung« (1998, S. 102f).

In dieser Form boten die antisemitischen Klischees zweifellos schon in der Wiener Zeit willkommenen Stoff für Hitlers aggressionsgeladene Monologe. Um so bemerkenswerter ist es, daß sie in keinerlei Verbindung mit negativen persönlichen Erlebnissen stehen. Im Gegenteil: Hitler war Begünstigter der Juden, nicht ihr Opfer. Die Finanzierung des Männerheims wurde zu großen Teilen von jüdischen Familien übernommen, und auch sonst waren es Juden, die Hitlers Leben in dieser Zeit erträglich machten: Als Betreiber der Suppenküchen, als Auftraggeber und Abnehmer seiner Bilder, ja auch als seine verläßlichsten Kumpane. Unter diesen befanden sich die Mitbewohner Josef Neumann und Siegfried Löffner, die Hitler beim Vertrieb seiner Postkartenbilder halfen, sowie die Rahmenhändler Jakob Altenberg und Samuel Morgenstern (Hamann 1996, S. 496–503). Besonders mit Neumann schloß sich Hitler eng zusammen, als die Beziehung zu Hanisch in die Brüche ging. Unter anderem spendierte er ihm eine einwöchige gemeinsame Vergnügungstour; das Geld für diesen Kurzurlaub vom Männerheim hatte er abermals bei seiner »Hanitante« erbettelt.

Daß Hitler gleichwohl einen radikalen Antisemitismus vertrat, ist nur mit seiner schizophrenen Struktur begreiflich zu machen. Während ein Mensch mit einem intakten privaten Selbst nicht umhin könnte, seine persönlichen Erfahrungen mit seinen öffentlich vertretenen Ansichten in Übereinstimmung zu bringen – oder doch zumindest an ihrem Widerspruch zu laborieren –, empfand Hitler offenbar nichts Anstößiges dabei, Josef Neumann »durchaus freundschaftlich« die ökonomischen Vorteile einer Enteignung und Ausbürgerung der Juden aus Österreich darzulegen (Hamann 1996, S. 240). »Dann machte Neumann immer einen Scherz: es würde trotzdem ein Unglück für Österreich sein, denn wenn die Juden das Rote Meer überquerten, würden alle Caféhäuser der Leopoldstadt verlassen sein« (Hanisch 1939).

Wenn Hitlers Antisemitismus überhaupt auf negative Erlebnisse mit Juden zurückzuführen ist, so ausschließlich indirekt: weil man sein verschroben antisemitisches Weltbild mit humorvoller Gelassenheit aufnahm. Denn zweifellos bedeutete es eine schwere narzißtische Kränkung für einen geltungssüchtigen Menschen wie ihn, nicht ernst genommen zu werden. So konnte der harmloseste Spott seinen größten Haß provozieren, da er ihn an seiner verletzlichsten Stelle traf: der Beschämung seines öffentlichen Selbst. Und solche Szenen gab es in der scherzenden Männerheimrunde offenbar reichlich. Hanisch berichtet zum Beispiel, wie Hitler einmal ein Jackett von Neumann geschenkt bekam, ein kaftanähnliches Gewand mit langen Rockschößen, das die Mitbewohner zu einem Streich veranlaßte: Sie banden die langen Rockenden an die Bank, und wohl wissend, wie leicht Hitler in Rage zu bringen war, begann daraufhin einer mit ihm zu politisieren. »Nun pflegten ihm alle zu widersprechen, was er nicht ausstehen konnte. Er sprang auf seine Füße und schleppte die Bank mit großem Rumpeln hinter sich her. [...] Wenn er sich aufregte, konnte sich Hitler nicht zurückhalten. Er schrie und gestikulierte wild mit den Händen« (Hanisch 1939).

An dem Schabernack, der mit Hitler getrieben wurde, waren Juden nur zufällig beteiligt, und mit den Eigenschaften, die in der antisemitischen Hetzpropaganda als typisch jüdisch qualifiziert wurden, hatte er rein gar nichts zu tun. Dennoch wird es in den späteren Reden Hitlers zu einem merkwürdig obsessiv wiederholten Leitmotiv, den Juden damit zu drohen, daß ihnen »*das Lachen überall vergehen*« werde (Domarus 1962/63, S. 1663). Die angesichts ihres fehlenden Realitätsbezugs unmotiviert erscheinende Drohgebärde, auf die wir noch ausführlich zu sprechen kommen werden, hat ihre Wurzeln nicht in den ideologischen Einflüssen der Wiener Zeit, sondern in den narzißtischen Kränkungen des öffentlichen Selbst, von denen Hitler sich seit seiner Schulzeit durch den Spott der anderen bedroht sah. Beides wurde später lediglich amalgamiert, um den Mechanismus der Schamabwehr vor der Öffentlichkeit rationalisieren zu können. So ist die Grundlage für »Hitlers paranoiden Antisemitismus« (Kershaw 1998, S. 101) in persönlichen Erfahrungen zu suchen, die nur deshalb eine Verbindung mit der rassistischen Propaganda eingingen, weil diese etwas zu verbergen half, was mit ihr nichts zu tun hatte. Jede rein funktionalistische Erklärung von Hitlers Judenhaß, die ihn allein aus den weltanschaulichen Strömungen der Zeit herzuleiten versucht, muß daher unzulänglich bleiben. Das Umgekehrte gilt freilich von einer ausschließlich persönlichkeitszentrierten Forschung. Vergeblich haben die Psychohistoriker nach konkreten Anlässen für Hitlers Vorstellung gefahndet, er werde von Juden verfolgt – und vermutete sie in Negativerlebnissen mit dem jüdischen Hausarzt, weil der die Mutter qualvoll habe sterben lassen, oder einem jüdischen Mitschüler, dessen Betragen Antipathien geweckt habe. Diese Annahmen sind haltlos. Hitler zeigte sich Dr. Bloch gegenüber stets äußerst dankbar für dessen Bemühungen um seine Mutter, und Wittgenstein wurde von ihm, wie erwähnt, bestenfalls imitiert, falls es überhaupt einen Kontakt zwischen beiden gab. Ebensowenig boten die jüdischen Männerheimbekanntschaften konkrete Angriffspunkte. An den Spötteleien waren sie allenfalls marginal beteiligt. Hitler hatte gerade ihnen gegenüber den geringsten Anlaß für Rachegefühle. Er profitierte von ihnen und erlebte im persönlichen Umgang Eigenschaften, die dem öffentlichen Zerrbild diametral widersprachen. Gerade das Wohlwollen der Juden aber könnte bei seiner psychotischen Struktur dazu beigetragen haben, daß er die antisemitische Ideologie später so ungeheuer mordlüstern radikalisierte. Denn für ein wahnhaft übersteigertes Größenselbst gibt es nichts Schlimmeres als die Beschämung, nicht ernst genommen zu werden – sei es auch nur in der Form von Hilfsangeboten, da diese als ein Angriff auf die kompensatorische Maskierung der eigenen Bedürftigkeit empfunden werden. Selbst gutgemeinte vertrauliche Gesten können dann wütende Abwehrreaktionen hervorrufen, wie wir es an der Episode mit dem ehemaligen Linzer Klassenkameraden gesehen haben. Verstärkend mochte in der Wiener Zeit hinzukommen, daß Hitler aufgrund ideologischer Beeinflussung die Juden als sozial Diskreditierte ansah, so daß er, der seinen imaginären Status in unvergleichliche Höhen getrieben hatte, ihre Zuwendungen und Almosen erst recht als massive Demütigung seines öffentlichen Selbst empfunden haben könnte.

Nach der freundlichen Ermahnung durch den Heimleiter, sich nicht weiterhin den falschen Titel eines akademischen Malers anzumaßen, sah er sich abermals – wie zur Zeit der Trennung von Kubizek – genötigt, den Schauplatz seiner Blamage zu verlassen. Er mußte erneut in die Anonymität. In Wien war das kaum noch möglich, da er das soziale Milieu, vor dem er sich in Pose bringen konnte, als Publikumsressource praktisch ausgeschöpft hatte. Das Erbe des Vaters, dessen Auszahlung er nun entgegensah, würde ihn nicht lange über seinen bisherigen Lebenskreis herausheben können, zumal Tante Johanna, die ihm öfters ausgeholfen hatte, inzwischen gestorben war und Hitler überdies auf Betreiben Angelas gerichtlich zu Protokoll geben mußte,»er könne sich selbst erhalten und sei mit der Verwendung der vollen Waisenpension für seine Schwester einverstanden« (Jetzinger 1956, S. 226). Doch immerhin würde das Geld reichen, um einen weiteren Ortswechsel ins Auge zu fassen. Hitler wollte nach Deutschland. Dieses Ziel paßte zu seinen wagnerisch-politischen Größenphantasien und bot zugleich die Chance, sich der drohenden Einberufung zum österreichischen Militärdienst zu entziehen. So überredete er einen Mitbewohner, den vier Jahre jüngeren Drogerielehrling Rudolf Häusler, der sich von seinen teutonischen Visionen beeindruckt zeigte, mit ihm nach München zu gehen. Den übrigen Heimbewohnern erzählte er, daß er dort auf die Kunstakademie gehen würde (Honisch, NSDAP-Hauptarchiv, Spule 17, Akte 1).

Freilich machte er auch zur Realisierung dieses prätendierten Vorhabens nicht die geringsten Anstalten. Die knapp 820 Kronen, die ihm am 16.5.1903 ausgezahlt wurden, verbrauchte er in München für den gewohnten Lebensstil. Gemeinsam mit Häusler bezog er ein Zimmer zur Untermiete in der Schleißheimerstraße 34. Auf dem Meldezettel ließ er sich als»Architekturmaler« eintragen, dann aber – wohl im Eingedenken der peinlichen Anzeige wegen Titelanmaßung – hinzufügen:»Schriftsteller lt. Paß« (Koblenz BA, NS 26/17a; Faksimile in Joachimsthaler 1989, S. 17). Die Stadt hätte für beide Berufsambitionen ausreichende Perspektiven geboten. Sie war ebenso wie Wien zu jener Zeit ein Zentrum der ästhetischen Avantgarden. Doch hier wie dort vermied Hitler den Anschluß an die Kreise, denen er zuzugehören vorgab. Er nahm die räumliche Nähe zur künstlerischen Elite lediglich als Kulisse für eine defensive Selbsterhöhung. So soll er unter anderem das *Café Größenwahn* frequentiert haben, in dem die Schwabinger Bohème sich traf (S. 77). Doch auch hier mußte er sich absondern – zum einen, um den drohenden Verlust seiner Einzigartigkeit abzuwehren, zum anderen, weil er sich mangels künstlerischer Begabung schon bei dem Versuch blamiert hätte, den neuen Strömungen nachzueifern. So malte er stur in naturalistischer Manier Postkarten ab und verkaufte sie in Bierkellern, später auch in Münchner Geschäften. Freilich stand es im eklatanten Widerspruch zu seinem Selbstbild als Großbaumeister Deutschlands, wenn er berühmte Sehenswürdigkeiten – das Sendlinger Tor, die Residenz, das Hofbräuhaus – nachpinseln mußte, um sich über Wasser zu halten. Joachim Fest vermutet zu Recht: »Je deutlicher sich, tief in ihm, das Bewußtsein seines unzureichenden künstlerischen Vermögens, seines Versagens überhaupt, verfestigte, desto dringender muß er das Bedürfnis empfunden haben, Gründe für die eigene Überlegenheit zu entdecken« (1973, S. 92).

Worauf aber sollte dieses Gefühl der Überlegenheit jetzt noch bauen? Wie in der Zeit mit Kubizek, richtete sich Hitler nun an Häusler als Ein-Personen-Publikum, das er mit seinen Tiraden um den Nachtschlaf brachte. Und Häusler hielt das immerhin sieben Monate lang aus, bis er in eine Nebenwohnung zog. Hitler aber blieb für seine Größenphantasien nur der Umzug in eine Wahnwelt, die dem schizophrenen Muster des übermäßigen Außenbezugs bei gleichzeitiger Kontaktvermeidung gehorchte. Dieses Symptom klingt – bei aller erkennbaren Absicht zur nachträglichen Retusche – noch in der Schilderung durch, die Hitler selbst später über seine Münchner Jahre gab: »*Mit herzlicher Freude bin ich nach München; drei Jahre wollte ich noch lernen; mit 28 Jahren dachte ich als Zeichner zu Heilmann & Littmann zu gehen; bei der ersten Konkurrenz würde ich mich beteiligt haben, und da, sagte ich mir, würden die Leute sehen, der Kerl kann etwas. Ich hatte mich bei allen damaligen Konkurrenzen privat beteiligt, und als die Entwürfe zum Bau der Oper in Berlin publiziert wurden, hat mir das Herz geklopft, wenn ich mir sagen mußte, viel schlechter als das, was du selbst geplant hast!*« (29.10.1941; Jochmann 1980, S. 115). Die »private« Beteiligung an Konkurrenzen erlaubte es, das Bewußtsein der eigenen Größe zu bewahren, ohne den Beweis dafür erbringen zu müssen.

Es ist höchst unwahrscheinlich, daß Hitler dieser gespaltenen Existenzform hätte entrinnen können, wenn ihm nicht der biographische Zufall des nahenden Krieges zu Hilfe gekommen wäre. Nur in einer Situation, in der die Maßstäbe des zivilen Lebens außer Kraft gesetzt sind, konnte das Phantasma der eigenen Erwähltheit aufrechterhalten werden, ohne daß es zu einem Konflikt mit den realen Daseinsbedingungen kommen mußte. Daß sich seiner Sonderlingsrolle hiermit eine große Chance bot, war ihm freilich nicht auf Anhieb bewußt. Vielmehr lag es in der Adynamie seiner schizophrenen Struktur, sich vor dem Militärdienst zu drücken.

Die österreichischen Behörden, denen er sich durch den Umzug nach München zunächst entzogen hatte, kamen ihm nun auf die Spur. Er wurde vor die Musterungskommission geladen, dies aber so kurzfristig, daß er schriftlich um eine Fristverlängerung ersuchen mußte. Das Schreiben, das wir im folgenden wiedergeben, ist von einer Unterwürfigkeit geprägt, die auf Anhieb verwundern mag, da sie mit einem grandiosen Selbstbild eigentlich nicht vereinbar scheint. Doch bei genauerem Hinsehen handelt es sich um dieselbe Tendenz zum Größenwahn, der lediglich unter dem Druck der Erklärung eines Mißerfolgs in einen Superlativ mit umgekehrten Vorzeichen gewendet wird. Wenn Hitler sich schon klein machen mußte, dann wollte er der Geringste unter den Geringen sein, um für seine übergroße Bescheidenheit bewundert zu werden:

»Ich werde in der Vorladung als Kunstmaler bezeichnet. Führe ich auch diesen Titel zu Recht, so ist er aber dennoch nur bedingt richtig. Wohl verdiene ich mir meinen Unterhalt als selbständiger Kunstmaler jedoch nur, um mir, da ich gänzlich vermögenslos bin, (mein Vater war Staatsbeamter) meine weitere Fortbildung zu ermöglichen. Nur einen Bruchteil meiner Zeit kann ich zum Broterwerb verwenden, da ich mich als Architektur Maler noch immer erst ausbilde. So ist den auch mein Einkommen nur ein sehr bescheidenes, gerade so groß daß ich eben mein Auskommen finde.

Ich lege als Zeugniß dessen meinen Steuerausweis bei und bitte gleich hier ihn mir wieder gütig zusenden zu wollen. Mein Einkommen ist hier mit 1200 M angenommen, eher zu viel als zu wenig, und es ist dies nicht so zu verstehn, daß da nun genau auf den Monat 100 M fallen. O nein. Das Monats-Einkommen ist sehr schwankend, jetzt aber sicher sehr schlecht, da ja der Kunsthandel um diese Zeit in München etwa seinen Winterschlaf hält... [...] Was meine Unterlassungssünde im Herbst 1909 anlangt, so war dies eine für mich unendlich bittere Zeit. Ich war ein junger unerfahrener Mensch, ohne jede Geldhilfe und auch zu stolz eine solche auch nur von irgend jemand anzunehmen geschweige den zu erbitten. Ohne jede Unterstützung nur auf mich selbst gestellt, langten die wenigen Kronen oft auch nur Heller aus dem Erlös meiner Arbeiten kaum für meine Schlafstelle. Zwei Jahre lang hatte ich keine andere Freundin als Sorge und Not, keinen anderen Begleiter als ewigen unstillbaren Hunger. Ich habe das schöne Wort Jugend nie kennengelernt. Heute noch nach 5 Jahren sind die Andenken in Form von Frostbeulen an Fingern, Händen und Füßen. Und doch kann ich nicht ohne gewisse Freude mich dieser Zeit erinnern, jetzt da ich doch über das Ärgste empor bin. Trotz größter Not, inmitten einer oft mehr als zweifelhaften Umgebung, habe ich meinen Namen stets anständig erhalten, bin ganz unbescholten vor dem Gesetz und rein vor meinem Gewissen« (Jetzinger 1956, S. 262f).

Auch in der Selbsterniedrigung also strickte Hitler an der eigenen Legende, kulminierend in einem durchaus statusorientierten Bekenntnis zur Reinhaltung des eigenen Namens. Und das Schreiben, in das sich Hitlers stilistische und orthographische Schwächen zweckmäßig einfügten, zeigte Wirkung: Der Entzug vom Militärdienst wurde nicht weiter geahndet.

Als er im Februar 1914 schließlich vor der Musterungskommission in Salzburg erschien, lautete der Befund: »Zum Waffen- und Hilfsdienst untauglich, zu schwach. Waffenunfähig« (Jetzinger 1956, S. 265). Das mochte ihn subjektiv erleichtert haben, da er den Militärdienst für die Habsburgermonarchie – auch aus politischen, vor allem aber wohl aus Gründen der Bequemlichkeit – entschieden ablehnte. Objektiv jedoch war Hitler damit erneut in sein aussichtsloses Dasein zurückgeworfen. Er begab sich wieder nach München und verdingte sich weiter als Postkartenkopist. Nur das eigene Ende oder das der bestehenden Weltordnung konnten diesen Bruch zwischen Anspruch und Realität noch kitten – eine Alternative, vor der Hitler bis zum Ende seines Lebens immer wieder stehen sollte. Tatsächlich hatte er in Situationen des drohenden Scheiterns den Suizid wiederholt als klare Option vor Augen – Fest spricht von einem »desperate[n] Selbstmördertrieb, der ihn sein ganzes Leben lang begleitete« (1973, S. 998). Doch vorerst wurde er vor dieser Konsequenz seines gespaltenen Lebensentwurfs bewahrt; der Kriegsausbruch gab seinem verstiegenen Sonderlingsdasein eine ungeahnte Perspektive.

Soldat im Ersten Weltkrieg
Zuflucht eines Sonderlings

Es kann kein Zweifel bestehen, daß die Katastrophe des Ersten Weltkriegs für Hitler einer enormen psychischen Entlastung gleichkam.
Rückblickend sollte er die Kriegsjahre »*die unvergeßlichste und größte
Zeit meines Lebens*« (Hitler 1925/27, S. 179) nennen. Auch wenn er die
Erleichterung in *Mein Kampf* patriotisch verbrämt, klingt das persönliche Motiv doch hindurch: »*Mir selber kamen die damaligen Stunden wie eine Erlösung aus den ärgerlichen Empfindungen der Jugend
vor. Ich schäme mich auch heute nicht, es zu sagen, daß ich, überwältigt
von stürmischer Begeisterung, in die Knie gesunken war und dem Himmel aus übervollem Herzen dankte, daß er mir das Glück geschenkt, in
dieser Zeit leben zu dürfen*« (S. 177).

Kriegshelden bewähren sich weniger durch zivile Attribute wie
Herkommen, Schulerfolg und Berufskarriere als vielmehr durch die
Bereitschaft, das eigene Leben für ein hehres Ideal aufs Spiel zu setzen. Ein Desperado wie Hitler, der nichts zu verlieren hatte, war in
dieser Ausnahmesituation am richtigen Platz. Das begriff er recht
bald. Seiner Selbstdarstellung zufolge, die in vielen Biographien übernommen wird, richtete er ein Gesuch an König Ludwig III., trotz seiner österreichischen Staatsbürgerschaft als Freiwilliger in ein Regiment aufgenommen zu werden. In Wirklichkeit dürfte sich die
Aufnahme Hitlers in die deutsche Armee profaner zugetragen haben
(vgl. Joachimsthaler 1989, S. 102ff): Demnach ging er – wie zahllose
Kriegsbegeisterte in diesen Tagen – einfach zur nächsten Meldestelle,
wurde zunächst als unbrauchbar weggeschickt, dann aber, im allgemeinen Trubel, ohne aufwendige Prüfung der Papiere am 16. 8. 1914
vom 2. Ersatzbataillon, Rekruten-Depot VI des 2. Infanterie Regi-
ments eingekleidet und zwei Wochen später in das neugebildete
Reserve Infanterie Regiment Nr. 16 versetzt, das unter dem Kom-
mando von Oberst List stand – »ein sehr bunt zusammengewürfel-

ter Haufen« aus zum Militärdienst wenig prädestinierten Personen
(S. 114).

Gleichwohl ging es sofort an den gefährlichsten Frontabschnitt. In
der Schlacht an der Marne wurden bis zum 1. 11. 1914 von den
ursprünglich über 3000 Soldaten aus Hitlers Regiment rund 70 Prozent getötet oder verwundet. Danach erstarrte die Front und ein grau-
samer Stellungskrieg begann. Hitler, der sich bald wegen seiner
Todesverachtung hervortat, wurde am 3. 11. zum Gefreiten befördert
und erhielt den gefährlichen Posten eines Meldegängers (Ordonnanz), der Nachrichten zwischen Befehlsstand und Front zu über-
bringen hatte. Dies bedeutete, daß man auf der etwa 3 km langen
Distanz dem Artilleriefeuer praktisch schutzlos ausgeliefert war.
Während viele sich angesichts der hohen Verluste vor der Aufgabe
drückten, übernahm sie Hitler gern. Er war, wie sein damaliger Vor-
gesetzter Max Amann berichtet, »immer dienstbereit. [...] Wenn ich
da, auch nachts um 3 Uhr, hineinkam, lagen ständig ein paar Ordon-
nanzen bereit, und ich rief: ›Ordonnanz‹, hat sich keiner gerührt, nur
Hitler ist aufgesprungen. Wenn ich sagte: ›Immer Sie‹, hat er dann
gesagt: ›*Lassen Sie nur die anderen schlafen, mir macht es nichts aus*‹«
(Einvernahme in Nürnberg am 5. 11. 1947; Joachimsthaler S. 127).
Einmal begab er sich sogar freiwillig in den Kugelhagel, um seinen
Kommandeur mit dem eigenen Körper zu schützen.

All das machte ihm nichts aus, weil er nichts zu verlieren hatte. Er
war nicht von dieser Welt und erwarb mit seiner Todesverachtung im
Verlauf des Krieges diverse Auszeichnungen: unter anderem das EK II,
das Militär-Verdienstkreuz III. Klasse, ein Regiments-Diplom wegen
hervorragender Tapferkeit vor dem Feinde und schließlich auch das
EK I für einen besonders gefährlichen Meldegang.

Warum Hitler gleichwohl nicht zum Unteroffizier befördert wurde,
mag vor diesem Hintergrund erstaunlich scheinen, hängt jedoch
unmittelbar mit der defensiven Art der schizophrenen Selbsterhöhung zusammen. Trotz des symptomlindernden Umfelds fielen die
Verschrobenheiten des sonderlichen Meldegängers doch ins Auge. Er
ließ sich von den Kameraden siezen und zog sich in einen speziellen
Unterstand zurück, wo er aus der Abseitsposition über Deutschlands
Größe bramarbasierte. Seine Orden, die ersten und vorerst einzigen

Bestätigungen für ein herausragendes öffentliches Selbst, verstärkten diese Exzentrizitäten weiter. Jede Gemeinschaft mit den Schicksalsgefährten wurde sorglich gemieden. Er bat sogar seine Münchner Bekannten, ihm keine Pakete oder Briefe zu schicken (Joachimsthaler 1989, S. 133) – offenbar, um den Nimbus des Einzelkämpfers zu unterstreichen. Und als es Weihnachten 1914 für einige Stunden zu spontanen Verbrüderungsszenen seiner Kameraden mit den in Sichtweite postierten Engländern kam, verurteilte Hitler diese Vertraulichkeit mit dem Feind aufs schärfste (Bericht Lugauer, HIMC, File 47, Reel 2; Joachimsthaler 1989, S. 134). Auf allen Fotos dieser Zeit sieht man ihn stets am Rand positioniert, mit leerem, glasigem Blick. Die Schilderungen seiner Kameraden bestätigen die Vermutung des Eigenbrötlertums. Balthasar Brandmayer, der ihn im Mai 1915 kennenlernte, erinnert sich:»Adolf Hitler saß in einer Ecke und hatte sich in eine Zeitung vertieft; währenddessen schlürfte er von Zeit zu Zeit aus seinem Feldkessel den heißen Tee. Ab und zu warf er einen Einwurf in die fröhliche Unterhaltung, mit dem wir meist nichts anzufangen wußten. [...] ich wollte mit ihm kameradschaftlich teilen, was er jedoch gebieterisch ausschlug. Es war etwas Eigentümliches mit Hitler. [...] freilich habe ich sein Gehabe nie verstanden« (1932, S. 49 u. 60ff). Ähnlich berichtet Max Amann:»Er hat niemanden gehabt; er war bescheiden und anspruchslos. Ein bißchen eigenartig war er aber schon« (5. 11. 1947; Joachimsthaler S. 156). Der ambivalente Eindruck gebieterischer Bescheidenheit paßt in das Bild der schizophrenen Sondernorm, die von Hitler mit durchaus gezielten Manierismen unterstrichen wurde. So legte er sich einen von den Engländern entlaufenen Terrier zu, den er »Foxl« nannte und zur Abgrenzung von den anderen benutzte, was er noch im Rückblick genießt: »*Niemand durfte mich anrühren, da ist er rabiat geworden*« (22./23. 12. 1942; Jochmann 1980, S. 220).

All das konnte ihn nicht vor dem Spott der Kameraden bewahren, der hier ebenso wie schon im Männerheim über ihn erging. Abermals hatte man seinen wunden Punkt schnell herausgefunden. Brandmayer:»Oft wurde ihm aus Trotz widersprochen, bloß damit Hitler in Erregung geriet« (1932, S. 60). Gerade die Humorlosigkeit seines exaltierten Patriotismus reizte die anderen zu Scherzen.»›Wie wär's, wenn ma uns heut um a Mamsell umschau'n taten?‹ sagte einer der Telefonisten, als eben ein ähnliches Thema angeschnitten wurde. ›*I tät mi z'Tod schäma bei einer Französin a Liab z'sucha*‹, fiel Hitler erregt in dessen Rede. Die Wirkung war vorerst ein homerisches Gelächter. ›Jetzt schau den Klosterbruda o!‹ rief ein anderer. Hitlers Gesicht war ernst geworden. ›*Habt ihr überhaupt koa deutsch Ehrg'fühl mehr in Euch?*‹« (S. 103). Zweifellos wurde die unbedingte Einsatzbereitschaft, mit der Hitler für seine Ideale eintrat, von den Kameraden auch bewundert, doch wegen der verschrobenen Art, mit der diese Motivation gekoppelt war, mischte sich in die Bewunderung eine gehörige Portion Befremden. Man hielt ihn vorwiegend für einen Spinner.

Auch den Vorgesetzten war er nicht geheuer. So hatte man große Bedenken, ihn zum Unteroffizier zu befördern, obwohl dies bei seinem Diensteifer eigentlich fällig gewesen wäre. Der damalige Regimentsadjutant Wiedemann erinnert sich, daß Hitler »ein tapferer, anständiger und absolut zuverlässiger Soldat war. Er war Gefreiter und Meldegänger für besonders kritische Lagen. Trotzdem haben wir bei Hitler nicht die Eigenschaften entdecken können, die uns veranlaßt hätten, ihn zu befördern« (Spruchkammerakt 1948; Joachimsthaler 1989, S. 160). Auch später wiederholt Wiedemann seine Einschätzung, daß die Vorgesetzten »keine entsprechenden Führereigenschaften an ihm [Hitler] entdecken konnten« (Wiedemann 1964, S. 26).

Was im historischen Rückblick wie ein Treppenwitz klingt, war nicht etwa einer Fehlwahrnehmung geschuldet. Hitler war zeitlebens zur Menschenführung im eigentlichen Sinne des Wortes unfähig. Daß er gleichwohl zum »Führer« avancierte, beruhte – so paradox es klingt – auf genau denselben Merkmalen, die ihn damals seinen militärischen Vorgesetzten als ungeeignet für eine solche Position erscheinen ließen. Die psychotischen Symptome der Verschrobenheit, Maniertheit und vor allem Kontaktunfähigkeit, die Hitler zunächst von seinen Mitmenschen isolierten, konnten später gleichwohl Massen faszinieren, sobald man ihm die unverhoffte Chance gab, diese Symptome ›vor großen Auditoren auszuagieren. Was im Nahkontakt als befremdliches Sonderlingsdasein wahrgenommen wurde, erhielt in der Distanz den Nimbus geheimnisvoller Größe. Wir kommen auf diesen Wendepunkt in Hitlers Lebensgeschichte noch ausführlich zu sprechen. Vorerst gilt es, die Persönlichkeitsstruktur Hitlers noch näher zu betrachten, die ihn erst in gewandeltem Kontext dann zum Führer aufsteigen ließ.

Was ihren pathologischen Hintergrund hervortreten läßt, ist die Tatsache, daß Hitler selbst es war, der die Beförderung zum Unteroffizier ausschlug. Denn trotz aller Bedenken hatte man ihm gleichwohl diesen Dienstrang angetragen. Max Amann sagte in Nürnberg aus: »Unser Unteroffizier für die Meldegänger war verwundet und ich sagte: Wir nehmen den nächsten, den Gefreiten Hitler, der ist schon längere Zeit als Gefreiter überfällig und deshalb schlug ich ihn bei Wiedemann vor und fragte gleichzeitig, ob ich ihn in den Regimentsbefehl einsetzen darf. Ich habe ihn dann kommen lassen und sagte: ›Ich gratuliere Ihnen, Sie sind ab heute Unteroffizier.‹ Er sah mich ganz entsetzt an und sagte: ›*Ich bitte, davon abzusehen, ich habe ohne Tressen mehr Autorität als mit Tressen.*‹ Ich fragte ihn, was das für eine komische Antwort sei und ob er als Österreicher den deutschen Unteroffizier ablehnt. Das hat er verneint. Er war immer devot, immer ergeben. Jeder andere wäre stolz gewesen.« (5. 11. 1947; Joachimsthaler 1989, S. 160)

Die »komische Antwort«, die unter der Voraussetzung normalen Erfolgsstrebens völlig irrational erscheint, macht im psychotischen Kontext durchaus Sinn. Hitler verzichtete nicht aus mangelndem, sondern aus übergroßem Stolz. Sein Geltungsstreben ging weit über jeden Dienstrang hinaus, den man ihm innerhalb der militärischen Hierarchie hätte anbieten können. Vor dem Hintergrund seiner Wahnvorstellung, zum Erretter Deutschlands berufen zu sein, nahm sich die Beförderung beschämend geringfügig aus. So zog er es vor, weiterhin seine Einzigartigkeit durch den manierierten Verzicht auf »Tressen« unter Beweis zu stellen. In der Tat sollte der Führermythos später nicht unerheblich durch die Legende vom »einfachen Gefreiten« profitieren. Wie stets in seinem Leben, wollte Hitler lieber der erste im Dorfe sein als sich irgendwo mit einer Zweitplazierung abzugeben.

Das Sonderlingsdasein, das Menschen normalerweise unangenehm ist, weil es sie mit sozialer Ausgrenzung bedroht, erlebte Hitler als durchaus passende Bestätigung seines exzeptionellen öffentlichen

Selbst. Der Spott der Kameraden hat ihm gewiß zugesetzt, und er dürfte sich – wie stets – dabei gedacht haben, daß er ›es ihnen schon noch zeigen‹ würde. Mehr als durch Beförderungen konnte er seine Einzigartigkeit durch den waghalsigen Einsatz des eigenen Lebens unter Beweis stellen. So wurde ihm sein Regiment – nach dem Bericht Wiedemanns – zur »Heimat« (1964, S. 29), und zwar nicht obwohl, sondern gerade weil er darin ein abgegrenztes Dasein genoß. Denn dieses bestätigte nur die schizophrene Sondernorm. Die Anhänglichkeit an seine lebensgefährliche Umgebung war so groß, daß er nach zwei Verwundungen 1916 seinen Vorgesetzten anbettelte, wieder aufgenommen zu werden. »*Es ist nicht so schlimm, Herr Oberleutnant, gelt, ich bleibe bei euch, bleibe beim Regiment!*« (S. 29).

Entsprechend mußte Hitler eine Beendigung des Kriegs, die andere mehr und mehr herbeisehnten, als Bedrohung seiner Existenz ansehen. Hatten sich seine paranoiden Tendenzen bislang eher diffus geäußert und ihn – nach einer Serie von erlittenen Beschämungen – dazu gebracht, daß er mit »aller Welt«, wie Kubizek schrieb, »überworfen« war (S. 163), so führte die Freund-Feind-Polarisierung des Krieges zu einer Konkretisierung der Wahninhalte. Der tiefgründige Haß gegenüber einer Umwelt, die seine Mission nicht anerkennen wollte, richtete sich dabei weniger auf die Kriegsgegner als auf die noch erbitterter bekämpften Gegner des Krieges. Hitler erlebte die wachsende Kritik an dem grausamen Gemetzel als eine persönliche Beleidigung, da sie ihm die bisher glücklichste Zeit seines Lebens zu beenden drohte. Während der Verletzungspause 1916/17 in Beelitz begann er nicht etwa, wie inzwischen die Mehrheit der Deutschen, die Aussichtslosigkeit weiterer militärischer Aktionen einzusehen, sondern entwickelte nur verstärkte Wut auf diejenigen, die ihm diese Tatsache vor Augen führen wollten. Mit wahnhafter Konsequenz hielt er an der irrealen Perspektive fest: »*Für uns kann der Weltkrieg nicht verloren sein*« (Brandmayer 1932, S. 51). Bis zum Ende glaubte er an den Sieg und verachtete alle, die das sinnlose Töten kritisierten, als »Schwätzer«, »Ungeziefer«, »meineidige Verbrecher«. Daß er, wie Fest bemerkt, »mit geradezu hysterischem Verlangen« am Sieg festhielt, zeigt, daß er auch für die eigenen Möglichkeiten blind war: »Weder eine Ahnung noch Berechnung sagten ihm, daß er für seinen Aufstieg aus der Namenlosigkeit viel eher der Niederlage bedurfte« (Fest 1973, S. 106f).

Kurz vor Kriegsende erlitt Hitler bei einem Gasangriff eine Augenverletzung und war nun tatsächlich für einige Zeit erblindet. Die organische Ursache schien auf der Hand zu liegen. Doch der behandelnde Arzt Dr. Edmund Forster, Psychiater am Militärkrankenhaus Pasewalk und später Direktor der Nervenklinik Greifswald, kam zu einer anderen Diagnose:»Psychopath mit hysterischen Symptomen« (Post 1998, S. 1127). Der Quellenstudie von Edward Post zufolge – die sich auf ein 1973 freigegebenes Dokument der United States Naval Intelligence stützt – kommt angesichts der von Forster erhobenen Befunde auch in Betracht:»Nicht näher spezifizierte Psychose« (1998, S. 1130). Daß Post diese Diagnose nicht als Schizophrenie spezifiziert, hängt mit den von ihm zugrunde gelegten traditionellen Kriterien zusammen. Vor dem Hintergrund unseres Modells hingegen läßt sich die Erblindung als Symptom werten, das auf eine Überdeterminierung des öffentlichen Selbst unter Ausblendung aller privaten Selbstanteile hindeutet. Hitler mußte buchstäblich die Augen verschließen vor der Lage, in der er sich befand: Der Krieg hatte ihn aus der Misere seines zivilen Lebens befreit und in eine Ausnahmesituation versetzt, in der er seinen Wahnphantasien weitgehend ungehindert nachhängen konnte. Trotz der unzweifelhaft bevorstehenden Niederlage verweigerte er auch jetzt die Anerkennung der Realität: Er wollte weder an die Niederlage, noch an die sich längst abzeichnende Revolution glauben. Diese kam für ihn »*eines Tages plötzlich und unvermittelt*«, als er am 10. November 1919 durch einen Pfarrer über das Ende der Monarchie informiert wurde. Es fällt nicht schwer, zwischen den Zeilen der entsprechenden Passage aus *Mein Kampf* herauszulesen, wie Hitler hier eine narzißtische Kränkung seines öffentlichen Selbst zu verarbeiten suchte:

»– da hielt ich es nicht mehr. Mir wurde es unmöglich, noch länger zu bleiben. Während es mir um die Augen wieder schwarz war, tastete und taumelte ich zum Schlafsaal zurück, warf mich auf mein Lager und grub den brennenden Kopf in Decke und Kissen.

Seit dem Tage, da ich am Grabe der Mutter gestanden, hatte ich nicht mehr geweint. […] Nun aber konnte ich nicht mehr anders. […]

Es war alles umsonst gewesen. [...] Geschah dies alles dafür, daß nun ein Haufen elender Verbrecher die Hand an das Vaterland zu legen vermochte? [...] Je mehr ich in dieser Stunde über das ungeheure Ereignis klar zu werden versuchte, um so mehr brannte mir die Scham der Empörung und der Schande in der Stirn. Was war der ganze Schmerz der Augen gegen diesen Jammer?

Was folgte, waren entsetzliche Tage und noch bösere Nächte – ich wußte, daß alles verloren war. [...] In diesen Nächten wuchs mir der Haß gegen die Urheber dieser Tat.

In den Tagen darauf wurde mir auch mein Schicksal bewußt. Ich mußte nun lachen bei dem Gedanken an meine eigene Zukunft, die mir vor kurzer Zeit noch so bittere Sorgen bereitet hatte. [...] Mit dem Juden gibt es kein Paktieren, sondern nur das harte Entweder-Oder.

Ich aber beschloß, Politiker zu werden« (Hitler 1925/27, S. 221 u. 223–225).

Die in dieser Passage hergestellte Assoziationskette ist logisch abstrus, psychologisch aber konsequent. Das Räsonieren über den Verlust der bisherigen Lebensperspektive hatte Hitlers Erinnerung an den Tod der Mutter geweckt, der ihn in einer vergleichbaren Situation zusammenbrechen ließ: der Ablehnung an der Akademie; er reagierte wie damals mit einer Überkompensation der erlittenen Demütigung, entwickelte Empörung und Haß gegen die vermeintlich Schuldigen an seiner Niederlage und empfand schließlich Erleichterung bei der Phantasie, ihnen überlegen zu sein. Waren es damals »*verzopfte Staatsdiener, verständnislose Bürokraten, stupide Beamtenkreaturen*«, die er am liebsten »*in die Luft gesprengt*« hätte (Kubizek 1953, S. 167), so wählte er nun die Juden als Objekt der aggressiven Schamabwehr. Auch ihnen wollte er noch beweisen, daß man seine Größe nicht ungestraft in Frage stellte. Die Wahl des Haßobjekts ist nur dadurch zu erklären, daß Hitler sich ausschließlich mit seinem öffentlichen Selbst identifizierte. Wie in der Männerheimzeit, gab es auch jetzt nicht die geringste Veranlassung durch eine negative persönliche Erfahrung. Im Gegenteil: Das EK I, das er am 4. 8. 1918, also kurz vor seiner Gasvergiftung verliehen bekommen hatte, verdankte er dem Betreiben eines jüdischen Leutnants (Joachimsthaler 1989, S. 173). Gerade das aber brachte ihn später dazu, sich um so heftiger von diesem Leutnant zu distanzieren: »*Wir hatten einen Juden im Regiment, Gutmann, einen Feigling sondergleichen. Er hat das EK I getragen. Es war empörend und eine Schande*« (10./11. 11. 1941; Jochmann 1980, S. 132).

Auf eine nachträgliche Schamabwehr deutet auch der in *Mein Kampf* prätendierte Entschluß hin, Politiker zu werden. Ganz offensichtlich war Hitler bemüht, das Erlebnis von Pasewalk rückwirkend zur Urszene seiner späteren Erfolgskarriere als Parteiredner zu stilisieren. Gerade weil sich aber nachweisen läßt, daß eine solche Berufszielbestimmung keinesfalls zu dieser Zeit schon vorgelegen haben kann (vgl. insbesondere Joachimsthaler 1989), verdient die Frage Beachtung, was die Intensität dieses Erlebnisses ausgemacht hat. In der frühesten überlieferten Schilderung, die Hitler 1921 oder 1922 Karl Wiegand mitteilte, heißt es: »*Und als ich dort lag, überkam es mich, daß ich das deutsche Volk befreien und Deutschland groß machen würde.*« Rudolph Binion (1976), der diese und zahlreiche anderen Quellen zusammengetragen hat (S. 19–32 u. 178ff, hier S. 178), hält es für erwiesen, daß es sich dabei um eine regelrechte Halluzination handelte (vgl. kritisch dazu Kershaw 1998, S. 144f). Wir lassen diese Spekulationen dahingestellt sein, zumal die neueren Diagnosemanuale Halluzinationen nicht mehr als notwendiges Kriterium einer schizophrenen Psychose ausweisen (Weltgesundheitsorganisation 1994, S. 104f). Entscheidend ist, daß die Vision erwiesenermaßen in keinem Zusammenhang mit einer konkreten Lebensplanung stand. Allein das verleiht ihr die irreale Qualität einer Wahnvorstellung. So können wir festhalten, daß Hitlers Erblindung mit einem psychotischen Schub einherging, in dem sich Elemente von Verfolgungs- und Größenwahn verbanden – veranlaßt durch den für ihn typischen Reaktionsmechanismus einer Überkompensation von Beschämungen seines öffentlichen Selbst.

Aufstieg als Redner
Ein Wahn findet seine Bestätigung

Mit dem Kriegsende war Hitler vom Verlust seiner geistigen »Heimat« bedroht. Um jeden Preis wollte er beim Militär bleiben. Seinem späteren Mentor, dem Hauptmann Karl Mayr, vermittelte er in jener Phase den Eindruck von »einem müden streunenden Hund, der nach einem Herrn suchte«. In den Nachkriegswirren konnte jeder zu einem solchen Herrn für ihn werden, und Mayr ist im Rückblick überzeugt: »In dieser Zeit war Hitler bereit, von irgend jemandem einen Posten anzunehmen, der ihm freundlich gesinnt war. [...] er hätte für einen jüdischen oder französischen Auftraggeber genau so gern gearbeitet, wie für einen Arier« (1941, S. 193). Da mit der Revolution tatsächlich der kurz vorher noch zum Feindbild erwählte »*Haufen elender Verbrecher*« die Oberhand gewann, wechselte Hitler im Bemühen um eine fortgesetzte Anstellung kurzerhand die ideologische Position und diente sich den neuen Obrigkeiten an. Zunächst, im Februar 1919, ließ er sich zum Vertrauensmann seines Demobilmachungs-Bataillons ernennen, was mit der Aufgabe verbunden war, Propaganda für die neue Regierung der Mehrheitssozialisten zu betreiben. Ernst Toller zitiert in seinem Erinnerungsbuch einen Zeitzeugen aus der Münchner Kaserne: »Damals hätte Hitler erklärt, er sei Sozialdemokrat. Der Mann sei ihm aufgefallen, weil er ›so gebildet und geschwollen‹ dahergeredet hätte, wie einer, der viel Bücher liest und sie nicht verdaut« (1933, S. 208). Am 16. April 1919, zwei Tage nach der Proklamation der kommunistischen Räterepublik, ließ sich Hitler gar zum Ersatz-Bataillonsrat wählen – ein Posten, der ausdrücklich zu dem Zweck geschaffen wurde, in der Truppe für »Loyalität zur Roten Armee« zu sorgen (Joachimsthaler 1989, S. 188f, 213f). Der Ehrgeiz, unabhängig von der politischen Tendenz ein Sonderamt anzustreben, macht deutlich, daß sein Verhalten rein persönlich motiviert war. Die Angst, aus der Armee entlassen zu werden und abermals dem zivilen Leben ausgesetzt zu sein, wo sich ihm keine Chance zur Selbstprofilierung bot, ließ alle weltanschaulichen Diskrepanzen in den Hintergrund treten.

Als sich das politische Blatt wenige Wochen später wendete, war Hitler ebenso rasch bereit, die einstigen Loyalitäten zu verraten. Nach kurzer Verhaftung konnte er seinen Verbleib in der Armee dadurch sichern, daß er sich in einer am 9.5.1919 gegründeten Untersuchungskommission zur Aufdeckung von Kollaboration mit der niedergeschlagenen Räteregierung unentbehrlich machte. Dank seiner psychotischen Gefühlskälte vermochte er nun bedenkenlos die ehemaligen Genossen zu denunzieren (Joachimsthaler 1989, S. 221). Als im Zuge der Umwandlung der Münchner Regimenter das Gruppenkommando Nr. 4 mit einer eigenen Nachrichtenabteilung gegründet wurde, die – bei dezidiert rechtsgerichteter Tendenz – der Aufgabe nachkommen sollte, antibolschewistische Propaganda zu betreiben, war Hitler wiederum unter den Übereifrigen, die sich für diese Aufgabe empfahlen. Er wurde von Hauptmann Karl Mayr, bei dem er sich durch seine Spitzeldienste beliebt gemacht hatte, zu einer politischen Schulung an der Universität München vorgeschlagen.

In den mit der Schulung verbundenen Rednerkursen war es ihm zum ersten Mal vergönnt, seine Tiraden vor einem Publikum auszubreiten, das durch höhere Anordnung zum Zuhören verpflichtet war. Immer noch gab es hier und da spöttische Bemerkungen, doch diesmal hinter vorgehaltener Hand, während ansonsten die ungeheure Energie imponierte, mit der Hitler die offiziell verordneten Propagandaziele vorbrachte. Simple Formeln wie die von Gottfried Feder übernommene Gegenüberstellung von »schaffendem« und »raffendem« Kapital, das den wahren Kapitalismus vom jüdischen unterscheiden sollte, vermochte Hitler mit solchem Fanatismus zu unterlegen, daß seine Umgebung verblüfft zuhörte. Der Münchner Historiker Karl Alexander von Müller, bei dem auch Hitlers Mentor Mayr studiert hatte, berichtet, daß er nach einer seiner Vorlesungen eine im Hörsaal verbliebene Gruppe bemerkte, die »den leidenschaftlichen, gutturalen Worten eines Mannes lauschte«. Mayr erklärte ihm, das sei »der Hitler vom List-Regiment« (Müller 1954, S. 338f).

Fortan genoß dieser die besondere Aufmerksamkeit seines Vorgesetzten. Mayr ordnete ihn einer Gruppe von 26 Propaganda-Ausbildern zu, die einen fünftägigen Kurs im Reichswehr-Lager Lechfeld bei Augsburg absolvieren sollten, um die politische Zuverlässigkeit unter den dortigen Soldaten zu erhöhen, die ihrer Entlassung entgegensahen. Neben Rudolf Beyschlag, dem Kommandeur der Einheit, war Hitler bei dieser Aufgabe der Hauptakteur. Er veranstaltete Diskussionsrunden über Beyschlags Vorträge und sprach selbst über Schlagwort-Themen aus den Bereichen von Wirtschaft und Gesellschaft. Dabei ging er völlig in seinem Engagement auf. Die entsprechende Passage in *Mein Kampf* läßt durchklingen, wie sehr er es genoß, für seine früher nur bespöttelten Tiraden nun ein institutionell verpflichtetes Publikum zu haben: »*Ich begann mit aller Lust und Liebe. Bot sich mir doch jetzt mit einem Male die Gelegenheit, vor einer größeren Zuhörerschaft zu sprechen; und was ich früher immer, ohne es zu wissen, aus dem reinen Gefühl heraus einfach angenommen hatte, traf nun ein: ich konnte ›reden‹*« (Hitler 1925/27, S. 235).

Schlagartig erkannte Hitler seine Chance, die Größenvorstellungen unter das Volk zu bringen, die im *Rienzi*-Erlebnis und in der Vision von Pasewalk über ihn hereingebrochen waren. Der wahnhafte Glaube an die eigene Mission, den er bislang nur im verborgenen – an den Mini-Öffentlichkeiten von Zimmernachbarn, Männerheim- und Kameradengrüppchen – präsentieren konnte, durfte sich nun ganz offiziell, als Erfüllung einer Dienstpflicht, vor großem Auditorium entfalten. Bald schon überflügelte er Beyschlag als Starredner des Lagers. Ein Krankenträger berichtet: »Besonders Herr Hitler ist, ich darf wohl sagen, ein geborener Volksredner, der durch seinen Fanatismus und sein populäres Auftreten in einer Versammlung die Zuhörer unbedingt zur Aufmerksamkeit und zum Mitdenken zwingt« (Lorenz Frank, Bayerisches Hauptstaatsarchiv, Abt. IV, RW GrKdo 4, Nr. 309).

Daß der Wahn andere zum »Mitdenken« zu zwingen schien, verdankte Hitler einer biographischen Koinzidenz: Alles, was ihn aus individuellen Motiven bewegte – die Qual der persönlich erlittenen Beschämungen und das kompensatorische Bedürfnis nach Größe –, traf nun auf ein kollektives Pendant, das sich durch den »Schandvertrag von Versailles« in seinem Nationalstolz gedemütigt fühlte und nach Weltgeltung hungerte. Gerade weil die Racheaffekte Hitlers sich *nicht* primär aus ideologischen Quellen nährten, konnte er sie mit größerer Überzeugungskraft vortragen als jeder Parteistratege. Erst jetzt, und nur aus unverändert persönlichen Gründen, begann sich Hitler für eine politische Karriere zu interessieren. Sein Judenhaß erhielt erst vor diesem Hintergrund sein spezifisches Gepräge extremer Brutalität. Er schrie einen Vernichtungswillen heraus, den auch die übelsten Demagogen bisher nicht zu äußern wagten. Hätte Hitler über die Reaktionsmöglichkeit der Aggressivität, die bei Schizophrenen eher selten ist, nicht verfügt, wäre ihm das vollständige Abgleiten in den Wahn wohl kaum erspart geblieben. Der antisemitisch verbrämte Haß aber hielt Hitler in der Welt. Denn er fand in dieser Maskierung ein Publikum, das ihm fasziniert zuhörte und somit für eine Bestätigung der Wahninhalte sorgte. Um als Redner aus dem Heer der namenlosen Rechtspopulisten derart erfolgreich aufzusteigen, mußte er nur den paranoiden Bodensatz der von ihnen geschürten Vorurteile durch die Ungeheuerlichkeiten eines echten Verfolgungswahns überbieten.

Der völlig neue Ton, dessen Aggressivität alle bisherige Propaganda weit in den Schatten stellte, sorgte allerdings auch für Beunruhigung unter den Ausbildern. Bei aller ideologischen Sympathie spürte man, daß sich hier etwas Unkontrollierbares ereignete. So sah sich der Kommandeur des Lagers Lechfeld, Oberleutnant Bent, zu der Anordnung genötigt, Hitler möge seine antisemitischen Äußerungen nicht so »unverblümt« vorbringen, sondern »in etwas verschleierter Form« (Bericht vom 25. 8. 1919 an das Gr. Kdo. 4; Joachimsthaler 1989, S. 247). Für den Rechtsradikalen Mayr war er gerade dadurch zum ausgewiesenen Experten in antisemitischer Agitation geworden. So ließ er ihn etwa die briefliche Anfrage eines ehemaligen Teilnehmers an den Rednerkursen, Adolf Gemlich, wie man sich gegenüber den Juden äußern solle, gleich selbst beantworten. Hitler löst die Aufgabe erwartungsgemäß unverblümt: »*letztes Ziel aber muß unverrückbar die Entfernung der Juden überhaupt sein*« (R.W. Gr. Kdo. 4, Band 314, BHStA, Abt. IV; Joachimsthaler 1989, S. 247f).

Die entscheidende Fördermaßnahme aber, die zum eigentlichen Wendepunkt in Hitlers Lebensgeschichte wurde, war Mayrs Auftrag, am 12. 9. 1919 als »V-Mann« eine Versammlung der Deutschen Arbeiter Partei (DAP) zu besuchen. Auf der von rund 80 Menschen besuchten Veranstaltung im »Sternecker«, einem Münchner Bierlokal, sprach zunächst Gottfried Feder, danach ein Gastredner, Professor Baumann, der eine demokratisch gemäßigte Position vertrat. Als dieser den Vorschlag machte, Tirol solle sich an Bayern anschließen, aber nicht an Deutschland, erhob sich Hitler und fertigte ihn in derart rüder Manier ab, daß Baumann verstört den Saal verließ (Bericht Anton Drexlers für das NSDAP-Hauptarchiv v. 23. 1. 1939; vgl. Hitler 1925/27, S. 238). Dem Parteivorsitzenden Drexler imponierte die Schärfe der Verbalattacke. Er warb sogleich um Hitlers Mitgliedschaft und prahlte mit dem Neuzugang: »Jetzt haben wir einen Österreicher, der hat eine solche Goschen« (Michael Lotter am 19. 10. 1935, NSDAP-Hauptarchiv, HIMC, File 78, Reel 3; Joachimsthaler 1989, S. 251f).

Seine erste offizielle Parteirede hielt Hitler am 16. 10. 1919 vor 111 Personen im »Hofbräuhauskeller«. Vor ihm sprach ein Professor, so daß Karl Harrer, der mit Drexler die DAP führte, skeptisch war, ob Hitler der Aufgabe gewachsen sei. Das konnte diesen nur zusätzlich motivieren. Aus seiner Sicht nahm sich die Widerlegung des Skeptikers, mit dem er seine entscheidende Bewährungsprobe bestand, so aus: »*Die Sache kam anders. Mir waren in dieser ersten als öffentlich anzusprechenden Versammlung zwanzig Minuten Redezeit zugebilligt worden. Ich sprach dreißig Minuten, und was ich früher, ohne es irgendwie zu wissen, einfach innerlich gefühlt hatte, wurde nun durch die Wirklichkeit bewiesen: ich konnte reden! Nach dreißig Minuten waren die Menschen in dem kleinen Raum elektrisiert*« (1925/27, S. 390f). Das Selbstzitat, mit dem Hitler die Schilderung seines ersten rhetorischen Erfolgserlebnisses im Lager Lechfeld fast wörtlich reproduziert (s.o.), unterstreicht in seiner Stereotypie nur die Bedeutung dieses Erlebnisses für ihn; er konnte es gar nicht oft genug wiederholen.

In der Tat war die Wirkung schon der ersten öffentlichen Reden Hitlers ungeheuer – eben weil Hitler, wie er selbst bekennt, nur weiterhin dem nachgab, was er »*früher, ohne es irgendwie zu wissen, einfach innerlich gefühlt hatte*«. Seine Wahnvorstellungen, Angstvisionen und Rachegelüste, die bisher nur auf ein dürftiges, meist spöttisches

Publikum stießen, konnten sich nun vor einer begierig lauschenden Menge austoben. Menschen, die Hitler vorher als verschlossenen Eigenbrötler kannten, waren völlig verblüfft über das, was da plötzlich aus ihm herausbrach. »Ich habe Hitler nicht mehr gekannt«, berichtet Max Amann, der im Krieg dessen Verzicht auf die Beförderung zum Unteroffizier noch als Bescheidenheit mißverstanden hatte. Nun sah er in dem kleinen Gefreiten von einst »ein unbekanntes Feuer« auflodern: »Der Mann schrie, er führte sich auf, ich habe nie so etwas gesehen! Aber alle sagten: ›Der Mann meint es ehrlich.‹ Ihm ist das Wasser heruntergelaufen, er war ganz naß, es ist ganz unglaublich« (5. 11. 1947; Joachimsthaler 1989, S. 253). Der Eindruck, daß Hitler es »ehrlich« meinte – eine Einschätzung, die immer wieder, auch von seinen Gegnern, wiederholt werden sollte –, ist insofern stimmig, als der tobende Redner völlig in seiner Rolle aufging. Er war »mit sich«, das heißt mit seinem öffentlichen Selbst, identisch.

Von seiner bisherigen Perspektivlosigkeit befreit, stürzte sich Hitler in die Parteiarbeit. Da er noch bis Ende März 1920 im Lohn der Reichswehr stand, ohne sonderlich in Anspruch genommen zu werden, konnte er die übrigen Parteimitglieder, die tagsüber ihren Berufen nachzugehen hatten, mit seinem Engagement rasch überflügeln. Als Harrer bemerkte, daß Hitler für die kleine DAP eine regelrechte Bürokratie aufbauen wollte, erklärte er ihn für »größenwahnsinnig« (Hitler 1931). Doch der Größenwahnsinnige, der die Äußerung im späteren Rückblick mit Genugtuung aufgriff, wußte besser als alle Realisten, daß ihn die Realität bestätigen würde.

Der weitere Verlauf von Hitlers Wahnkarriere ist bekannt: In kürzester Zeit machten ihn seine exaltierten Auftritte für die Partei, die ihren Namen am 1. 2. 1920 in NSDAP änderte, zur bejubelten Sensation. Im Durchschnitt hielt er fast wöchentlich eine Rede, manchmal mehrere an einem Tag, und mit jeder vergrößerte sich sein Auditorium. Am 24. 2. 1920 verkündete er im Hofbräuhaus vor 2000 Zuhörern das Parteiprogramm, am 3. 2. 1921 zog er schon 6000 Menschen in den Circus Krone. Und als es einige Monate später in der Partei zu Unstimmigkeiten über den künftigen Kurs kam, war seine Attraktivität bei den Massen so groß geworden, daß er im Führungsstreit nur mit seinem Rücktritt drohen mußte, um angebettelt zu werden, das Amt des Vorsitzenden zu übernehmen. Der Prozeß der Amalgamierung seiner irrealen Wahnvorstellungen mit einer realen Spitzenposition war durch diesen Parteiputsch endgültig vollzogen. Daß er gelang, verdankt sich ebenfalls der psychotischen Struktur Hitlers, wie der Verlauf der Ereignisse zeigt:

Aus der Sicht einer rationalen Parteistrategie mußte es sinnvoll erscheinen, die zersplitterten rechtspopulistischen Kräfte zu bündeln. Eben dies war der Plan von Otto Dickel, der seine »Werkgemeinschaft« mit der DSP und NSDAP in einer Konföderation zusammenführen wollte. Obwohl die Fusion eine Vergrößerung des politischen Einflusses der Rechten bedeutet hätte, widersetzte sich Hitler Dickels Plänen mit Vehemenz. Dieses eigentlich irrationale Verhalten wird nur aus seiner pathologischen Symptomatik heraus verständlich: In der kleinen NSDAP konnte er mittlerweile eine unangefochtene Spitzenposition als Starredner einnehmen, während er in einem größeren Verband von der Aussicht bedroht war, diesen Sonderstatus zu verlieren. So kam es zu jenem Wutanfall, in dem er mit seinem Rücktritt drohte. Auch Kershaw konstatiert trotz seines Bemühens um eine politische Erklärung für Hitlers Aufstieg, daß es sich dabei um ein aller politischen Vernunft widersprechendes Grundmuster handelte: »Durchweg ging er von einer Maximalposition aus, ohne einen Ausweg im Auge zu behalten, geradewegs in den Abgrund« (1998, S. 211). Das Bemerkenswerte am Phänomen Hitler ist, daß er sich gerade mit diesem mehr psychopathologisch als politisch motivierten Verhalten in der gegebenen historischen Situation durchsetzen konnte: Man schickte eine Delegation zu dem Starredner der kleinen Partei mit der bangen Frage, unter welchen Bedingungen er zur Rückkehr bereit wäre. Hitlers Schlüsselforderungen waren genau diejenigen, die seinem persönlich motivierten Bestreben nach der Sonderrolle entsprachen: »*der Posten des 1. Vorsitzenden mit diktatorischer Machtbefugnis*«, die »*unverrückbare*« Stationierung der Parteizentrale in München, die Unveränderbarkeit des Parteiprogramms und – das Ende aller Fusionsbestrebungen (Jäckel/Kuhn 1980, S. 438).

Die Forderungen wurden am 29. 7. 1921 erfüllt. Hitler, der sich seit seinem *Rienzi*-Erlebnis als Trommler für eine größenwahnsinnige

Mission gesehen hatte, brachte sich in die Position des Führers, gerade *weil* er nichts anderes vor Augen hatte als die Funktion des Trommlers. Noch kurz zuvor hatte er den Parteivorsitz, den man ihm schon einmal angeboten hatte, ausdrücklich abgelehnt. Denn er wußte, daß die Organisation und inhaltliche Verantwortung für die Partei nicht seinen Kompetenzen entsprach. Die programmatisch-politische Arbeit sollte er auch künftig stets anderen überlassen. Seine einzige Stärke war die Propaganda. Nur um sich die öffentliche Akklamation seiner Einzigartigkeit zu sichern, wurde der Trommler im Verlauf der zwanziger Jahre zum Führer (vgl. Kershaw 1998, S. 215ff).

An jeder Station von Hitlers weiterem Aufstieg läßt sich zeigen, daß das Streben nach der Sondernorm und nicht eine realistische Situationseinschätzung sein Verhalten bestimmte – was ihm dennoch meist ungeahnte Erfolge bescherte. So auch nach dem gescheiterten Putschversuch vom 9. November 1923. Die beschämende Niederlage war für ihn nicht etwa Anlaß, sich vor den Richtern demütig zu zeigen und sich als bloßen Mitläufer hinter der Galionsfigur Ludendorffs zu verstecken, um Strafmilderung zu erreichen. Vielmehr brachte er sich während des Prozesses im Sinne der Anklageschrift als »Seele des ganzen Unternehmens« (Deuerlein 1974, S. 203f) in Pose. Auch in der Position des Angeklagten wollte er die Hauptrolle spielen. Genau dies verschaffte ihm einen grandiosen Propagandaerfolg für die eigene Person. »Doch ein kolossaler Kerl, dieser Hitler!« raunte der Richter nach seiner ersten Rede, und auf den Vorwurf, daß es doch peinlich sei, ihn stundenlang reden zu lassen, soll er nur erwidert haben, es sei unmöglich, diesen Wortschwall zu unterbrechen (S. 215ff). Hitler wurde zwar verurteilt, aber er ging in die Festungshaft in Landsberg als Ikone der Bewegung. Die Abgrenzung von der Gemeinschaft erhöhte nun ein weiteres Mal seine Popularität.

Warum wurde so und nicht anders auf ein psychotisches öffentliches Selbst reagiert? Hierfür gibt es neben kultursoziologischen Gründen, denen wir uns im Kapitel IV widmen werden, auch psychopathologische Anlässe, die es zunächst zu beachten gilt.

Psychotische Kontaktunfähigkeit
Das auratische Symptom

Nicht allen Zeitzeugen war entgangen, daß die angestrebte Selbststilisierung Hitlers, die er während seiner Festungshaft mit der Abfassung von *Mein Kampf* weitertrieb, auf substantielle Persönlichkeits-
mängel hindeutete. Sein Auftreten war noch nicht routiniert, sein
Einfluß noch nicht groß genug, um Skeptiker einzuschüchtern. Bei
seinen frühen Bierkellerauftritten traf er nicht selten auf eine »belustigt gestimmte Zuhörerschaft« (Fest 1973, S. 186). In die Belustigung
mischte sich freilich auch Befremden: »Dann begann er zu reden, und
er mißfiel mir von Anfang an. Ich wußte natürlich gar nicht, was er
noch mal werden würde, und fand ihn eher komisch mit seinem
komischen Bärtchen – er hatte so eine kratzige Stimme – und wegen
seines Aussehens. Er brüllte geradezu, er brüllte, in dem kleinen
Lokal. Und was er so sagte, das war alles ziemlich einfach. Ich hielt ihn
nicht für normal. Er war mir schon unheimlich« (Herbert Richter in
der Filmdokumentation von Rees 1998). Noch in den großen Wahl-
kampfauftritten Hitlers erkannten Augenzeugen durchaus die linki-
schen Züge – so etwa Fedor Stepun in einem Bericht für die russische
Exilzeitschrift *Sovremennyje Zapiski*: »Nun bestieg er die Bühne,
drehte sich eine Zeitlang irgendwie unnütz darauf herum, trat an die
Rampe heran und fing an, zu sprechen. Für einen Augenblick entsteht
der Eindruck von etwas Besonderem, vielleicht sogar von einer gewissen Bedeutsamkeit. Hervorgerufen wird er durch die Hemmnisse im
Reden, die man hört und empfindet, durch die Pausen, durch das
Ausstoßen einzelner Wörter, kurzum durch etwas, was der Qual der
Wortentstehung, der Schaffensqual ähnlich ist. Doch der Eindruck
wird bald aufgehoben. Die Hemmnisse im Reden werden bald über-
wunden, dem Redner entschlüpfen gewöhnliche, schon sehr gewöhnliche Worte. Auch die Gesten sind nicht überzeugend: der Ellbogen ist
an die Rippen gedrückt. In der hauenden Bewegung des rechten Arms

gibt es zwar Mahnung, jedoch keine Macht. Der Inhalt der kurzen Rede (von 10-15 Minuten Dauer) ist unnachahmlich blaß« (zit. nach Treiber 1999, S. 219).

Daß den Indizien einer kompensatorischen Selbstinszenierung im allgemeinen aber relativ wenig Beachtung geschenkt wurde, beruht auf einer psychologischen Wechselwirkung: Menschen, die ihre Unbeholfenheit zu kaschieren suchen, können in der Regel damit rechnen, daß ihre Beobachter die peinlichen Signale instinktiv ignorieren, da sie sonst mit ihrer eigenen Scham in Berührung kommen würden. Wer jedoch einmal die Kulisse wanken sah, wird neugierig auf das, was sich dahinter verbirgt, und entweder hämisch oder verbittert reagieren. Von beiden Reaktionsmustern zeugt ein Bericht des Gauleiters Albert Krebs, der eine für ihn unvergeßliche Szene schildert, in der Hitlers Führerpose verwackelte und ein ängstlicher Hypochonder »aus diesem Rahmen heraustrat«. Krebs brachte während der Reichspräsidentenwahl das Druckexemplar einer Rede in das vornehme Hamburger Atlantic-Hotel, wo Hitler abgestiegen war. »Schon auf dem Flur vernahm ich den rhythmischen Ruf: ›*Mei Supp! Mei Supp!*‹ in wechselnden Tonlagen. In der von Hitler und seinem Gefolge bewohnten Zimmerflucht stieß ich dann auf die Angehörigen dieses Gefolges, Adjutanten, Kraftfahrer, Leibfotografen und Leibjournalisten, die sich in den Vorzimmern herumräkelten und mit grinsender Respektlosigkeit den Ruf ›Mei Supp! Mei Supp! ... Noch einen Teller Supp ... Sei Supp will er haben!‹ wie einen Spielball zuwarfen. Es war offenbar, daß es um Hitlers Frühstückssuppe ging; es war ebenso offenbar, daß diese Suppe bei Hitlers Gefolgschaft nicht recht in das Bild paßte, das sich die Anhänger von dem Führer und erhofften Reichspräsidenten gemacht hatten. Unbewußt hat Hitler dann noch selbst einige Züge zur Korrektur des Propagandabildes von dem unerschütterlichen, keinen menschlichen Schwächen und Gebrechen unterworfenen Volkshelden hinzugefügt.« Krebs schildert, wie er beim Eintritt in das Zimmer auf den wenig heroischen Anblick einer Gemüsesuppe schlürfenden Jammergestalt traf, die ihn – einmal im unkontrollierten Moment ertappt – »aus offensichtlicher Beängstigung heraus« nach seiner »Auffassung über vegetarische Ernährung« befragte. Statt eine Antwort abzuwarten, begann Hitler sogleich erwartungsgemäß »einen langen und eingehenden Vortrag über Anschauungen und Zielsetzungen der lebensreformerischen Bewegung« zu halten. Aber nicht das war es, was Krebs erschütterte: »Daß er bei diesem Vortrag mit der Einseitigkeit des Sektierers verfuhr, der seinen Zuhörer nicht nur überzeugen, sondern geistig vergewaltigen will, ist nicht besonders überraschend. Daß er aber seine hypochondrischen Ängste um seine Gesundheit so bedenken-, ja beinahe hemmungslos gerade mir gegenüber preisgab, dem er bisher immer nur als der politische Führer, niemals als Mensch entgegengetreten war, hat mir die Szene unvergeßlich gemacht. Da ich sie nach der Art unseres gegenseitigen Verhältnisses nicht als Zeichen eines plötzlich aufgebrochenen Vertrauens nehmen konnte, mußte ich sie als Beweis für den Umfang einer in ihren Ausdrucksformen nicht sehr erfreulichen inneren Labilität Hitlers nehmen.« Krebs deutet sie resümierend als eine »in der Maßlosigkeit der Gewalt Halt suchende Schwäche« (1959, S. 136f).

Die unfallartigen Einbrüche in der Führerpose Hitlers, für die auch Kershaw zahlreiche Belege anführt, ohne sie psychopathologisch deuten zu wollen, sind ein klares Indiz dafür, daß diese Pose nicht auf einer freien Wahl von Verhaltensweisen beruhte, sondern einer seelischen Not gehorchte. Wer sein privates Selbst abgespalten hat, kann seine öffentliche Wirkung nicht bewußt inszenieren und gegebenenfalls korrigieren. Er ist so sehr mit seinem öffentlichen Selbst eins geworden, daß er entweder vollständig darin aufgeht oder ein Bild des Jammers bietet, wie Krebs es schildert. Hitler konnte sich nicht »spielen«. Davon zeugen auch die merkwürdig verkrampften, bizarr anmutenden Redegesten, die Hitler von seinem Leibphotographen Heinrich Hoffmann ablichten ließ. Ihnen geht die in den Massenveranstaltungen durchaus vorhandene Suggestionskraft völlig ab, da sie nicht auf ein Auditorium bezogen sind, von dem das schizophrene Daseinsgefühl übermäßig abhängt. So brach Hitler denn auch, einer richtigen Intuition folgend, den Versuch bald ab, Schauspielunterricht zu nehmen. Allein die Situation, sich im Bewußtsein unübertrefflicher Größe ein Repertoire von Darstellungstechniken vorgeben zu lassen, widerstrebte völlig Hitlers Naturell. Dies bekam Paul Devrient zu spüren, der 1932 unter Geheimhaltungsmaßnahmen heran-

gezogen wurde, um dem Wahlkämpfer einige Schauspiel- und Rhe-
torikkniffe beizubringen. In seinem Tagebuch schreibt er – als Thea-
terfachmann zu Recht, unter Gesichtspunkten der Massensuggestion
aber zu Unrecht – über einen von ihm beobachteten Wahlkampfauf-
tritt: »Hitler spricht falsch. Ich werde rot vor Pein, möchte mir die
Ohren zuhalten, balle unwillkürlich die Fäuste. Dann überfallen mich
Mitleid und der Wunsch, diesem Manne möglichst bald zu helfen«
(Maser 1975, S. 26). Das Mitleid war unnötig, denn Hitlers Schamabwehr, die den schauspieltechnischen Beobachter so peinlich berühr-
te, verfolgte – wie Devrient im selben Zusammenhang schreibt – »die
Menge ringsum mit gebannten, ja entrückten Gesichtern [...]. Als
Hitler nach seiner Rede im geschlossenen Auto sitzt, fordern ekstati-
sche Sprechchöre immer wieder, ihn zu sehen [...]. Im Gepäckkorb
über Hitler sind bis zur Decke duftende Blumensträuße gestapelt:
Rosen, Nelken, Astern usw., die seine Parteigänger ihm in den geöff-
neten Wagen warfen, oft mit ›Gott mit Dir und Deinem Werke!‹ –
oder einfach ›Hilf uns!‹« (S. 26 u. 28). Hitler wurde als Erlöser und
Helfer verehrt, gerade weil sein Auftreten unbeholfen war. Sein aller
Deklamationskunst widersprechendes Gebaren, »ein geradezu beses-
senes sich Hin- und Herbewegen, Händefuchteln, Augenrollen [...],
jene Art Podiumshysterie, die man bei dilettantischen Schauspielern
und Sängern antrifft« (S. 28) – genau das war es, was die Massen in
Ekstase versetzte.

Es genügt also nicht, Hitlers rhetorische Erfolge auf »banale Schau-
spielertricks« (Kershaw 1989, S. 435) zurückzuführen. Die Faszination des Redners war vielmehr just dort am größten, wo seine psychotische Symptomatik am wenigsten von gelungener
Selbstinszenierung überformt war. Zu dieser Symptomatik gehört
insbesondere das Merkmal der Manieriertheit. Die Funktion der psychotischen Manieriertheit ist es nach Binswanger (1956), auf sich aufmerksam zu machen und gleichzeitig von sich abzulenken. Sie ist
nicht einfach eine Eigentümlichkeit des Verhaltens, die man nach
Bedarf annehmen oder ablegen kann, sondern liegt vielmehr in der
Notwendigkeit begründet, den Mangel an privatem Selbst durch ein
überpointiertes öffentliches Selbst zu verhüllen. Das Hitler-Porträt
Kershaws kommt dem nahe: »Mit seinem Gangsterhut, dem Regen-

mantel über dem Anzug, einer auffällig getragenen Pistole und der unvermeidlichen Pferdepeitsche machte er in den Salons der oberen Zehntausend von München eine bizarre Figur. Doch allein die exzentrische Art, sich zu kleiden, und die übertriebenen Manieren – die affektierte Höflichkeit eines Mannes, dem seine gesellschaftliche Unterlegenheit bewußt ist – sorgten dafür, daß er von herablassenden Gastgebern und den anderen Gästen gefeiert wurde. Gesellschaftlich unbeholfen und unsicher, oft in Schweigen gehüllt oder zu Monologen neigend, war Hitler zugleich das Bewußtsein seines öffentlichen Erfolgs vom Gesicht abzulesen, was ihn unter den gebildeten und betuchten Säulen der Gesellschaft zu einer Attraktion werden ließ« (Kershaw 1998, S. 239). Doch ergänzend ist der psychopathologische Hintergrund nachzutragen: Der Schizophrene braucht die Beachtung der anderen, aber er braucht sie nicht etwa als persönliche Zuwendung im Sinne eines privaten Kontaktes, sondern im Sinne der Bestätigung seiner Außendarstellung, seines Status, seines übersteigerten Ehrgeizes. Genau deshalb kommt es immer wieder zu grotesken Einbrüchen von der Art, wie sie Albert Krebs berichtete: Hinter der statuarischen Maske zeigte sich kein Mensch, keine Privatperson, sondern ein jämmerliches Nichts, das reflexartig nach Nahrung schreit. Dieser erbärmliche Eindruck mußte mit großem Aufwand vermieden werden. Hitler sah »das Leben«, wie Fest schreibt, »als eine Art immerwährende Parade vor riesigem Publikum« (1973, S. 709). Da dies nicht auf bloßer Neigung beruhte, sondern alternativlos in seiner Struktur verankert war, mußte er stets seine Umgebung auf Beobachterdistanz halten und ängstlich darauf bedacht sein, sich gegen Einblicke in seine innere Leere abzuschirmen. Wenn er überhaupt jemals lachte, so nur, »indem er sich […] die Hand schräg über die Nase vors Gesicht hielt« (Picker 1963, S. 181).

Nur die Anonymität der großen Masse konnte ihm die für einen Schizophrenen erforderliche Distanz im Außenbezug bieten. Kamen ihm andere zu nahe, war das Bewußtsein der unangefochtenen Einzigartigkeit bedroht. So brachte es Hitler zum Beispiel Anfang 1920 in dem familiären Rahmen der Hochzeitsfeier von Hermann Esser nicht fertig, eine Rede zu halten: »*In einem kleinen Kreis finde ich einfach nicht die richtigen Worte. Sie wären alle nur enttäuscht! […] Ich kann überhaupt nicht bei Familienfeiern sprechen und auch keine Grabrede halten. [...] Ich brauche Massen, wenn ich spreche«*, erklärte er den ungläubigen Gästen (nach Hoffmann 1974, S. 24).

In der Tat war Hitlers Unfähigkeit zum Nahkontakt eklatant. Aus allen Biographien geht hervor, daß er zeitlebens keine wirklichen Freunde hatte. Selbst die engsten Bindungen, die er, abgesehen von seiner Mutter, jemals zu Menschen einging – die zu dem Jugendfreund Kubizek und zu seiner Nichte Angela (»Geli«) Raubal –, waren nicht von intimer Vertrautheit getragen, sondern allein von einer psychotischen Bezogenheit auf andere als Auditorien der Bewunderung und Objekte der Beherrschung. Magda Goebbels sagte zu Beginn der dreißiger Jahre: »In gewisser Weise ist Hitler einfach nicht menschlich – unerreichbar, unanrührbar« (Lüdecke 1938, S. 378). Selbst Albert Speer, der den nichterfüllten Jugendtraum Hitlers verkörperte, erlebte sich nicht als seinen Freund und sprach von einer »unübersteigbaren Mauer«, die Hitler umgeben habe (Speer 1969, S. 114). Auch in dem zum »Berghof« ausgebauten »Haus Wachenfeld« auf dem Obersalzberg, wo man eigentlich erwarten sollte, daß er sich hier, in seinem Rückzugsgebiet, gelassen geben würde, war er stets auf der Hut vor den anderen und überwachte ängstlich ihre Reaktionen. Selbst den ihm Wohlgesinnten und Ergebenen war es unangenehm, eingeladen zu werden, weil Hitler im »vertrauten Kreise« nicht etwa entspannter war als in der Öffentlichkeit, sondern so unbezogen-steif, distanziert und maniert wie immer. Bei den Kaminabenden war man unentrinnbar zur Rolle des passiven Auditoriums verurteilt. Es galt, schreibt Langer, »als ungeschriebenes Gesetz, bei diesen ›Gesprächen‹ nie Fragen zu stellen – aus Furcht, Hitler könnte stundenlang weitermonologisieren« (1943, S. 85). Die einzige Abwechslung in dem von Hitlers ermüdendem Gerede bestimmten Programm bestand in dem gemeinsamen Betrachten von Filmen. Diese Abende hinterließen bei den Beteiligten ein Gefühl der Leere, denn Hitler sprach selbst wie ein technisches Medium: nicht an die Menschen gerichtet, sondern an ihnen vorbei. Erst wenn er endlich den Raum verlassen hatte, gab es ein Aufatmen unter den Zurückgebliebenen, und die Gespräche wurden munter (Zoller 1949, S. 21; Luedecke 1938, S. 459).

Daß es Hitler dennoch gelang, die Massen zu elektrisieren, während er im Nahkontakt schlicht uninteressant wirkte, erscheint paradox, beruht aber offensichtlich auf einem inneren Zusammenhang. Wie ist dieser Zusammenhang zu erklären?

Hitlers »Meisterschaft als suggestiver Volksredner und Eindruckstechniker, der Menschen durch Inszenierung prägender impressiver Situationen gefangennimmt« (Schmitz 1998, S. 265), beruhte, wie gesagt, nicht auf schauspielerischem Können, sondern folgte der unwillkürlichen Regie eines psychotischen Dramas. Hitler beeindruckte, anders als sein Privatlehrer Devrient glaubte, nicht *trotz*, sondern wegen seiner fehlenden Kontaktfähigkeit. Kershaw faßt das Phänomen schon genauer, wenn er den Fortbestand von Hitlers Distanziertheit auch im engsten Kreise so erklärt: »Um jeden Preis vermied er Vertraulichkeiten, um den Nimbus des Unnahbaren vor möglicher Geringschätzung seiner Führungsposition zu schützen. Auf die ihn umgebende Aura durfte kein Schatten fallen« (1998, S. 432). Doch die Aura der Unnahbarkeit ist nicht das Resultat eines Kalküls. Selbst wenn Hitler gewollt hätte, hätte er Vertraulichkeiten nicht eingehen können. Seine Distanz anderen gegenüber hing vielmehr damit zusammen, daß er überhaupt nur ein öffentliches Selbst präsentieren *konnte*. Das Umschalten auf Privates war ihm längst nicht mehr möglich. Das zeigen seine linkisch-steifen Gesten, wenn er sich kleinen Kindern zuwandte oder wenn er mit seinem Hund spielte. Aktivitäten wie Reiten oder Kahnfahren durchlitt er in grotesken Verkrampfungen und mied sie nach Möglichkeit, weil er die Fähigkeit zur inneren Hingabe an ein spontan bewegtes Dasein nicht besaß.

Manche Historiker – so z. B. auch Haffner – neigen zu dem Kurzschluß, daß die »Leere und Nichtigkeit« von Hitlers Privatleben zum Anlaß genommen werden müsse, sich »von der Person und der unergiebigen persönlichen Biographie Hitlers« abzuwenden, um seine Wirkung ganz aus äußeren Faktoren zu erklären (Haffner 1978, S. 13). Damit wird ein wesentliches Element der historischen Dynamik von vornherein ausgeblendet, wie die Sozialpsychologin Gudrun Brockhaus darlegt: »Haffners Beschreibungen der emotionalen Leere, des Fehlens einer psychischen Entwicklung und Differenzierung, der Konzentration aller Leidenschaft und Sinnlichkeit auf das Politische, der Unfähigkeit zu Empathie und Selbstkritik mögen zutreffend sein. Seine Schlußfolgerung, deshalb lohne keine persönliche Biographie Hitlers, ist es sicher nicht. Im Gegenteil wäre es sehr interessant, den psychischen Hintergründen dieser Leere näherzukommen. Noch wichtiger wäre wohl, den Zusammenhang zwischen dieser emotionalen Armut und der Anziehungskraft Hitlers für viele Menschen seiner näheren und weiteren Umgebung zu untersuchen« (Brockhaus 1992, S. 12). Doch in der Durchführung kann auch die von der Autorin gezogene Konsequenz nicht zufriedenstellen. Zwar erkennt sie, daß etwa »das völlige Fehlen naher Beziehungen, der nie nachlassende Druck zur Selbstdarstellung, psychische Starre, [...] der eklatante Mangel an Selbstdistanz« durchaus Symptome für »einen psychisch schwer gestörten Menschen« (S. 20) sind. Anstatt aber ihrer eigenen Frage, warum gerade diese Symptome eine solche Anziehungskraft auf die Massen haben konnten, psychopathologisch auf den Grund zu gehen, vermag sie nur zu der üblichen Antwort zu finden, daß angesichts der großen Suggestionswirkung Hitlers seine Störungen eben doch nicht so gravierend gewesen sein können. Für Brockhaus ist »Hitlers ›Normalität‹ viel erklärungsbedürftiger als seine Gestörtheit« (S. 21), da sie sich nur auf dieser Ebene vorzustellen vermag, warum die »emotionale Armut« Hitlers andere affizieren konnte. An diesem Punkt scheint uns Joachim Fests Biographie dem Erklärungsbedarf wesentlich näher zu kommen. Auch er charakterisiert Hitlers Person als »merkwürdig blaß und ausdruckslos« (1973, S. 21), nimmt aber gerade dieses Merkmal als Erklärung für einen projektiven Wirkungsmechanismus: Je mehr Hitler als Person hinter der Maske seines öffentlichen Selbst verschwand, desto größer war offenbar die auratische Faszination, die er auf andere ausübte. Dieser Spur gilt es nachzugehen.

Das Phänomen ist aus der Rezeptionsästhetik von Kultbildern bekannt (Peter Matussek 1998): Je unpersönlicher, schematischer eine Ikone gemalt ist, desto besser eignet sie sich als Gegenstand der Devotion; in ihrer Ferne vom empirisch-individuellen Lebensausdruck setzt sie beim Betrachter imaginative Energien frei, die ihre Leerstellen mit eigenen Sehnsuchtsphantasien besetzen (vgl. Belting 1990). Eine Aura ist, nach der berühmten Definition Walter Benjamins, die »einmalige Erscheinung einer Ferne, so nah sie sein mag« (1931, S. 378). Eben diese ambivalente Wirkung ging von Hitler aus. Die Lebensferne seines Selbstausdrucks nahm für andere vielfach den Charakter einer Ikone an; sie fühlten sich im tiefsten Inneren berührt von der starren Entrücktheit seines Blicks. Die folgende Schilderung kann als repräsentativ für eine entsprechende Wahrnehmung Hitlers genommen werden: »Mit einem Mal merke ich, daß der Blick von Hitler auf mir ruht. Da schau ich auf – tatsächlich, er schaut mich so an. Das war einer der seltsamsten Momente meines Lebens. Ich hatte das Gefühl gehabt, er sucht irgendwie. Der Blick, der zunächst ganz auf mich gerichtet war, ging auf einmal durch mich hindurch in eine unbekannte Ferne. Das ist so sonderbar gewesen. Der lange Blick, den er mir geschenkt hat, hat mich vollkommen überzeugt, daß er ein Mann mit ehrlichen Absichten war. Ich kann nur eins sagen, ich bin glücklich, daß mir Hitler von seiner schönsten Seite begegnet ist. Es hat sicher auch dunkle Seiten gegeben, aber ich habe ihn von seiner wunderbaren Seite erlebt, und das ist etwas, was mir kein Mensch nehmen kann« (Friedolin von Sporn in der Filmdokumentation von Rees 1998).

Die Projektion einer messianischen Erlösung wird, wie das Zitat deutlich dokumentiert, nicht durch die Präsenz, sondern durch die Absenz des anderen ausgelöst. Hitler brauchte also nur zu sein, wie er war – reine Oberfläche, ein Schemen –, um als Kultfigur wahrgenommen zu werden. Die personale Ferne des Führers war das Vakuum, das die Erlösungserwartungen der Massen ansog. Gerade dadurch, daß er sich in jeder Beziehung rar machte, konnte er diesen Wirkungsmechanismus auslösen, wie die folgende Schilderung einer hysterisch wartenden Menge am Obersalzberg dokumentiert: »Wie aber die fünfte Stunde unserer Wartezeit um ist, frieren wir nicht mehr, noch spüren wir die Müdigkeit, denn es ist nur eine einzige, große, spannungsvolle Erwartung in uns. Und jetzt – jetzt – wird es wirklich geschehen! Die lauten Stimmen verstummen jäh. Es sind Lichter erschienen am dunklen Hang, […] langsam nähern sie sich. Wir stehen atemlos. Nun muß er kommen. […] Da bricht der Jubel los. ›Heil! Heil! Heil!‹ immer wieder in die Finsternis hinein. Und dann ist er plötzlich bei uns am Tor. Ganz nahe bei uns, der uns tausendfach

Bekannte [...]. Es ist keine Scheu, aber auch kein lautes Wort – nur ein glückseliges Herzudrängen. Hände streben ihm entgegen über den Lattenzaun. Er sieht uns an und heißt uns willkommen mit seinem Lächeln und ergreift jede Hand. Jetzt spüre ich den warmen festen Druck [...]. Das helle, uns vertrauteste Gesicht ist auf uns gerichtet. Da sind wir es inne: es ist der Führer. Er erhebt die Rechte zum Gruß – und langsam rückwärtsschreitend verschwindet er im Dunkel [...]. Und dann geht alles unter in einem Bewußtsein: Du bist bei uns, du kennst einen jeden von uns, du hast uns lieb, du bist der Ruf zur Erfüllung unseres Daseins« (Florentine Hamm; Chaussy/ Püschner 1997, S. 55f). Bemerkenswert an dieser exaltierten Schilderung ist das Gefühl der innigen Intimität, der persönlichen Vertrautheit, das die Menge in eine aus dem Dunkeln kurz auftauchende Figur hineinphantasiert.

Der hysterische Tonfall deckt sich mit vielen Darstellungen von Hitlers Massenauftritten, die immer wieder die erotische Atmosphäre betonen, in die er sein Publikum zu versetzen vermochte. Schon dem Historiker v. Müller, einem der Lehrer bei den Münchner Rednerkursen, war aufgefallen, daß Hitler in eine so intensive Wechselwirkung mit dem Publikum geriet, »als ob ihre Erregung sein Werk wäre und zugleich wieder ihm selbst die Stimme gäbe« (1954, S. 339). Diese Erregung ist vielfach sexuell gedeutet worden. So meinte Ernst Hanfstaengl: »Die Rednertribüne war ihm gleichsam Ersatz-Beilager, auf dem er die Kopulation mit der Masse ›Weib‹ vollzog« (1970, S. 37). Ähnlich hat Hitler sich selbst oft geäußert. »*Die breite Masse ist feminin*« (Hitler 1992–98, I, S. 323), meinte er, und behandelte sie entsprechend – seine Empfindungen während der Rede am 3. Februar 1921 schildert er wie einen symbolischen Sexualakt: »*Nachdem ich mich durch die Menschenmauern hindurchgedrückt und das hochgelegene Podium erreicht hatte, sah ich den Erfolg in seiner ganzen Größe. Wie eine Riesenmuschel lag dieser Saal vor mir, angefüllt mit Tausenden von Menschen [...] Ich begann zu sprechen und redete gegen zweieinhalb Stunden, und das Gefühl sagte mir schon nach der ersten Stunde, daß die Versammlung ein großer Erfolg werden würde. Die Verbindung zu all diesen tausend einzelnen war hergestellt. Schon nach der ersten Stunde begann der Beifall in immer größeren spontanen Ausbrüchen mich zu unterbrechen, um nach zwei Stunden wieder abzuebben und in jene weihevolle Stille überzugehen, die ich später in diesem Raume so oft und oft erlebt habe und die jedem einzelnen wohl unvergeßlich bleiben wird. Man hörte dann kaum mehr als den Atemzug dieser Riesenmenge, und erst als ich das letzte Wort gesprochen, brandete es plötzlich auf, um in dem in höchster Inbrunst gesungenen ›Deutschland‹-Lied seinen erlösenden Abschluß zu finden«* (1925/27, S. 561).

Doch die sexualpsychologische Erklärung für Hitlers Rede-Exzesse, wie sie auch das unlängst erschienene *Psychogramm eines Diktators* von Koch-Hillebrecht (1999) wiederholt, setzt etwas voraus, was ganz offensichtlich nicht vorhanden war: die Fähigkeit zum Austausch intimer Gefühle. Hitler war kein »Don Juan auf der Rednertribüne« (S. 325ff), da ihm für die Rolle eines klassischen Verführers das erotische Fluidum fehlte. Seine Ansteckungskraft beruhte vielmehr auf seiner psychotischen Kontaktunfähigkeit. Um zu erklären, warum er damit gleichwohl höchst leidenschaftliche Emotionen, insbesondere beim anderen Geschlecht, entfachen konnte, müssen wir einen Blick auf sein Sexualleben – bzw. dessen Defizite – werfen.

Hitler und die Frauen
Die Anziehungskraft fehlender Intimität

Der ambivalente Zusammenhang von großer Attraktion bei gleichzeitiger Kontaktunfähigkeit kommt in Hitlers Beziehungen zu Frauen höchst symptomatisch zum Vorschein. Ausgerechnet Hitler, der sexuell Verklemmte, der sich von jeder intimen Berührung lange Zeit phobisch fernhielt, brachte es dazu, daß Frauen hysterische Weinkrämpfe bekamen, wenn sie ihn nur berühren durften und verzweifelt zusammenbrachen, wenn er sie nicht beachtete. Seine Partnerinnen trieb er allesamt in suizidale Verzweiflung. Es gab kaum eine, die sich nicht unmittelbar oder mittelbar wegen seiner pathologischen Kontaktunfähigkeit umzubringen versuchte – in der Mehrzahl der Fälle erfolgreich. Wir kommen darauf noch im einzelnen zu sprechen. Vorab ist ein Wort zur Quellenlage nötig.

Vieles von dem, was man über Hitlers späteres Sexualleben herausgefunden haben will, beruht auf Gerüchten und Spekulationen. Dies hängt damit zusammen, daß Hitlers Privatleben völlig hinter der Fassade seines öffentlichen Selbst verschwand. Wo dennoch Einblicke drohten, griff er zu Geheimhaltungsstrategien. Wie schon erwähnt, suchte er gezielt alle Dokumente über seine dürftige Vergangenheit zu vernichten. »*Diese Leute dürfen nicht wissen, wer ich bin*«, sagte er einmal, »*sie dürfen nicht wissen, woher ich komme und aus welcher Familie ich stamme*« (Patrick Hitler in *Paris Soir,* 5.8.39 sowie in OSS, S. 926f). Es durfte kein Jugendbild von ihm veröffentlicht werden; er verwischte immer wieder seine biographischen Spuren, versuchte seine Herkunft unkenntlich zu machen und führte praktisch keine private Korrespondenz. Seine früheren Wiener Kumpane und die Kameraden aus dem Ersten Weltkrieg hinderte er mit Bitten, Schweigeabkommen und notfalls Drohungen daran, über seine Vergangenheit zu reden (Speer 1969, S. 111f). Da die Quellenlage über Hitlers Intimleben also dünn ist, sind wir auch auf Äußerungen aus zweiter

Hand angewiesen. Wir werden ihnen im folgenden nur so weit nachgehen, wie sie ein gewisses Maß an Wahrscheinlichkeit aufweisen und Spekulationen als solche kennzeichnen.

Es kann als gesichert gelten, daß Hitler vor seinem politischen Aufstieg keinerlei sexuelle Erfahrungen gesammelt hatte. Kontaktvermeidung bestimmte nicht nur seine erste,»telepathische« Fernliebe zu Stefanie. Hitlers enorme Angst vor einer Annäherung an das andere Geschlecht ist für die Pubertätszeit auch durch die folgende Schilderung Kubizeks über einen gemeinsamen Besuch der Wiener Hofoper dokumentiert:»Trotz seiner bescheidenen Kleidung, seines zurückhaltenden und kühlen Wesens in der Gesellschaft gefiel Adolf den vorbeipromenierenden Damen so sehr, daß mitunter sogar eine oder die andere den Kopf nach ihm umwandte, ein Verhalten, das nach der strengen, in der Hofoper geltenden Etikette, als ungehörig galt. Ich wunderte mich um so mehr darüber, als Adolf in keiner Weise dieses Verhalten herausforderte, im Gegenteil, er beachtete das aufmunternde Augenspiel der Damen kaum oder machte nur mir gegenüber eine unwillige Bemerkung darüber. Mir aber genügten diese Beobachtungen, um festzustellen, daß mein Freund beim anderen Geschlecht ausgesprochenes Glück hatte, ein Glück, das er allerdings zu meiner Verwunderung in keiner Weise ausnützen wollte.« Auch hier verbaute sich Hitler den Weg zum Du durch ein grandioses öffentliches Selbst, ja, er vergrößerte es, um nicht in die Peinlichkeit einer intimen Situation zu geraten, die ihn mit den Defekten seines privaten Selbst in Berührung gebracht hätte. Kubizek berichtet weiter:»Als wir nach der Pause wieder in das Stehparterre zurückgingen, kam uns einer der livrierten Diener nach, zupfte Adolf am Ärmel und übergab ihm ein Billett. Adolf, keineswegs überrascht, vielmehr so gefaßt, als handle es sich um eine alltägliche Begebenheit, nahm das Billett entgegen, dankte und überflog hastig die Zeilen. Ich glaubte, nun wäre ich einem großen Geheimnis auf die Spur gekommen, zumindest dem Beginn eines zarten Geheimnisses. Aber Adolf sagte bloß geringschätzig: ›*Wieder eine*‹ und reichte mir das Billett hin. Dann blickte er mich, halb prüfend, halb spöttisch von der Seite an und fragte, ob ich vielleicht Lust hätte, zu diesem angekündigten Rendezvous zu gehen. ›Es geht ja dich an, nicht mich‹, sagte ich etwas gereizt, ›und außerdem möchte ich dieser Dame keine Enttäuschung bereiten‹« (1953, S. 228f).

Daß Hitler, der noch nie ein Rendezvous gehabt hatte, in einer lächerlich aufschneiderischen Geste so tat, als seien solche Avancen an der Tagesordnung, ist nicht bloß ein Zeichen von normaler Pubertätsscheu. Der Verzicht, den er mit gespieltem Desinteresse inszenierte, hat einen ausgeprägt pathologischen Hintergrund. Wie wir im Zusammenhang der Stefanie-Episode bereits dargelegt haben, war Hitlers Angst vor Nahkontakt derart groß, daß er sich in eine Phantasiewelt flüchtete, die alle Merkmale eines psychotischen Liebeswahns trug. In der Folgezeit baute er seine Intimitätsabwehr zu einer Zölibatärsideologie aus, deren Inhalte er vornehmlich aus den Schriften des »Alldeutschen« Georg Ritter von Schönerer bezog. Dort wird es als gesund bezeichnet, bis zum 25. Lebensjahr enthaltsam zu leben, weil dies – ebenso wie die Abstinenz gegenüber Fleisch und Alkohol – die Willenskraft fördere. Aus Gründen der »Rassenhygiene« sei auch der Kontakt zu Prostituierten zu vermeiden (vgl. Kershaw 1998, S. 79).

Es ist anzunehmen, daß Hitler nicht etwa deshalb abstinent lebte, weil es Schönerers Ideologie forderte, sondern daß er vielmehr zu dieser Ideologie griff, um seine Angst vor Intimität zu rationalisieren. Daß auch diese Rationalisierung bald den Charakter eines Wahnsystems annahm, das den eigentlichen Anlaß abspaltete, zeigt sich an ihrer Konstanz.

Der nächste Mädchenkontakt, den Hitler nach der pubertären Wahnbeziehung zu Stefanie überhaupt gehabt haben dürfte, war eine platonische Schwärmerei im Jahre 1913 für »Milli«, die Schwester von Rudolf Häusler (Schroeder 1985, S. 152ff), der seinen Männerheimkollegen manchmal mit nach Hause brachte. Die siebzehnjährige Emilie, die wegen ihrer unscheinbaren Art von den Familienmitgliedern auch das »Nichtserl« genannt wurde, bat Hitler bei einem seiner Besuche, ihr ein Bild ins Poesiealbum zu zeichnen. Da er zu dieser spontanen Produktion offenbar nicht imstande war, kam er der Bitte dadurch nach, daß er ihr anderntags eine Buntstiftzeichnung lieferte: einen mit Helm, Schild und Schwert gewappneten Germanen vor einer Eiche, in die – ebenfalls in Schildform – die Initialen »A.H.«

geritzt waren (Aussage Marianne Koppler, nach Hamann 1996, S. 518). Das Motiv spricht für sich. Und der kurze Zeit später mit Häusler erfolgte Wechsel nach München half Hitler, die Phantasiebeziehung in schildbewehrter Distanz noch eine Weile aufrechtzuerhalten. Bis weit ins vierte Lebensjahrzehnt fehlt jede Erwähnung von Frauengeschichten. Dagegen gibt es etliche Hinweise auf ihre Vermeidung. Erinnert sei nur an den in »patriotischer« Rigorosität abgelehnten Vorschlag seiner Kriegskameraden, ein »Franzosenliebchen« aufzusuchen. Auch als Hitler in den zwanziger Jahren die Münchner Salons zu frequentieren begann, war er nie in weiblicher Begleitung. Helene Hanfstaengl, in deren Haus er regelmäßig verkehrte, beruhigte einmal ihren Gatten, der sich über Hitlers manierierte Art, ihr den Hof zu machen, irritiert zeigte, mit den Worten: »Glaube mir, er ist ein absolutes Neutrum, aber kein Mann« (Hanfstaengl 1970, S. 61). Ernst Hanfstaengl übernahm diese Einschätzung; er gab später an, daß Hitler nach seiner Überzeugung impotent war.

Hitlers ängstliches, ja panisch um sein Image besorgtes Bemühen, immer nur vollständig angekleidet in Erscheinung zu treten – auch gegenüber Ärzten –, zeugt weniger von Impotenz als von übergroßer Scham. Diese trug zu seinem pathologischen Realitätsverlust bei. Abgeschnitten von den anderen, zog er sich immer mehr in die Isolation seiner Wahnwelt zurück. Doch fand er in der Phase, als der Wahn seine äußere Bestätigung zu finden begann, den Kontakt zum anderen Geschlecht – freilich nicht im Sinne echter, gefühlsgesteuerter Intimität, sondern auf die einzige Weise, die Hitler möglich war: als manieristische Selbstinszenierung.

Ein erstes Anzeichen seiner veränderten Einstellung könnte die von Helene Hanfstaengl kolportierte Erwähnung sein, daß Hitler die Abwesenheit des Gatten genutzt habe, um vor ihr auf die Knie zu fallen und den »schmachtenden Minnesänger« zu spielen. Ob er sich dabei wirklich als ihren »Sklaven« bezeichnete (S. 183f), fällt in den Bereich der Gerüchte, auf die wir noch zu sprechen kommen.

Tatsache ist, daß Hitler mit 37 Jahren sich einem Mädchen – man weiß nicht, wie weit – annäherte. Der Kontakt wurde durch Hunde hergestellt: Im Park vor dem Deutschen Haus in Berchtesgaden dressierte Hitler seinen Schäferhund Prinz, während die 16jährige Maria

Reiter mit ihrem Schäferhund Marco spielte. Mit den Attributen von Macht und Ruhm – dem Mercedes mit wartendem Chauffeur, den hohen Stiefeln und der Reitpeitsche – erfüllte er endlich die Bedingung, die er sich einst für das Ansprechen eines weiblichen Wesens gestellt hatte. Als sein Prinz Marias Marco angriff, konnte sich Hitler mit dem eindrucksvollen Verprügeln seines Schäferhundes angemessen einführen. Der Altersunterschied zu dem Mädchen, das er abwechselnd »Mimi, Mimilein, Mizi oder Mitzerl« nannte, trug angstmildernd zu seinem Überlegenheitsgefühl bei (vgl. Kershaw 1998, S. 365). Wie eng die Verbindung war, ist nicht bekannt. Nach ihren Aussagen war die intimste Begegnung ein Spaziergang im Wald, bei der sie sich an einen Baum stellen mußte wie ein Modell. Mit seiner Reitpeitsche hantierend, habe er sie seine »Waldfee« genannt, während sie ihn »Wolf« nennen sollte. Als sie sich darüber belustigt gezeigt habe, soll er sie beschworen haben, niemals über ihn zu lachen. Daraufhin habe er sie leidenschaftlich geküßt und gesagt, er würde sie am liebsten zerquetschen (Peis 1959). Für die Glaubhaftigkeit des Berichts spricht die für Hitler typische Paranoia, sich lächerlich zu machen, und die krude Überwindung der Schamschwelle durch eine Pose der Beherrschung. Diese Pose hält die Distanz im Nahkontakt aufrecht.

In den Jahren zwischen 1926 und 1931 gab es nur vereinzelte Begegnungen zwischen beiden. Mimis Heiratshoffnungen wurden durch konjunktivisch formulierte Antworten in einer ambivalenten Schwebe gehalten. Was er ihr von sich geben konnte, war nur sein öffentliches Selbst. Zum Geburtstag schickte er ihr zwei Bände von *Mein Kampf* mit der Bemerkung, sie werde ihn nach der Lektüre besser verstehen. Schließlich unternahm die durch Unverbindlichkeit Gequälte einen Selbstmordversuch; sie hängte sich an einem Türpfosten auf, wurde aber noch rechtzeitig von ihrem Schwager aufgefunden. Die nächste Geliebte Hitlers sollte sich dann erfolgreich töten: Geli Raubal, die Tochter von Hitlers Halbschwester Angela.

Die kindlich-unbefangene Nichte Hitlers war zwanzig, als sie im Herbst 1928 zu ihm in die neu angemietete Neunzimmerwohnung am Münchner Prinzregentenplatz zog. Dort wurde sie, den Berichten zufolge, wie eine Gefangene gehalten. Hitler fand Anlaß zur Eifersucht, da sie gerne flirtete, besonders mit seinem Chauffeur Emile Maurice. Als der sie einmal auf die Wange küßte, soll Hitler einen Tobsuchtsanfall bekommen haben, der in der Drohung gipfelte, ihn zu erschießen. Die Darstellungen über diesen Vorfall beruhen auf einem widersprüchlichen Konglomerat von Aussagen Hanfstaengls und Otto Strassers (Hayman 1997, S. 120). Unzweifelhaft jedoch ist die Tatsache, daß Geli von Hitler als sein Besitz angesehen wurde, und vermutlich hat ihm das Verwandtschaftsverhältnis dabei geholfen, sich erstmals auf Intimitäten einzulassen. Wenn es stimmt, was Wulf Schwarzwäller persönlich von Otto Strasser erzählt bekommen haben soll, dann waren allerdings auch diese Sexualkontakte von Absonderlichkeiten geprägt. Der Bruder des NSDAP-Reichspropaganda- und organisationsleiters wird folgendermaßen zitiert: »Ich mochte dieses junge Mädchen sehr und spürte, wie sie unter der Eifersucht Hitlers litt. Sie war ein lebenslustiges junges Ding, das gern den Faschingstrubel in München genoß, doch Hitler nie dazu bringen konnte, sie auf einen der vielen ausgelassenen Bälle zu begleiten. Schließlich, im Fasching 1931, erlaubte Hitler mir, Geli auf einen Ball zu führen. Kurz bevor ich sie abholen wollte, sagte mir mein Bruder Gregor, Hitler habe soeben angerufen und seine Erlaubnis widerrufen. Ich ging trotzdem zum Prinzregentenplatz. Sie schien sich durchgesetzt zu haben. Sie hatte verweinte Augen. Hitler stand mit steinernem Gesicht an der Tür, als wir das Haus verließen, um in das wartende Taxi zu steigen. Wir verlebten einen sehr schönen, heiteren Abend. Geli schien es zu genießen, einmal der Aufsicht Hitlers entronnen zu sein. Auf dem Rückweg von Schwabing zum Prinzregentenplatz machten wir einen Spaziergang durch den Englischen Garten. Auf der Höhe des Chinesischen Turms setzte Geli sich auf eine Bank und begann bitterlich zu weinen. Schließlich sagte sie mir, daß sie Hitler zwar liebe, aber daß sie es nicht mehr aushalten könne. Seine Eifersucht wäre noch nicht einmal das Schlimmste. Aber er verlange Dinge von ihr, die einfach ekelhaft seien. Sie hätte nie geahnt, daß es so etwas überhaupt gäbe. Als ich sie bat, sich doch auszusprechen, berichtete sie mir von Dingen, die ich bisher nur aus der Lektüre von Krafft-Ebings ›Psychopathia Sexualis‹ während meines Studiums kannte« (Schwarzwäller 1998, S. 141f). Strasser soll noch hinzugefügt haben:

»Ein Sadist und Masochist war er, beides in einer Person.« Genaueres
wolle er nicht sagen, »nicht mit Rücksicht auf Hitler, sondern auf
Gelis Andenken« (S. 142). Dies ist insofern merkwürdig, als Strasser
schon bei seiner Befragung durch das US Office of Strategic Studies
im Jahre 1943 sehr viel mehr ins Detail ging:»Hitler sagte ihr, sie solle
sich ausziehen [...]. Er legte sich auf den Fußboden. Dann sollte sie
über seinem Gesicht hocken, so daß er sie aus nächster Nähe examinieren konnte, und das habe ihn sehr erregt. Als die Erregung ihren
Höhepunkt erreichte, verlangte er von ihr, auf ihn zu urinieren, und
das verschaffte ihm sexuelle Lust. Geli sagte, die ganze Angelegenheit
sei für sie extrem ekelhaft gewesen und [...] habe ihr keine Befriedigung verschafft« (OSS, S. 919, Übersetzung der Autoren).

Für die Authentizität dieser Schilderungen gibt es natürlich keinen
Beleg. Sowohl Geli wie Strasser mögen ihre Motive gehabt haben, eine
solche Geschichte in die Welt zu setzen. Wenn sie aber stimmen sollte, dann wäre sie zumindest nicht unplausibel. Sie paßt in das Symptombild eines Menschen, der aufgrund seiner psychotischen Kontaktlosigkeit unter Kontrollzwang steht. Das Examinieren der
weiblichen Genitalien aus nächster Nähe und das Bedürfnis, unmittelbar von Ausscheidungen berührt zu werden, sind der psychologisch stimmige Ersatz für die Unfähigkeit, personale Nähe zu empfinden und die Intimität des anderen in weniger kruder Form
anzunehmen. Für einen Schizophrenen mit einem derart extremen
Gefühlsverlust, wie er bei Hitler vorlag, sind andere Menschen Dinge.
Der völlige Mangel an intersubjektivem Empfinden nötigte ihn, sich
der Nähe des Partners in objektivierter Form zu vergewissern; er
mußte an das Innerste des anderen im buchstäblichen Sinn herankommen, weil er es im übertragenen Sinn nicht erfahren konnte. Der
paranoide Kontrollzwang des Psychotikers über die Reaktionen der
anderen konnte im Sexualkontakt kein Geheimnis zulassen; alles,
auch das körperlich Intimste, mußte ans Licht – komplementär zu der
eigenen Angst vor Enttarnung. Es war ein Sexualkontakt des öffentlichen Selbst, der sich in seiner masochistischen Komponente der
Unwürdigkeit des privaten Selbst versichert.

Auch über pornographische Zeichnungen, die Hitler von Gelis
Genitalien anfertigte, wird berichtet, und zwar in Zusammenhang

mit einer Erpressungsaffäre. Nach dem Rückkauf der Zeichnungen soll Hitler diese nicht beseitigt, sondern in seinem Safe im Braunen Haus aufbewahrt haben (Hayman 1997, S. 147 unter Berufung auf Hanfstaengl 1957, S. 162f). Wenn die Informationen stimmen, dann deuten sie auf denselben Bedarf an verdinglichter Intimität hin.

Gelis Suizid fügt sich in dieses Symptombild. Für sie war offenbar die Ambivalenz unerträglich, in der nächsten Nähe seine unendliche Ferne zu erfahren. Am 18. 9. 1931 wurde sie tot in der gemeinsamen Wohnung aufgefunden. Sie hatte sich mit dem Revolver des Geliebten ins Herz geschossen. Die Nachricht von Gelis Selbstmord hat Hitler, der zu dieser Zeit nicht in München war, tief getroffen; tagelang wirkte er schwer verstört und schien einem Nervenzusammenbruch nahe. Er verschloß ihr Zimmer und machte es zum Ort eines verschrobenen Totenkults. Aus dieser Zeit datiert auch sein rigoroser Vegetarismus. Der Einschluß der Erinnerung an das Liebesobjekt und die Ideologie der Reinhaltung sind gleichermaßen Symptome psychotischer Distanziertheit. Mehrere Beobachter äußerten die Ansicht, daß Hitler in dieser Phase den letzten Rest an zwischenmenschlicher Empathie verloren habe. Er selbst soll den Verlust seiner Geliebten mit den Worten kommentiert haben: »Bisher hatte ich noch Bindungen zur Welt, – offenbar hatte ich sie noch, ich wußte es gar nicht. Jetzt ist alles von mir genommen. Jetzt bin ich ganz frei, innerlich und äußerlich. Vielleicht hat es so sein sollen. Jetzt gehöre ich nur noch dem deutschen Volk und meiner Aufgabe. – Die arme Geli! Sie hat sich dafür opfern müssen« (Wagener 1978, S. 358). In der Tat nahm seine Fremdheit und Kälte gegenüber den anderen nun weiter zu. Wie Albert Speer aufzählt, gestattete Hitler seit dieser Zeit nur noch vier Männern das freundschaftliche »Du«: den »alten Kämpfern« Hermann Esser, Christian Weber, Julius Streicher und Ernst Röhm: »Beim ersten benutzte er nach 1933 eine passende Gelegenheit, das ›Sie‹ wieder einzuführen, dem zweiten ging er aus dem Weg, den dritten behandelte er unpersönlich, und den vierten ließ er ermorden« (Speer 1969, S. 114).

Die Hinweise auf Hitlers Perversionen lassen sich, wie gesagt, nicht belegen. Skepsis an den entsprechenden Berichten sind Rosenbaum (1998, S. 137) und Redlich (1998, S. 285) zufolge vor allem deshalb angebracht, weil sie fast ausschließlich von in die USA geflohenen Nazi-Dissidenten wie Otto Strasser, Ernst Hanfstaengl und Hermann Rauschning stammen. Sie werden allerdings indirekt gestützt durch Aussagen, die die Schauspielerin Renate Müller, Hitlers nächste Affäre, gegenüber dem Regisseur Adolf Zeissler machte. Demzufolge soll er sie, nachdem er sie 1932 bei Dreharbeiten einen ganzen Tag lang beobachtet hatte, mit in sein Domizil genommen und zu sadomasochistischen Praktiken überredet haben. Dabei habe er sie aufgefordert, ihn unter dem Vorbringen von obszönen Ausdrücken mit seiner Peitsche zu schlagen und zu treten, während er sich masturbierend als ihr Sklave bezeichnete, der es nicht wert sei, mit ihr in einem Raum zu sein. Nach seinem Orgasmus habe er unter banalem Geplauder ein Glas Wein mit ihr getrunken und sich für einen netten Abend bedankt. Zeissler beschließt seine Wiedergabe mit der Versicherung: »Ich bin überzeugt, daß Renate Müller, die mir gegenüber immer ganz aufrichtig war, sich diese Geschichte nicht ausgedacht hat« (OSS, S. 22; Schwarzwäller 1998, S. 143f). Hayman erzählt den Fortgang ihrer Geschichte so: Jahre nach der Affäre mit Hitler bemerkte die Schauspielerin, daß sie von der Gestapo observiert wurde und daß ihr wegen einer Affäre mit einem Juden ein Prozeß wegen »Rassenschande« drohte. Unter diesem Druck nahm sie Morphium und kam schließlich zur Suchttherapie in eine Heilanstalt. Ein neuerlicher Versuch, Hitler zu treffen, blieb erfolglos. Zurück im Sanatorium, sah sie durch das Fenster, wie ein Auto mit vier SS-Männern angefahren kam, und sprang hinaus (1977, S. 146f).

1929 lernte Hitler die 18jährige Bürokraft Eva Braun bei seinem Photographen Heinrich Hoffmann kennen. Es gibt Vermutungen, daß Geli Raubals Selbstmord mit Eifersucht auf die potentielle Konkurrentin zusammenhängen könnte. Doch von einer intensiveren Beziehung zwischen Hitler und Eva Braun konnte damals noch nicht die Rede sein. Daß es überhaupt zu Intimitäten zwischen beiden gekommen sei, wird von seiner langjährigen Sekretärin Christa Schroeder energisch verneint (mündliche Mitteilung, Joachimsthaler 1989, S. 20). Sicher ist zumindest, daß Eva von Hitler wesentlich distanzierter und kühler behandelt wurde als Geli. Die Beziehung zu ihr trug stark antihedonistische Züge; Vergnügungen wie Tanzen, ja selbst Sonnenbaden und Rauchen wurden ihr verboten. Das Sexualleben mit ihr – wenn es denn überhaupt eines gab – dürfte entsprechend von Lustlosigkeit bestimmt gewesen sein (Zoller 1949, S. 73). Einer Freundin gegenüber soll sie anvertraut haben: »Als Mann habe ich von ihm überhaupt nichts« (Hayman 1997, S. 207). Erst nach zwei Selbstmordversuchen 1932 und 1935, die aus dem Leiden an seiner Nichtbeachtung resultierten, ließ sich Hitler zu etwas mehr Aufmerksamkeit ihr gegenüber bewegen. 1936 durfte sie zu ihm auf den »Berghof« ziehen, wurde aber auch dort nicht als Gefährtin, sondern bestenfalls als Gast, eher als Teil des Personals behandelt, der sich stets im Hintergrund zu halten hatte. »Er braucht mich nur zu bestimmten Zwecken«, schrieb sie in ihr Tagebuch und: »Wenn er sagt, er hat mich lieb, so meint er nur in diesem Augenblick. Genau so wie seine Versprechungen, die er nie hält. Warum quält er mich so und macht nicht gleich ein Ende?« (Ilse Fucker-Michels, zit. nach dem Faksimile in Fest 1973, S. 717; zur Authentizität des Tagebuchs vgl. Gun 1968, S. 68f). Bis zum gemeinsamen Selbstmord im Führerbunker durchlitt die verheimlichte Mätresse, die Hitler erst kurz vor diesem Ende, am 29. April 1945, heiratete, Jahre einer subtilen Art von Isolationsfolter, der sie sich nur sporadisch durch Einkaufsfahrten und Reisen entziehen konnte. Auch im engeren Kreis, wo Hitler sie herablassend »Tschapperl« nannte, wurde sie von ihm als Unperson behandelt. So bemerkte er einmal in ihrem Beisein zu Albert Speer: »*Sehr intelligente Menschen sollten sich eine primitive und dumme Frau nehmen. […] In meiner freien Zeit will ich meine Ruhe haben*« (Speer 1969, S. 106).

Eine der Verehrerinnen, die sich mutmaßlich wegen Hitlers Nichtachtung das Leben zu nehmen versuchten, war die britische Aristokratin Unity Walkyrie Mitford, die seit 1933 zu Hitlers Entourage in München zählte. Sein Interesse an ihr beschränkte sich offenbar auf den Zweck, mit faschistischen Kreisen in England Verbindung zu halten. Als England am 3.9.1939 Deutschland den Krieg erklärte, schoß sie sich zwei Kugeln in den Kopf. Sie konnte dennoch gerettet werden. »*Ich fürchte, ich bringe den Frauen kein Glück*«, soll Hitler den Selbstmordversuch lakonisch kommentiert haben (zit. nach Knopp 1995, S. 146). Inwieweit mindestens zwei weitere Frauen – die Schauspielerin Inge Ley und die Sekretärin Susi Liptauer – suizidale Unglücksopfer Hitlers waren, muß hier nicht weiter erörtert werden (vgl. Domarus 1962/63, S. 2221; Redlich 1998, S. 78).

Hitlers Affären, so läßt sich resümieren, waren durch eine ungeheure emotionale Distanz gekennzeichnet. Diese minderte aber nicht, sondern verstärkte seine Attraktivität. Das psychotische Symptom der Kontaktlosigkeit bot gerade wegen seines Mangels an personalen Qualitäten eine ideale Projektionsfläche für die Sehnsüchte von Hitlers Partnerinnen. Seine Faszinationskraft war so groß, weil es die Spannung des unerfüllten Begehrens erhöhte. Aus der Kunstgeschichte ist bekannt, daß gerade die Statuenhaftigkeit und Leblosigkeit menschlicher Abbildungen ihnen den eigenartig auratischen Zauber der Beseeltheit verleihen. Und Medienforscher stellen immer wieder mit Verwunderung fest, daß telekommunikative Kontakte, bei denen die andere Person hinter einer virtuellen Maske verschwindet, stärkere Leidenschaften entfachen können als das reale Leben (Turkle 1995; Peter Matussek 1997). Auch Hitler war eine solche statuarischmaskenhafte Erscheinung – seine innere Leblosigkeit war animierend, weil sie der Virtualität projektiver Phantasien und Sehnsüchte Raum gab.

Somit finden wir auch auf der Mikroebene der defizitären Intimkontakte Hitlers dieselbe Dynamik, mit der wir zuvor seine Attraktivität für die Massen erklärten. Auch das große Publikum, mit dem er – nach Ernst Hanfstaengls Wahrnehmung – einen rhetorischen Ersatz-Beischlaf vollzog (1970, S. 37), vermochte er durch dieselben Wirkmechanismen in eine hysterisch-verzweifelte Anhängerschaft zu treiben. Ja, vor der Menge war die Wirkung noch erheblich gesteigert, weil sein öffentliches Selbst hier erst die auratische Unnahbarkeit zur vollen Geltung bringen und eine Atmosphäre der Kollektivandacht evozieren konnte, die den Beteiligten erhabene Schauer verschaffte.

Manches spricht also dafür, daß die notorische Suizidtendenz von Hitlers Frauenbekanntschaften ein individualpsychologischer Spiegel ist für die selbstmörderische Bereitschaft der Deutschen, ihrem Führer begeistert in den Untergang zu folgen. Freilich bedurfte es ganz bestimmter kulturhistorischer und propagandistisch vorbereiteter Rahmenbedingungen, die eine solche Rezeption überhaupt erst möglich machten. Auf sie kommen wir im nächsten Kapitel zu sprechen. Zunächst aber sei festgehalten, daß diese Rahmenbedingungen sowohl hinsichtlich ihrer Herstellung als auch ihrer Wirkungsentfaltung von den beschriebenen individualpsychologischen Faktoren nicht abzulösen sind. Hitlers Gefühlskälte verhalf ihm nicht nur zu einer hemmungslos brutalen Durchsetzung seiner Ziele – sie ließ ihn zugleich in einem überirdischen Licht erscheinen, das Gewaltausübung in seinem Namen zur frommen Pflicht verklären half.

Die paranoiden Elemente der Judenverfolgung

Der »›erste dokumentierte‹ Angriff Hitlers auf die Juden« (Joachimsthaler 1989, S. 247) ist der bereits zitierte Brief an Gemlich vom 16. 9. 1919. Darin erklärte es Hitler zum Grundsatz, der Antisemitismus dürfe nicht auf Emotionen gründen, sondern nur auf der *»Erkenntnis von Tatsachen [...]. Sein letztes Ziel muß unverrückbar die Entfernung der Juden überhaupt sein«* (Bayerisches Hauptstaatsarchiv, Abt. IV, RW GrKdo 4, Nr. 314). Schon die Betonung des unverrückbaren Tatsachencharakters einer affektbestimmten Äußerung ist symptomatisch für jedes Wahnsystem. Die Forderung einer kompletten Vernichtung des Gegners qualifiziert ihn als Verfolgungswahn. Für Hitler war der Kampf gegen die Juden, wie er fortan immer wieder betonte, ein Kampf auf Leben und Tod – eine paranoide Zwangsvorstellung, in die er sich bis zur Raserei verbiß, um andere endlich von ihrer Wahrheit zu überzeugen. Im *Völkischen Beobachter* verkündete er am 15. 5. 1921:»*Haß, brennenden Haß wollen wir in die Seelen der Millionen unserer Volksgenossen gießen, so lange, bis einst eine Flamme von Zorn in Deutschland aufbrennt, die die Verderber unseres Volkes zur Rache zieht.*« Und noch am 4. 2. 1945 versicherte er Bormann, die jüdische Opposition zur nationalsozialistischen Weltanschauung komme einer tödlichen Bedrohung gleich: »*Sie wollen unsere Ausrottung, darüber gibt es keinen Zweifel. Diesmal erweist sich der Haß durchschlagender als die Heuchelei. Wir können unseren Feinden für diese Offenheit nicht dankbar genug sein! Dem totalen Haß, der uns umbrandet, können wir nur den totalen Kampf entgegensetzen. Wir kämpfen um das nackte Leben; dieser Krieg ist ein Verzweiflungskampf um Sein oder Nichtsein*« (Hitler 1945, S. 48). Woher kam diese paranoid verzerrte Wahrnehmung, die durch nichts in der Realität gedeckt war? Ein verräterisches Indiz für die Beantwortung dieser Frage ist eine Fehlleistung, die sich in den Reden seit 1939 hartnäckig wiederholte:

Am 30. Januar 1939 verkündete Hitler zum sechsten Jahrestag der Machtergreifung vor den Mitgliedern des Reichstags eine öffentliche Kriegserklärung an die Juden: »*Und eines möchte ich an diesem nicht vielleicht nur für uns Deutsche denkwürdigen Tage nun aussprechen: Ich bin in meinem Leben sehr oft Prophet gewesen und wurde meistens ausgelacht. In der Zeit meines Kampfes um die Macht war es in erster Linie das jüdische Volk, das nur mit Gelächter meine Prophezeiungen hinnahm, ich würde einmal in Deutschland die Führung des Staates und damit des ganzen Volkes übernehmen und dann unter vielen anderen auch das jüdische Problem zur Lösung bringen. Ich glaube, daß dieses damalige schallende Gelächter dem Judentum in Deutschland unterdes wohl schon in der Kehle erstickt ist. Ich will heute wieder ein Prophet sein: Wenn es dem internationalen Finanzjudentum in und außerhalb Europas gelingen sollte, die Völker noch einmal in einen Weltkrieg zu stürzen, dann wird das Ergebnis nicht [...] der Sieg des Judentums sein, sondern die Vernichtung der jüdischen Rasse in Europa*« (Domarus 1962/63, S. 1058).

In seiner eigentlichen Kriegseröffnungsrede vom 1. September 1939 dagegen erwähnte Hitler die Juden mit keinem Wort. Dennoch hat er es später immer wieder behauptet. In den Ansprachen der folgenden beiden Jahren »erinnert« Hitler nicht weniger als viermal daran, daß er in seiner Kriegserklärung vom September (und nicht in der Januarrede) den Juden mit ihrer Vernichtung gedroht habe:

30. Januar 1941, Sportpalast: »*Und nicht vergessen möchte ich den Hinweis, den ich schon einmal, am 1. September 1939* [!] *im Deutschen Reichstag gegeben habe. Den Hinweis darauf nämlich, daß wenn die andere Welt von dem Judentum in einen allgemeinen Krieg gestürzt würde, das ganze Judentum seine Rolle in Europa ausgespielt haben wird! Sie mögen auch heute noch lachen darüber, genau so wie sie früher über meine Prophezeiungen lachten. Die kommenden Monate und Jahre werden erweisen, daß ich auch hier richtig gesehen habe*« (Domarus 1962/63, S. 1663).

30. Januar 1942, Sportpalast: »*Wir sind uns dabei im klaren darüber, daß der Krieg nur damit enden kann, daß entweder die arischen Völker ausgerottet werden oder daß das Judentum aus Europa verschwindet.*

Ich habe am 1. September [!] *im Deutschen Reichstag es schon ausgesprochen – und ich hüte mich vor voreiligen Prophezeiungen –, daß dieser Krieg nicht so ausgehen wird, wie es sich die Juden vorstellen, nämlich daß die europäisch-arischen Völker ausgerottet werden, sondern daß das Ergebnis dieses Krieges die Vernichtung des Judentums sein wird«* (S. 1828f).

30. September 1942, Sportpalast: *»Ich habe am 1. September 1939* [!] *in der damaligen Reichstagssitzung zwei Dinge ausgesprochen: Erstens, daß, nachdem man uns diesen Krieg schon aufgezwungen hatte, keine Macht der Waffen und auch die Zeit uns jemals niederzwingen werde, und zweitens, daß, wenn das Judentum einen internationalen Weltkrieg zur Ausrottung etwa der arischen Völker Europas anzettelt, dann nicht die arischen Völker Europas ausgerottet werden, sondern das Judentum. Die Juden haben einst auch in Deutschland über meine Prophezeiungen gelacht. Ich weiß nicht, ob sie auch heute noch lachen, oder ob ihnen das Lachen bereits vergangen ist. Ich kann aber auch jetzt nur versichern: Es wird ihnen das Lachen überall vergehen. Und ich werde auch mit diesen Prophezeiungen recht behalten«* (S. 1920).

8. November 1942, Löwenbräukeller: *»Sie werden sich noch an die Reichstagssitzung* [!] *erinnern, in der ich erklärte: Wenn sich das Judentum etwa einbildet, einen internationalen Weltkrieg zur Ausrottung der europäischen Rassen herbeiführen zu können, dann wird das Ergebnis nicht die Ausrottung der europäischen Rassen, sondern die Ausrottung des Judentums in Europa sein. Man hat mich immer als Propheten ausgelacht. Von denen, die damals lachten, lachen heute unzählige nicht mehr, und die jetzt noch lachen, werden es vielleicht in einiger Zeit auch nicht mehr tun. Diese Erkenntnis wird sich über Europa hinaus über die ganze Welt verbreiten«* (S. 1937).

Die »monotone Hartnäckigkeit«, schreibt Jäckel, mit der Hitler seine falschen Datumsangaben wiederholte, sei »wahrlich erstaunlich« (1981, S. 76). Dawidowicz (1975) interpretiert sie als Fehlleistungen (»slips«), die ihr zufolge offenbaren, daß Hitlers Kriegserklärung in erster Linie dem Kampf gegen die Juden galt, daß er aber dieses vorrangige Kriegsziel aus psychologischen Gründen geheimzuhalten versuchte. Hitler sei bereits 1918 in Pasewalk zur Vernichtung der Juden entschlossen gewesen und habe fortan konsequent im verborgenen darauf hingearbeitet, bis der Krieg da war, der eine solche Geheimhaltung überflüssig machte (1975, Fußnote S. 110f).

Trotz berechtigter Zweifel an der frühen Datierung des Entschlusses zur Judenvernichtung greift Rosenbaum (1998) die Argumentationsfigur von Dawidowicz auf, sieht aber die eigentlich verräterische Fehlleistung in einem anderen Aspekt der zitierten Reden, der darin ebenso beharrlich wiederkehrt: Warum nimmt Hitler zu einem Zeitpunkt, da kein Jude mehr auf die Idee gekommen wäre, über ihn zu lachen, gerade dieses vermeintliche Gelächter zum Anlaß seiner Morddrohung? Rosenbaum zieht den naheliegenden Schluß, daß die leitmotivisch wiederholte, völlig irreale Wahrnehmung auf einen verborgenen Impuls hinweist. Die Deutung des engagierten Journalisten scheint uns allerdings den psychodynamischen Sachverhalt zu verfehlen: Rosenbaum interpretiert Hitlers Angriffe auf die nicht vorhandenen Lacher als »esoterisches« Zeichen, daß der Redner selbst es sei, der heimlich lache. Darin erweise sich die abgrundtiefe Bosheit des Massenmörders (S. 385ff). Statt zu dieser nicht weiter hinterfragbaren Letztbegründung vom radikal Bösen zu greifen und auf Geheimbotschaften Hitlers zu spekulieren, halten wir es eher für angebracht, den Duktus seiner Reden einer beschreibenden Analyse zu unterziehen, um auf diesem Wege so weit wie möglich den biographischen Anlässen auf die Spur zu kommen.

So begründen die vier Wiederholungen des Leitmotivs in obsessiver Beharrlichkeit das Projekt der Auslöschung der Juden mit der Notwendigkeit, ihr Gelächter zum Verstummen zu bringen. Dabei wird einerseits – parallel zu den Maßnahmen des Holocaust – ein Fortschritt dieses Vorhabens konstatiert, andererseits erweist es sich in seiner Zielsetzung als undurchführbar, da Hitler sich von einem Gelächter verfolgt fühlte, das nur in seinem Kopf stattfand. Dort hatte es sich offenbar unauslöschlich festgesetzt. Am 30. 1. 1939 hatte Hitler noch differenziert: Er sei früher als »*Prophet [...] meistens ausgelacht*« worden; während seines »*Kampfes um die Macht*« sei es »*in erster Linie*« – also nicht ausschließlich – »*das jüdische Volk*« gewesen, »*das nur mit Gelächter*« seine »*Prophezeiungen hinnahm*«; dieses »*damalige schallende Gelächter*« sei »*dem Judentum in Deutschland unterdes wohl schon in der Kehle erstickt.*« Im Januar 1941, ein Jahr vor der Wannseekonferenz, schreibt er das Lachen allein den Juden zu und erlebt es als eine gegenwärtige Erscheinung: *»Sie mögen auch heute noch lachen darüber, genau so wie sie früher über meine Prophezeiungen lachten. Die kommenden Monate und Jahre werden erweisen, daß ich auch hier richtig gelegen habe.«* Im September 1942, trotz einer längst auf Hochtouren laufenden Tötungsmaschinerie, die unter den Juden nur Angst und sprachloses Entsetzen auslösen kann, ist Hitler seiner Beweisführung immer noch unsicher: *»Ich weiß nicht, ob sie auch heute noch lachen oder ob ihnen das Lachen bereits vergangen ist.«* Einen Monat später schließlich weiß er zwar: *»Von denen, die damals lachten, lachen heute unzählige nicht mehr«*, doch die Wahnwahrnehmung bleibt: Immer noch hört Hitler einige, *»die jetzt noch lachen«*, und kann für sich nur hoffen, daß sie es *»vielleicht in einiger Zeit auch nicht mehr tun«* würden.

Die wiederholten Beschämungen seiner missionarischen Größenideen durch den Spott der Männerheimgenossen, der Kameraden bei der Reichswehr und auch noch mancher Zuhörer bei den ersten Redeauftritten hatten sich so tief in ihn eingegraben, daß er das höhnische Lachen noch hörte, als es längst verstummt war. Nicht nur in den öffentlichen Reden dokumentiert sich diese paranoide Halluzination. Auch in den Monologen taucht sie auf: Am 3.4.1942 etwa bramarbasiert Hitler in der Wolfsschanze über den *»Wahnsinn«*, daß die Juden die Nichtjuden durch religiösen Okkultismus *»von der Betrachtung der Wirklichkeit abgehalten«* hätten, und fährt fort: *»Das Teuflischste ist, daß sich der Jude darüber nun auch noch lustig macht, wie ihm der Betrug gelungen ist. [...] Aber dieses Mal werden sie aus Europa verschwinden! Ein unbeschwertes, freies Lachen kommt erst wieder in unsere Welt, wenn dieser Alp von ihr genommen ist!«* (Jochmann 1980, S. 263). Noch das *»politische Testament«* vom 29.4.1945 widmet sich Hitlers größter Sorge: *»Außerdem will ich nicht Feinden in die Hände fallen, die zur Belustigung ihrer verhetzten Massen ein neues, von Juden inszeniertes Schauspiel benötigen«* (Domarus 1962/63, S. 2237). Der *»Alp«*, Gegenstand von Gespött zu sein, konnte letztlich nur von ihm genommen werden, indem er seinen eigentlichen Urheber vernichtete: sich selbst. Erst als die Beschämung seines Größenwahns durch die Kriegsniederlage nicht mehr abzuwenden war und damit auch der Verfolgungswahns sich als solcher offenbarte, zog er diese ultimative Konsequenz. Davor richtete sich all sein Bestreben darauf, die narzißtische Verwundung seines öffentlichen Selbst mit allen Mitteln – Haßpropaganda, Krieg und Massenmord – zu kompensieren.

Wenn man der Aussage von Helene Hanfstaengl glauben darf, soll er selbst ihr einmal anvertraut haben, sein »Haß auf die Juden sei ›*eine persönliche Sache*‹« (nach Toland 1977, S. 72). Joachim Köhler hat zwar recht, wenn er kommentiert: »So, wie seine Münchner Bekannte den Satz verstand, war er vermutlich nicht gemeint: Hitler wollte damit nicht etwa eine Privatangelegenheit andeuten, was seinem messianischen Selbstverständnis ohnehin widersprochen hätte, sondern den simplen Umstand, daß sich darüber nicht reden ließ, weil es eben eine ›persönliche Sache‹ war« (1997, S. 98). Auch in diesem Sinne aber ist das Zitat aufschlußreich. Hitlers Haß auf die Juden durfte nicht der gewöhnliche der antisemitischen Ideologen seiner Zeit sein. Er mußte sich an Schärfe und Unerbittlichkeit über alle anderen erheben. Der wahrhaft persönliche Anlaß seiner Obsession – die unerträgliche Kränkung seiner Größenvorstellungen durch den Spott der anderen – war längst abgespalten. Was er Helene Hanfstaengl gegenüber offenbarte, war kein Geheimnis des privaten, sondern des öffentlichen Selbst, das die peinliche Verhüllung der persönlichen Motive durch das vorzeigbare Numinosum einer grandiosen Ersatz-Persönlichkeit überformte.

Verräterischer waren die Verneinungen – etwa Hitlers häufig, oft laut gerufene Beteuerung: »*Ich habe nie Minderwertigkeitsgefühle gehabt*« (vgl. dazu Lukacs 1991, S. 41f). Sie fügt sich nahtlos in die zitierten Versicherungen, daß denen, die seine messianischen »*Prophezeiungen*« nicht ernst nähmen, das »*Lachen überall vergehen*« werde. Daß Hitler sein Vernichtungsprogramm grausam wahr machen konnte, vermochte ihn freilich nicht vom »*Alp*« der erlittenen Demütigungen zu befreien. Gerade die öffentlichen Morddrohungen bewiesen ja, daß er seinen Wunsch, von den anderen ernst genommen zu werden, nicht qua Überzeugungskraft seiner Person, sondern nur durch äußere Machtmittel realisieren konnte. In dieser untergründigen Kontradiktion seiner Haßtiraden lag das nicht mitteilbare, weil nicht auflösbare Kernproblem seines Verfolgungswahns. Der unaufhebbare Selbstwiderspruch war die im eigentlichen Sinne »*persönliche Sache*« Hitlers, der wunde Punkt, den er vor sich selbst verbergen mußte. Darauf deutet auch die Tatsache hin, daß Hitler die Realisierung des Vernichtungsprogramms, obwohl er es so lauthals verkündete, in aller Heimlichkeit vollziehen ließ. Gewiß geschah dies auch, um den Ablauf der Mordmaschinerie nicht durch öffentliche Empörung zu gefährden. Auffällig ist aber, daß es auch innerhalb des engsten Kreises als Tabu galt, das Thema Hitler gegenüber direkt anzusprechen. Hinter dem »Staatsgeheimnis des Dritten Reichs« steckte, wie Lukacs schreibt, »auch Hitlers persönliches Geheimnis – wenigstens in dem Umfang, in dem er das Wissen darum von sich fernzuhalten versuchte« (1997, S. 257). Obwohl in der Hierarchie kein Zweifel über Hitlers Befehl zur Judenvernichtung bestand, vermied er es peinlich, diesen Befehl schriftlich zu fixieren – was er etwa im Hinblick auf die Tötung der Geisteskranken durchaus getan hatte (Görlitz/Quint 1952, S. 552f). Auf der Wannseekonferenz galt die Sprachregelung, von »*Evakuierung*« statt von Liquidierung zu reden. Selbst die Schleierwörter »*Endlösung*« und »*Sonderbehandlung*« wollte Hitler nicht hören; er »erlaubte nur den Sprachgebrauch, daß die Juden zum Arbeitseinsatz kämen« (Bormann, 11.7.1943; Lukacs 1997, S. 257). Ernst Deuerlein bestätigt: »Hitler sprach nicht über alle Probleme. Er verschwieg, um nur ein überzeugendes Beispiel zu nennen, die sogenannte Endlösung der Judenfrage« (1969, S. 152). Auch gegenüber Menschen aus seiner engsten Umgebung weigerte Hitler sich »zuzugeben, daß die Konzentration der Juden in Lagern im Osten etwas anderes sei als Deportation zum Zweck der Zwangsarbeit« und hatte einen »offensichtliche[n] Unwille[n], Berichte darüber zu hören oder zu lesen, was den Juden im Osten angetan wurde« (Lukacs 1997, S. 257). Diese Hinweise passen nicht in das Bild der öffentlichen Haßtiraden. Vielmehr deuten sie auf das hohe Schampotential hin, von dem der Verfolgungswahn im Innersten angetrieben wurde. Das latente Bewußtsein, daß die »Endlösung« mit ihrer Vernichtung der Spötter nur die kompensatorische Ersatzlösung für ein unstillbares Bedürfnis nach Größe war, ließ sich mit dem aggressivsten Vernichtungsaufwand doch nicht abschütteln.

Hitlers Problem war nicht lösbar. In den Tagen des totalen Zusammenbruchs, als er darüber monologisierte, man werde ihm »*ewig dafür dankbar sein*«, daß er »*die Juden aus Deutschland und Mitteleuropa ausgerottet*« habe (Hitler 1945, S. 122), galt sein eigentliches Interesse der Realität, die er nicht hatte verwirklichen können: Eines der letzten Photos zeigt ihn mit entrücktem Blick vor seiner Wahnwelt, dem Architekturmodell von Linz (Giesler 1977, S. 480f), mit dem er das Linz seiner gescheiterten Jugendträume ersetzen wollte – einer zu »Stein gewordenen Verherrlichung seiner Person« (Hamann 1996, S. 11). Schon Kubizek war in der Zeit, als diese Kolossalbauten erstmals geplant wurden, aufgefallen, wie sehr Hitler sich selbst darin porträtierte: »Etwas Festes, Starres, Unbewegliches, hartnäckig Fixiertes, das sich nach außenhin in unheimlichem Ernst offenbarte, lag in seinem Wesen und bildete förmlich die Basis, auf der sich alle anderen Charaktereigenschaften entwickelten« (1953, S. 44). Diese Erstarrung ist kennzeichnend für Menschen, die sich ganz auf ihr öffentliches Selbst versteifen. Sie resultiert daraus, daß die eigene Identität ausschließlich auf Kriterien gestützt wird, die für andere sichtbar sind: Je stärker man der Außenwelt mit seiner Bedeutsamkeit zu imponieren sucht, um so mehr geht man die innere Verpflichtung ein, sich konstant zu verhalten (Baumeister 1986, S. 65). Im Unterschied zum privaten Selbst, das in der Regel verborgen und daher weniger verbindlich ist, kann das öffentliche nicht ohne weiteres zurückgenommen werden. Es erzeugt Annahmen und Erwartungen der Umwelt, die in einer Art Rückkopplungsschleife immer wieder bestätigt werden müssen, dadurch wiederum die Erwartungen stabilisieren und so fort. Die private Selbsteinschätzung wird unter der Prägewirkung des öffentlichen Selbst schließlich diesem angepaßt. Sie geht auf in dessen fixiertem Porträt (Schlenker 1986, S. 36, vgl. 40f). Ein Extremfall dieser Entwicklung lag bei Hitler vor.

Angesichts dieser Befunde drängt sich in der Tat die Frage auf, ob man den eingangs von Kershaw zitierten Satz im Konjunktiv belassen kann: »Wenn die herrschsüchtigen Züge [Hitlers] eine tiefe innere Unsicherheit und die anmaßenden Merkmale einen unterschwelligen Minderwertigkeitskomplex signalisierten, dann hätte die verborgene Persönlichkeitsstörung von ungeheuren Ausmaßen sein müssen« (1998, S. 434f). So erdrückend banal es klingen mag: Die Kriegserklärungen Hitlers an die Juden sind Ausdruck des früh frustrierten Bedürfnisses, ernst genommen zu werden – eines in wechselseitiger Steigerung von Beschämungen und Selbstüberhebungen derart ins Monströse gewachsenen Bedürfnisses, daß er es auf grausamste Weise zu realisieren suchte und doch gerade dadurch verfehlen mußte. Die bizarre Unangemessenheit zwischen Handlungsmotiv und Durchführung ist ein zuverlässiger Indikator für die »ungeheuren Ausmaße« seiner »verborgenen Persönlichkeitsstörung«. Zwar gehört es zu den im psychiatrischen Sinne nachvollziehbaren Reaktionen, daß ein Mensch, der viel Spott seiner Umwelt einzustecken hatte, mit Rachegefühlen reagiert. Bei Hitler aber war das Kriterium der Nichtnachvollziehbarkeit, das den schizophrenen Wahn von den wahnhaften Störungen unterscheidet, dadurch erfüllt, daß er seinen Rachefeldzug in einer Situation fortsetzte, als den Gegnern längst das Lachen vergangen war. Hitlers narzißtische Fixierung auf sein öffentliches Selbst war derart groß und ausschließlich, daß er Massenvernichtung, Weltzerstörung und schließlich den eigenen Suizid dem Erlebnis der Blamage dieses öffentlichen Selbst vorzog.

Freilich bedurfte es zur Verwirklichung dieses paranoiden Vernichtungsprogramms anderer, die es umsetzen halfen – sei es durch aktive Beihilfe oder Nichtwahrhabenwollen. Und damit kommen wir zu der Frage nach den kulturhistorischen Bedingungen, die es möglich machten, daß der Wahn nicht von der Öffentlichkeit diskreditiert, sondern realisiert wurde.

IV

Kulturhistorische Aspekte des Hitlerwahns

Wie wir im vorigen Kapitel bereits hervorhoben, schließen sich die Gefühlsleere einer schizophrenen Persönlichkeit und Charisma nicht aus, sondern können einander sogar wechselseitig verstärken. Ein Extrem dieser Wechselwirkung lag bei Hitler vor. Während manche Zeitzeugen angesichts der völligen Distanziertheit und Unnahbarkeit Hitlers schlicht angeödet waren, erlebten sie andere als überwältigend. Fatalerweise waren die Reaktionen vom letzteren Typ die Regel. Die biographischen Hintergründe hierfür transparent zu machen war die Intention unserer bisherigen Ausführungen. Die katastrophale Fehlwahrnehmung der Merkmale einer schweren Persönlichkeitsstörung als Zeichen besonderer Erwähltheit hat aber nicht nur individualpsychologische, sondern auch sozialpsychologische und kulturhistorische Ursachen. Ihnen wollen wir uns nun zuwenden.

Den Anfang bildet die Frage, wie sich Hitlers Haßpropaganda aus dem ideologischen Kontext ihrer Zeit herausentwickelte. In den folgenden Schritten beleuchten wir sowohl die Rahmenbedingungen wie auch die Inhalte, die es ihm ermöglichten, sich als Redner derart erfolgreich zu profilieren. Der Führerkult erscheint vor diesem Hintergrund als ein Kulminationspunkt, in dem das gesellschaftliche Bedürfnis nach einer kollektiven Souveränität auf paradoxe Weise mit der Unterwerfung unter den Willen eines Individuums zusammenfällt. Für Hitler bedeutete die ihm zugefallene Machtposition eine Überforderung an Komplexität, die er im Sinne seiner psychotischen Struktur nur durch Realitätsverleugnung und schließlich Realitätsvernichtung bewältigen konnte. Warum er auch dabei massenhafte Unterstützung fand, soll hier im Zusammenhang mit der Frage erörtert werden, was das Weltbild Hitlers so attraktiv machte und wieso es in seiner pathologischen Konsequenz allzuoft und allzulange verkannt wurde.

Zur Vorgeschichte von Hitlers Haßpropaganda

Um die Wirkungsgeschichte der Haßpropaganda Hitlers zu verstehen, ist auf die wesentlichen Einflüsse seiner Entwicklung zu rekurrieren. Drei Momente bilden die grundlegenden Faktoren der Haßdynamik, die Hitler später erfolgreich politisch umsetzte: Eine anomische – d. h. von Normenkonflikten geprägte – Situation in der Familie, Hitlers Widerstand gegen die väterlichen Ansprüche und die völkische Agitation als Maskierung dieser Konfliktstruktur.

Den Widerstreit der elterlichen Einflüsse zwischen dem pflichtversessenen Beamtentum des Vaters und den idealisierenden Erwartungen der Mutter haben wir in Kapitel III schon ausführlich dargestellt. Diese anomische familiäre Situation wurde reaktiviert, als Hitler sich mit der Ideologie des Überlebenskampfs der Deutschösterreicher im Habsburger Vielvölkerstaat zu identifizieren begann. Die historischen Quellen lassen es offen, ob Hitler diese Ideologie durch den Vater kennengelernt hat, der trotz seiner berufsgebundenen Loyalität zu Österreich einem Stammtisch mit Vorliebe für die völkischen und antisemitischen Anschauungen Schönerers angehört haben soll (Kubizek 1953, S. 94). Hitler selbst behauptet, er habe in der Linzer Realschule unter dem Einfluß des von ihm verehrten Geschichtslehrers Dr. Leopold Poetsch die deutschnationalen Volkskampfthesen kennengelernt und zu eigen gemacht: »*Auch ich hatte so einst die Möglichkeit, schon in verhältnismäßig früher Jugend am Nationalitätenkampf des alten Österreich teilzunehmen. Für Südmark und Schulverein wurde da gesammelt, durch Kornblumen und schwarzrotgoldene Farben die Gesinnung betont, mit ›Heil‹ begrüßt, und statt des Kaiserliedes lieber ›Deutschland über alles‹ gesungen, trotz Verwarnung und Strafen. Der Junge ward dabei politisch geschult in einer Zeit, da der Angehörige eines Nationalstaats meist noch von seinem Volkstum wenig mehr als die Sprache kennt. Daß ich damals schon nicht zu den Lauen gehört habe, versteht sich von selbst. In kurzer Zeit war ich zum fanatischen*

›Deutschnationalen‹ geworden [...]. Diese Entwicklung machte bei mir sehr schnelle Fortschritte, so daß ich schon mit fünfzehn Jahren zum Verständnis des Unterschiedes von dynastischem ›Patriotismus‹ und völkischem ›Nationalismus‹ gelangte; und ich kannte damals schon nur mehr den letzteren« (1925/27, S. 10).

Diese Darstellung ist natürlich, wie stets bei Hitler, eine nachträgliche Rückdatierung seiner politischen Ambitionen, die sich um den Schein einer kontinuierlichen Selbstentwicklung bemüht. Weder der Vater noch der Geschichtslehrer Poetsch, die in jener Lebensphase als maßgebliche Anreger in Frage kommen, haben Hitler in der bezeichneten Weise *»politisch geschult«.* Beide zeichneten sich vielmehr durch einen Parallelismus von deutschnationalen Gesinnungen und gleichzeitiger Loyalität zur Habsburgermonarchie aus. Entsprechend verärgert war der Geschichtslehrer später, als er sich in *Mein Kampf* als Feind Österreichs dargestellt fand (Jetzinger 1956, S. 108). Dennoch ist es möglich, daß sich Hitler bereits früh die aufgeschnappten völkischen Thesen in fanatisch zugespitzter Form zu eigen machte – dies aber gewiß nicht im Sinne einer souveränen Meinungsbildung, sondern der jugendlichen Abgrenzung von den Autoritäten in Familie und Schule. Schließlich eignete sich eine radikal deutschnationale Gesinnung für die ideologische Überbietung der real Überlegenen und konnte so zur Erhöhung seines Selbstbildes beitragen.

Nach dem Tod des Vaters, der Platz machte für die uneingeschränkte Anbetung der Mutter, war Anomie kein Moment unmittelbaren Erlebens mehr. Dafür fand er die vertraute anomische Situation nun in der völkischen Propaganda. Diese schürte zum einen die Angst vor »kultureller Überfremdung« und finanzieller Auszehrung durch die zahlenmäßige Dominanz der acht nichtdeutschen Volksgruppen im Habsburgerreich; zum anderen machte sie mit der rassebiologisch begründeten Lehre von der Überlegenheit der Deutschstämmigen den »nordisch-arischen Menschen« zum vermeintlichen Kulturträger. Das ideologische Gebräu dürfte Hitler aus der Seele gesprochen haben, denn seine persönlichen Erfahrungen in der eigenen Familie schienen sich auf der großen Bühne von Politik und Gesellschaft zu wiederholen: der Auserwählte umstellt von einer Macht, die ihm aus dunklen Motiven übelwill. Die völkische Lehre bot nun eine simple

Erklärung für das paranoide Gefühl der Bedrohung: Schwächung des Herrenmenschen durch »Blutschande« und wirtschaftlicher Parasitismus zum Vorteil der »minderwertigen Rassen«, von den Habsburgern gedeckt und gefördert aus Motiven des puren Machterhalts. Als intellektuelle Avantgarde der rassisch Minderwertigen galten die Juden. Das ließ sie in den Augen dieser Propaganda als besonders gefährlich erscheinen.

Die Übertragung der kindlichen Haßgefühle auf ein ideologisch unterfüttertes Feindbild liefert einen wichtigen Hinweis auf ihre psychotische Natur. Wir haben schon erläutert, daß Schizophrene große Probleme haben, die Herkunft ihrer mentalen Episoden zu kontrollieren. Eine mögliche Erklärung dafür verdanken wir der Einsicht C. G. Jungs in seine eigene Disposition zur Schizophrenie. Er bemerkt in seiner Autobiographie: »Der Unterschied zwischen den meisten anderen Menschen und mir liegt daran, daß bei mir die Zwischenwände durchsichtig sind. Das ist meine Eigentümlichkeit« (Jung 1961, S. 357). Paul Matussek interpretiert die Zwischenwände als Grenzen zwischen privatem und öffentlichem Selbst und kommentiert Jungs Äußerung wie folgt: »Der Schizophrene [...] kann also nicht etwas nur für sich denken; er muß sein Innerstes preisgeben, nicht weil er es will, sondern weil er es nicht anders kann« (1997, S. 28). Dieses Phänomen könnte erklären, warum Hitler imstande war, eine persönliche Frustrationserfahrung zu verallgemeinern und eine rein ideologische Position zur Grundlage seines Selbstbildes zu machen. So brachte er die Komponenten seines Hasses auf einen gemeinsamen Nenner – eine psychotische Transformation, die ihm später »den Juden« als Abstraktion so verhaßt machen sollte, als wenn es sich um eine zutiefst private Angelegenheit handle.

Wie erwähnt, boten die konkreten Erfahrungen, die Hitler mit Juden in seinen Wiener Jahren machte, keinerlei Bestätigung für diese Haßpropaganda. Entsprechend spaltete er sie ab – und diskutierte etwa mit Josef Neumann in freundschaftlichem Ton radikal antisemitische Thesen. Das Rachebedürfnis für den Spott, den er sich von den Männerheimkollegen und den Reichswehrkameraden zuzog, dürfte dabei wiederum im Sinne einer Übertragung von persönlichem Erleben auf öffentliche Inhalte dem vorgefertigten Feind-

bild zugewachsen sein. Einen weiteren Anlaß fand dieser Reaktionsmechanismus am Ende des Ersten Weltkriegs, als die Einsicht in
die Sinnlosigkeit weiteren Kämpfens um sich griff und die Kapitulation nicht mehr abzuwenden war. Die Angst vor dem Verlust seiner
»Heimat«, der Armee, ließ Hitler nach den Ursachen für den drohenden Rückfall in die Perspektivlosigkeit suchen: »*Was folgte, waren
entsetzliche Tage und noch bösere Nächte – ich wußte, daß alles verloren
war. Auf die Gnade des Feindes zu hoffen, konnten höchstens Narren
fertigbringen oder – Lügner und Verbrecher. In diesen Nächten wuchs
mir der Haß, der Haß gegen die Urheber dieser Tat*« (Hitler 1925/27,
S. 225).

Die Urheber waren für ihn ganz selbstverständlich die Juden: »*Ich
haßte das ganze Pack dieser elenden, volksbetrügerischen Parteilumpen
auf das äußerste. Ich war mir längst darüber im klaren, daß es sich bei
diesem Gelichter wahrlich nicht um das Wohl der Nation handelte, sondern um die Füllung leerer Taschen. Und daß sie jetzt selbst bereit waren,
dafür das ganze Volk zu opfern und wenn nötig Deutschland zugrunde
gehen zu lassen, machte sie in meinen Augen reif für den Strick. [...]
Kaiser Wilhelm II. hatte als erster deutscher Kaiser den Führern des
Marxismus die Hand zur Versöhnung gereicht, ohne zu ahnen, daß
Schurken keine Ehre besitzen. Während sie die kaiserliche Hand noch in
der ihren hielten, suchte die andere schon nach dem Dolche. Mit dem
Juden gibt es kein Paktieren, sondern nur das harte Entweder-Oder*«
(S. 219, 225).

Der angeblich in dieser Situation bereits gefaßte Entschluß, »*Politiker zu werden*« (S. 225), maskiert die verborgene Erfahrung von erlittenen Demütigungen durch die Selbsternennung zum Repräsentan-
ten einer gedemütigten Öffentlichkeit. Als solcher konnte Hitler sein
Gekränktsein getrost vorzeigen, denn nun war es nicht mehr ein Zeichen von Dürftigkeit, sondern von tapferem Kämpfertum für ein
hehres Ideal.

Die abermalige Transformation der Haßgefühle relativierte die private Misere, der sich Hitler nach einer drohenden Demobilisierung
gegenübersah, indem sie einen Schuldigen an der ideologischen Niederlage ausmachte und so die Angst vor Orientierungsverlust bannte.
Zu einer ähnlichen Einschätzung kam bereits Bychowski: »Feders

Broschüren und ähnliche Schriften veranlaßten Hitler, seine paranoiden Ideen auf die Juden zu richten, die die Hauptfeinde, die Drahtzieher hinter der verhaßten Demokratie und dem Sozialismus und daher für Elend und alle Demütigungen der naiv vertrauenden deutschen Nation verantwortlich waren. Es ist offensichtlich, daß Hitler hier eine höchst befriedigende, einfache und überzeugende Erklärung für seine eigenen Demütigungen und Niederlagen fand. Auf diese Weise konnte er seine eigene Minderwertigkeit leugnen und seinen Haß rechtfertigen, der hier einen Brennpunkt fand. Wie Hitler selbst zugab, rückte alles auf seinen Platz und tauchte Licht auf, wo vorher nur Finsternis und Verwirrung gewesen waren« (1948, S. 138).

Der Satz »*Ich aber beschloß, Politiker zu werden*« beschreibt keinen historischen Sachverhalt, sondern ist ein symbolisches Zertifikat, das sich Hitler in der Rückschau für die Überwindung einer kognitiven Dissonanzkrise selbst ausstellte. Vor der Öffentlichkeit tat er dies freilich nur in verschlüsselter Form: Er beschreibt nicht die Krise, sondern nur deren Lösung, verpackt in die Form eines angeblichen Willensakts.

Da sich Hitlers ganze Frustrationsenergie in den Haß auf äußere Feinde umsetzte, vermochte er diese mit aller Entschiedenheit zu bekämpfen – waren es nun die »Novemberverbrecher«, die Bolschewisten oder die Juden. Die Inangriffnahme immer weiter gefaßter Ziele stieß in der Folge freilich auf Widerstand, rief Konkurrenten und Gegner auf den Plan. Indem diese aber wiederum in Haßobjekte übersetzt und entsprechend rigoros attackiert wurden, lieferten sie der politischen Propaganda des »Trommlers« nur den Resonanzboden für die immer lauteren Töne, mit denen er sich bei den Massen Gehör verschaffte.

Über die Ursprünge von Hitlers spezifischer Variante des Antisemitismus sind sich die Historiker immer noch uneins. Scheinbar unvermittelt taucht in der zitierten Passage aus *Mein Kampf* »*der Jude*« auf. Das biographische Bindeglied ist nach unserer Auffassung auf halbem Weg zwischen der Aufnahme der völkischen Propaganda in den Wiener Jahren und der dargestellten psychotischen Transformation zu suchen, die diesen Einflüssen ein spezifisches Gepräge gab.

In Wien war Hitler noch imstande, scheinbar unvereinbare Dinge zu tun. Einerseits saugte er den Rassenantisemitismus der völkischen

Propaganda in sich auf, unterhielt aber zu gleicher Zeit, während seines dreijährigen Aufenthalts im Männerheim, geschäftliche, ja für seine Verhältnisse fast freundschaftliche Beziehungen mit mehreren Juden. Kershaw erklärt diesen Widerspruch mit kalkuliertem Opportunismus:»Hitler war im Kontakt mit jüdischen Händlern und Geschäftsleuten pragmatisch: Solange sie seine Bilder absetzten, schluckte er seine abstrakte Abneigung Juden gegenüber herunter« (1998, S. 104). Doch es ist fraglich, ob dieses geläufige Reaktionsmuster opportunistischer Anpassung auf Hitler zutrifft. Manches spricht dafür, daß ihm seine Affekte aus anderen Gründen nicht in die Quere kamen.

Die übliche Haßdynamik beruht auf dem generalisierenden Vorurteil: Negative persönliche Erfahrungen mit bestimmten Personen werden auf Gruppen oder Klassen ähnlicher Personen übertragen. Vehikel der Übertragung ist die Verallgemeinerung selektiv wahrgenommener, meist sichtbarer Merkmale wie Geschlecht, Hautfarbe, Haartracht, Kleidung, Gewohnheiten, Beruf usw. Dabei spielen öffentliche Angriffe, Verleumdungen und Stigmatisierungen eine wichtige Rolle als Katalysator, doch hat der Haß selbst seine Wurzel in der unmittelbaren und nicht in der mittelbaren Erfahrung. Infolgedessen lassen sich haßgeprägte Vorurteile dieser gemeinhin vorkommenden Art durch positive persönliche Erfahrungen mit den stigmatisierten Personen abbauen. Sozialtherapeutische Programme machen sich dies erfolgreich zunutze.

Hitlers Antisemitismus dagegen bezog seine Quellen ausschließlich aus den öffentlich kommunizierten Feindbildern der Wiener Journale, Broschüren, Bücher und Pamphlete, die er wahllos verschlang. Persönliche Erfahrungen, die nicht in die Feindschablonen des alldeutschen Diskurses paßten oder außerhalb des Fokus der völkischen Agitation blieben, irritierten das angelesene Weltbild nicht, da sie nicht mit ihm vermittelt waren. Vieles spricht dafür, daß die jüdischen Bekannten der Männerheimzeit in diese Rubrik fielen. Sie waren für ihn keine Vertreter jenes »typisch jüdischen« Milieus, wie es in den alldeutschen Schriften beschworen wurde, sondern soziale Schicksalsgenossen Hitlers, Handwerker und kleine Gewerbetreibende, die er als solche wahrnahm. Man könnte vielleicht einwenden, daß die

Situation im Männerheim eine zeitlich befristete Ausnahme bildete, die Hitler aus purer Not zur Toleranz gegenüber Juden zwang, solange er von ihnen profitierte. Dagegen spricht jedoch die folgende Beobachtung:

Nach dem Bericht von Reinhold Hanisch verfocht Hitler zu gleicher Zeit, als er geschäftlich mit Juden verkehrte, in seinen Reden an die Mitbewohner einen rigorosen Antisemitismus. Auf die Frage eines Männerheimkollegen, warum die Juden in allen Nationen Fremde blieben, antwortete Hitler, der Grund liege darin, daß sie eine eigene Rasse seien. Auch der Körpergeruch unterscheide sie von anderen Rassen. Nachkommen von Juden neigten zu Radikalität und Terrorismus. Außerdem erlaube der Talmud den Juden, Andersgläubige zu übervorteilen. Hitler bekannte offen seine Sympathien für Schönerer, Stein, Lueger und Karl Hermann Wolf und phantasierte davon, eine neue Partei zu gründen, in deren Programm der Antisemitismus eine tragende Säule sein müsse (Hamann 1996, S. 241).

Diese Aufspaltung zwischen persönlicher Erfahrungswelt und ideologischer Stellungnahme ist ein deutliches Symptom psychotischer Realitätsverleugnung. Sie tritt später noch deutlicher zutage – etwa als Hitler in der Reichskanzlerzeit seine Diätköchin, Fräulein Kunde, zusammen mit ihrer ganzen Familie kurzerhand für arisch erklären ließ, nachdem sich herausstellte, daß sie jüdischer Herkunft war (vgl. Bromberg/Small 1983, S. 188).

Die beiden Sphären des ideologisch begründeten Antisemitismus und eines normalen alltäglichen Umgangs mit Juden blieben also bei Hitler unverbunden und übten keinerlei Einfluß aufeinander aus. Es bedurfte daher nicht des von Kershaw angenommenen pragmatischen Opportunismus, um Hitler in die Lage zu versetzen, freundlich mit seinen jüdischen Geschäftspartnern zu verkehren. Der Widerspruch, den ein externer Beobachter wahrgenommen hätte, kam Hitler nicht zu Bewußtsein. Das übliche sozialtherapeutische Verfahren wäre bei ihm also wirkungslos geblieben. Psychosebedingt war seine antisemitische Ideologie derart von der Realität abgespalten, daß diese auf jene keinen korrigierenden Einfluß nehmen konnte.

Der Zeitpunkt, zu dem Hitler begann, die in Wien aufgeschnappten antisemitischen Phrasen zu einer eigenständigen Ideologie auszu-

gestalten, fällt nach den überzeugenden Darlegungen von Joachimsthaler (1989) in die Monate zwischen dem Kriegsende und seinen
Anfängen als Parteiredner. Daß dabei allerdings auch persönliche
Motive eine Rolle spielten, wie wir im vorigen Kapitel darlegten, ist
unseres Erachtens wichtig für ein angemessenes Verständnis der ideologischen Äußerungen Hitlers. Andernfalls kommt es zu Generalisie-
rungen, die Hitlers Vernebelungsbedarf eher stützen als aufdecken. So
versucht etwa Hartog, die Grausamkeit Hitlers aus seinem »metaphy-
sischen Antisemitismus« und »kosmischen Judenhaß« zu erklären
(1994, S. 23, 28), den er in der Landsberger Festungshaft entwickelt
habe. Als Beleg zitiert er einen Ausspruch Hitlers vom 29. Juli 1924:
*»Ich habe erkannt, daß ich bisher viel zu milde war. Ich bin bei der Aus-
arbeitung meines Buches zur Erkenntnis gekommen, daß in Hinkunft
die schärfsten Kampfmittel angewendet werden müssen, um uns erfolgreich durchzusetzen. Ich bin überzeugt, daß nicht nur für unser Volk,
sondern für alle Völker dies eine Lebensfrage ist. Denn Juda ist die Weltpest«* (Jäckel/Kuhn 1980, S. 1242). Was dieses Zitat beweist, ist weniger eine neue Qualität von Hitlers Antisemitismus, denn ähnliche
Gedankengänge tauchen unter dem Begriff *»Rassentuberkulose«*
schon in dem Brief Hitlers vom 16. September 1919 an Adolf Gemlich
auf (S. 184–201). Neu war hieran allenfalls das gestärkte Bewußtsein,
die persönliche Haßmotivation politisch umsetzen zu können.

Rahmenbedingungen für den rhetorischen Erfolg

Hitlers Antisemitismus trug, wie gezeigt, schon lange vor 1919 psychotische Züge. Dennoch blieb er im klinischen Sinne unauffällig. Aus psychodynamischer Sicht war hierfür ausschlaggebend, daß Hitlers öffentliches Selbst starken äußeren Zuspruch erhielt. Hierfür mußten bestimmte Voraussetzungen beim Publikum gegeben sein. Und in diesem Sinne ist Kershaw zuzustimmen, wenn er fordert, bei der Analyse von Hitlers Macht »weniger auf die Persönlichkeit zu schauen als auf die Motive und Handlungen derer, die Hitlers Anhänger und Bewunderer wurden« (Kershaw 1998, S. 23, 176f). An erster Stelle sind hier Karl Mayr und Otto Drexler zu nennen, die Hitlers ersten öffentlichen Verbalattacken durch Armee und Partei institutionell den Rücken stärkten. Ohne diese Förderungen wäre er vielleicht weiterhin als aufbrausender Sonderling verspottet worden. Als Repräsentant einer »Bewegung« aber war er öffentlich legitimiert und wurde entsprechend ernst genommen.

Nach Kershaw war Hitler dabei mindestens ebenso ein Getriebener wie ein Antreiber: »Hitlers Anhänger portraitierten ihn tatsächlich als Deutschlands ›heroischen‹ Führer, bevor er selbst sich in diesem Licht sah, und er meldete gegen die Art, wie er ab Herbst 1922 portraitiert wurde, keine Einwände an« (1998, S. 233). Kershaw stützt sich dabei auf die These der »kumulativen Radikalisierung« (Mommsen 1997). Am Beispiel der gesetzesförmigen Judenverfolgung faßt er diesen Prozeß so zusammen: »Der dialektische Radikalisierungsprozeß in der ›Judenfrage‹ lief 1935 nach folgendem Schema ab: Druck von unten, grünes Licht von oben, weitere Gewalt von unten, Zügelung und Besänftigung der Radikalen durch diskriminierende Gesetzgebung. Durch diesen Prozeß wurde die Verfolgung weiter verschärft« (Kershaw 1998, S. 717).

Andererseits drängt sich auch für Kershaw die Frage auf, warum ausgerechnet eine Persönlichkeit wie Hitler diesen Erfolg bei den

Massen erringen konnte: »Wie erklären wir, daß ein Mensch mit so geringen geistigen Gaben und sozialen Fähigkeiten, der außerhalb seines politischen Lebens wenig mehr als ein herrenlos auf den Wellen treibendes Boot war, unnahbar und undurchdringlich selbst für seine unmittelbare Umgebung, der offenbar zu echter Freundschaft nicht fähig war und ohne den Hintergrund aufwuchs, der zu hohen Ämtern befähigt, und sogar ohne jede Regierungserfahrung das Amt des Reichskanzlers antrat, wie konnte ein solcher Mann eine so gewaltige historische Wirkung entfalten, daß die ganze Welt den Atem anhielt?« (S. 21).

Kershaw beantwortet seine Frage damit, daß er seine eigenen Feststellungen relativiert: Hitlers Aufstieg beweise, daß seine geistigen Gaben eben doch nicht so unbedeutend gewesen seien. Hitler habe großen Scharfsinn, ein blendendes Gedächtnis und eine rasche Auffassungsgabe besessen. Einen Teil seiner Erfolge verdanke er schlicht der Tatsache, daß er wegen seines Rufes als Bierkeller-Agitator häufig unterschätzt wurde. Sein wichtigstes Kapital aber sei unbestritten sein Redetalent gewesen, wobei dieses nicht so sehr durch die Inhalte als vielmehr durch die Art und Weise des Vortrags ihre Wirkung entfaltet habe: »Hitler warb nun aber originell für gewöhnliche Ideen. Andere sagten das gleiche und erzielten keine Wirkung. Es zählte nicht, was er sagte, sondern wie er es sagte. Seine ganze Karriere beruhte auf Darstellung« (S. 177). Eine entsprechende Beobachtung hatte schon Kubizek gemacht: »Ich staunte oft, wenn er vor mir allein mit lebhaften Gesten eine Rede hielt [...]. Nicht was er sprach, gefiel mir zuerst an ihm, sondern wie er sprach. Das war für mich etwas ganz Neues, Großartiges. Ich hatte gar nicht gewußt, daß ein Mensch mit Hilfe bloßer Worte so viel ausrichten könne« (1953, S. 22).

Aus welchen Quellen Hitler seine rhetorische Intensität schöpfte, haben wir im vorigen Kapitel beschrieben. Hier soll es nun um die kultursoziologischen Faktoren gehen, die dazu führten, daß die Haßpropaganda bereitwillig aufgenommen wurde. Dabei tritt ein Moment besonders hervor: die Überwältigungskraft der Parolen.

Hitler war sich recht bald bewußt, daß er nur an primitivste Ressentiments appellieren mußte, um sein Publikum mitzureißen. Sein rechtspopulistisches Erfolgsrezept legt er unter anderem in seiner

Rede vom 27.2.1925 im Münchner Bürgerbräukeller offen: *»Die Kunst aller großen Volksführer aber bestand noch zu allen Zeiten darin, die Aufmerksamkeit der Masse auf einen Feind zu konzentrieren«* (Hitler 1992–98, I, S. 14–28). Und in *Mein Kampf* schreibt er: *»Die breite Masse eines Volkes besteht weder aus Professoren noch aus Diplomaten. Das geringe abstrakte Wissen, das sie besitzt, weist ihre Empfindungen mehr in die Welt des Gefühls. Dort ruht ihre entweder positive oder negative Einstellung. Sie ist nur empfänglich für eine Kraftäußerung in einer dieser beiden Richtungen und niemals für eine zwischen beiden schwebende Halbheit. Ihre gefühlsmäßige Einstellung aber bedingt zugleich ihre außerordentliche Stabilität. Der Glaube ist schwerer zu erschüttern als das Wissen, Liebe unterliegt weniger dem Wechsel als Achtung, Haß ist dauerhafter als Abneigung, und die Triebkraft zu den gewaltigsten Umwälzungen auf dieser Erde lag zu allen Zeiten weniger in einer die Masse beherrschenden wissenschaftlichen Erkenntnis als in einem sie beseelenden Fanatismus und manchmal in einer sie vorwärtsjagenden Hysterie«* (1925/27, S. 371). Am 26.2.1926 erklärt er im Hamburger Nationalklub: *»Die breite Masse ist blind, dumm und weiß nicht, was sie tut. [...] Was stabil ist, ist das Gefühl: der Haß«* (Hitler 1992–98, I, S. 315, 320). Und in der Rede im Berliner Sportpalast am 10.2.1933 verspricht er: *»Niemals, niemals werde ich mich von der Aufgabe entfernen, den Marxismus und seine Begleiterscheinungen aus Deutschland auszurotten. [...] einer muß hier Sieger sein: entweder der Marxismus oder das Deutsche Volk! Und siegen wird Deutschland!«* (Domarus 1973, S. 204–208).

In der Tat verschafften ihm die simpelsten rhetorischen Antithesen, die er in einer allen Schauspielregeln guter Atemtechnik trotzenden gutturalen Anspannung ausstieß, den größten Anklang beim Publikum. Dieses berauschte sich daran, daß da einer stand, der stellvertretend ihren eigenen psychischen Druck kathartisch entlud. Kurz vor seiner Hinrichtung beschrieb Hans Frank, der ehemalige »Generalgouverneur« des besetzten Polen, diese Stellvertretungsfunktion anhand seiner eigenen Erfahrungen mit Hitler als Redner: »Er sprach sich alles von der Seele und uns allen aus der Seele, [...] er sprach das, was im Bewußtsein aller vorhanden war, aus und verknüpfte die allgemeinen Erwartungen zu einer klaren Erkenntnis und die allgemein vorhandenen Wünsche der Notleidenden und Hoffenden zu einem Programm. Er war sachlich sicher nicht original [...], aber er war der Berufene, um die Wortführung des Volkes zu übernehmen« (Frank 1953, S. 38–42). Ähnlich äußert sich der Schriftsteller Ernst Jünger, nachdem er 1923 im Münchner Circus Krone eine Rede Hitlers auf sich wirken ließ: »Hier stand nun ein Unbekannter und sagte, was zu sagen war, und alle fühlten, daß er recht hatte. Er sagte, was die Regierung hätte sagen müssen [...] Er sah die Lücke, die zwischen der Regierung und dem Volk entstanden war. Er wollte sie ausfüllen. Es war keine Rede, es war ein Elementarereignis, in das ich geraten war« (Jünger 1949, S. 612).

Auch bei diesen Reaktionen ist zu berücksichtigen, daß es nicht die Inhalte als solche waren, mit denen Hitler seinem Publikum »aus der Seele« sprach, sondern die ungeheure Intensität, mit der er sie vortrug und in ein »Elementarereignis« kollektiver Trance überführte. Eine nachträgliche Lektüre der Hitlerreden, die diesen performativen Aspekt nicht berücksichtigt, muß den eigentlichen Kern ihrer rhetorischen Wirkung verfehlen. So schreibt etwa Widmann (1999) in einer Rezension zur Neuedition des fünften Bandes von Lankheit/ Hartmann (1998), Hitler sei ein schlechter Redner gewesen, habe aber dennoch sein Auditorium begeistern können, weil er dieselbe bürokratisch-gestelzte Untertanensprache verwendet habe wie sein Publikum: »Daß er seine Botschaften aber nicht als flammende Reden eines begeistert Begeisternden, sondern im Deutsch der Schriftsätze der Beamten der untergegangenen Monarchien verfaßte, das signalisierte den Zuhörern: der ist für Ordnung, der weiß, was Anstand und Zucht ist. Und, wichtiger noch: Das ist einer von uns, ein Untertan« (Widmann 1999, S. 10). Was die Sprachform anbelangt, mag diese Beobachtung zutreffen. Doch der rhetorische Erfolg Hitlers wird von ihr nicht erfaßt. Er beruht gerade darauf, daß er ein »schlechter Redner« war. Nicht eine überragende Begabung, wie sie ihm auch Kershaw – gegenläufig zu seiner generellen Charakterisierung Hitlers als »Mensch mit so geringen geistigen Gaben und sozialen Fähigkeiten« – dann doch zuspricht, verschaffte ihm den Anklang bei den Massen, sondern just die ungebremste Freisetzung seiner psychotischen Frustrationsenergie, die man ihm inzwischen mit institutioneller

Rückendeckung gestattete. Vor allem hierin sehen wir die kultursoziologischen Rahmenbedingungen für Hitlers Erfolg als Redner. Indem er trotz mancher halbherziger Versuche, ihn zu maßregeln, immer wieder die Gelegenheit bekam, seine paranoiden und größenwahnsinnigen Zwangsideen öffentlich zu deklamieren, konnte er die Ressentiments seiner Zuhörer in einer Weise ansprechen, die ob ihrer pathologischen Intensität einfach nicht zu überbieten war. Als grandioser Repräsentant aller Zukurzgekommenen wurde er zum bejubelten Star der »Bewegung«.

Die passenden Inhalte
Volkstumskampf statt Klassenkampf

Zweifellos bedurfte es für Hitlers rhetorischen Erfolg auch der geeigneten Inhalte. Nicht jede Form der ideologischen Propaganda hätte er derart effektvoll vortragen können. Die Ideologie mußte zu seiner psychotischen Persönlichkeitsstruktur passen, nur so konnte er sie glaubhaft verkörpern und die benötigte Rückmeldung erhalten. Um dieses Spezifikum der Wechselwirkung zwischen Hitler und seinem Publikum zu verdeutlichen, stellen wir die hypothetische Gegenfrage: Hätte Hitler als sozialistischer Agitator – eine Funktion, die ihm ja als gewähltem Ersatz-Bataillonsrat in der Zeit der Räteregierung durchaus nahegelegt wurde – ähnlichen Erfolg haben können?

Erhebliche Zweifel sind angebracht. Obwohl aus einem konservativ eingestellten Elternhaus stammend, hätte Hitler in Wien genug Anlässe gehabt, mit Sozialdemokraten in Berührung zu kommen und ihr Gedankengut zu übernehmen – sei es wiederum aus Abgrenzungsbedürfnis gegenüber dem toten Vater, sei es aufgrund seiner eigenen materiellen Notlage. Kubizek schildert, wie er und Hitler Zeugen einer großen Hungerdemonstration wurden, die nach Hamanns Recherchen (1996, S. 199) am 26. Februar 1908 stattgefunden hat: »Eines Tages sahen wir auf dem Ring eine Arbeiterdemonstration. [...] Polizisten, zu Fuß und beritten, eilten den Demonstranten entgegen. Wir standen eingekeilt zwischen den Zuschauern [...] und konnten das erregende Bild gut überblicken. [...] Ist dies die Stimmung, so dachte ich klopfenden Herzens, die Adolf den ›Sturm der Revolution‹ nannte? Einige Männer schritten dem Zuge voran und trugen ein großes, die ganze Straßenbreite einnehmendes Spruchband. Darauf stand als einziges Wort ›Hunger!‹ Es hätte für meinen Freund keine zündendere Parole geben können als diese, um die Not der verelendeten Massen mitzufühlen, denn wie oft litt Adolf selbst bitteren Hunger. Da stand er nun neben mir und nahm das Bild mit allen Sinnen in sich auf. So stark in diesem Augenblicke auch sein Mitgefühl mit diesen Menschen sein mochte, hielt er sich doch bis zum Äußersten zurück und nahm den ganzen Vorgang so sachlich kühl und gründlich auf, als ginge es ihm, ähnlich wie bei den Besuchen im Parlament, nur darum, die Regie des Ganzen, sozusagen die technische Durchführung einer derartigen Demonstration, zu studieren. Er dachte, sosehr er sich mit den ›kleinen Leuten‹ solidarisch fühlte, nicht im mindesten daran, sich etwa an dieser Kundgebung aktiv zu beteiligen« (Kubizek 1953, S. 246).

Vor dem Parlament eskalierte die Konfrontation. Die berittenen Polizisten, die den Zug begleitet hatten, schlugen auf einmal mit blankem Säbel auf die Demonstranten ein, die mit einem Steinhagel antworteten. Erst beim Herannahen weiterer Verstärkungen der Polizei löste sich die Kundgebung auf. Hitler war aufgewühlt, doch ließ er erst zu Hause seine Anteilnahme erkennen: »Ja, er bekannte sich zu den Hungernden, den Darbenden, den Ausgestoßenen. Aber auf das schärfste lehnte er die Männer ab, die solche Demonstrationen arrangierten. *Wer sind die Drahtzieher, die hinter diesen doppelt betrogenen Massen stehen und sie nach ihrem Willen lenken? Keiner dieser dunklen Hintermänner läßt sich bei einem solchen Aufmarsch der Massen sehen. Warum? Weil sich ihr Geschäft viel besser im Halbdunkel führen läßt und außerdem – weil sie nicht Kopf und Kragen riskieren wollen. [...] Wer führt dieses Volk des Elends? Nicht Männer, die selbst die Not des kleinen Mannes miterlebt haben, sondern ehrgeizige, machthungrige, zum Teil sogar volksfremde Politiker, die sich am Elend der Massen bereichern.* Ein Wutausbruch gegen diese politischen Profitgeier schloß die erbitterte Anklage meines Freundes. Das war seine Demonstration« (S. 247).

Der projektive Charakter dieser Tirade, den selbst Kubizek ironisch durchscheinen läßt, ist evident. Nicht das Anliegen der Demonstranten weckte Hitlers Interesse – schon gar nicht sein Mitgefühl –, sondern die »*Drahtzieher*«. Seine ausschließliche Nachfrage nach den Anführern der Massen legt den Neidverdacht nahe, daß er sich selbst gern in dieser Rolle gesehen hätte. Schließlich hielt er sich selbst von der demonstrierenden Masse mindestens ebenso fern wie die Kritisierten, die er – der Distanzierte – als »*volksfremde Politiker*« charakterisiert, »*die sich am Elend der Massen bereichern*«. In einem Nebensatz läßt der verhinderte Machttechniker immerhin erkennen, daß er bereits etwas von den politischen Kampfbegriffen »Klasse« und »Volk« gehört hat.

Hitler orientierte sich, wie Hamann darlegt (1996, S. 364f), insbesondere an der von Franz Stein, dem Sohn eines Wiener Fabrikarbeiters, geführten alldeutschen Arbeiterbewegung »Germania« und ihrem politischen Organ, der Zeitung *Der Hammer*. Das Besondere dieser Strömung innerhalb der Schönerianer bestand in der Verknüpfung des antihabsburgischen und antisemitischen Volkstumskampfes mit dem sozialen Kampf der (deutschen) Arbeiter, vorgetragen in einer aggressiven antiparlamentarischen Opposition. Ironischerweise tauchte der Begriff »nationalsozialistisch«, der diese strategische Idee in eine griffige Formel faßte, zuerst bei den Tschechen auf, die neben den Juden die bevorzugten Haßgegner der Deutschnationalen waren. Die tschechischen Nationalsozialisten begriffen sich als antideutsch, antisemitisch und antiparlamentarisch und zeichneten sich im k.k. Reichsrat, der Abgeordnetenkammer »Cisleithaniens«, durch besonders hartnäckige Obstruktion aus (Hamann 1996, S.175f).

Schon früh muß sich Hitler gegen den Sozialismus marxistischer Prägung entschieden haben. Aus der Männerheimzeit ist folgende Episode überliefert: Als am 1. Mai 1910 ein sozialdemokratischer Mitbewohner mit roter Nelke im Knopfloch vom Maiaufmarsch im Prater berichtete, sprang Hitler nach Hanischs Bericht auf, fuchtelte wild mit den Händen herum und schrie: »›*Du solltest hinausgeworfen werden; du brauchst eine Lektion!*‹ Hanisch: ›Alle lachten über seine Aufregung‹« (S. 262).

Ob Hitler nun durch Instinkt oder Einsicht dazu gekommen war: Seinem psychotisch aggressiven Naturell kam der Volkstumskampf weitaus mehr entgegen als der Klassenkampf. Der Grund dafür liegt in Unterschieden der Konfliktstruktur:

Die Zugehörigkeit zu einer Klasse im marxistischen Sinn ergibt sich aus dem Besitz oder Nichtbesitz von Produktionsmitteln. Klassenzugehörigkeit wird zwar häufig sozial vererbt, kann aber prinzipiell im Lauf eines Lebens verändert werden, d.h., sie ist ein erworbenes Merkmal. Das gilt noch stärker für Klassenbewußtsein, der mentalen

Voraussetzung zur Teilnahme am Klassenkampf. Daran ließ es aus marxistischer Sicht insbesondere das Kleinbürgertum fehlen, das zwar »objektiv« dem Proletariat angehörte, sich aber »subjektiv« am Besitzbürgertum orientierte und damit eine revolutionäre Polarisierung der Gesellschaft behinderte.

Volkszugehörigkeit, vor allem in rassebiologischer Lesart, ist dagegen ein durch Geburt ererbtes Merkmal. Hat man es nicht, dann bleibt man ausgeschlossen, auch wenn rechtliche Staatsangehörigkeit, nationales Identitätsempfinden und persönliches Bekenntnis, ja im Fall der deutschen Juden sogar der Einsatz des eigenen Lebens im Weltkrieg das Gegenteil bezeugen. Verlangt eine kosmopolitische oder klassentheoretische Selbstdeutung ein Minimum an theoretischer Aufgeklärtheit und persönlicher Stellungnahme, so erübrigt sich bei der Volkszugehörigkeit durch den Anschein ihrer Naturgegebenheit jedes persönliche Bemühen oder eigene Denken.

Die strukturelle Differenz zwischen erworbenen und ererbten Konfliktanlässen verleiht ethnischen Auseinandersetzungen, auch wenn sie nicht rassebiologisch begründet werden, von vornherein eine größere Schärfe als Klassenkämpfen. Die Geschichte belegt vielfach, daß ethnische Konflikte überwiegend gewaltsame, vom Bürgerkrieg bis zum Völkermord reichende Formen der Austragung hervorbringen. Klassenkämpfe haben dagegen in Massen- oder Generalstreiks ihre ultima ratio, Gewalt tritt nur in Ausnahmesituationen auf. Wenn Hitler auf die »völkische Karte« setzte, dann deshalb, weil er sich seinem paranoiden Naturell gemäß für die radikalere und gewaltsamere Form der Auseinandersetzung entschied. In *Mein Kampf* scheint dieses Motiv anläßlich einer historischen Sicht auf das Jahr 1848 durch: *»Als nun durch Europa die ersten revolutionären Wetterzeichen einer neuen Zeit flammten, da begann auch Österreich langsam nach und nach Feuer zu fangen. Allein als der Brand endlich ausbrach, da wurde die Glut schon weniger durch soziale, gesellschaftliche oder auch allgemein politische Ursachen angefacht als vielmehr durch Triebkräfte völkischen Ursprungs. Die Revolution des Jahres 1848 konnte überall Klassenkampf sein, in Österreich jedoch war sie schon der Beginn eines neuen Rassenstreits. Indem damals der Deutsche, diesen Ursprung vergessend, sich in den Dienst der revolutionären Erhebung stellte, besie-*

gelte er damit sein eigenes Los. Er half mit, den Geist der westlichen Demokratie zu erwecken, der in kurzer Zeit ihm die Grundlagen der eigenen Existenz entzog« (Hitler 1925/27, S. 79/80).

Unter den ethnischen Mehrheitsverhältnissen der Habsburgermonarchie, in der die Deutschösterreicher mit etwa 10 Millionen nur rund ein Fünftel der Gesamtbevölkerung stellten (Hamann 1996, S. 125), wäre der Ausgang eines ethnischen Konflikts allerdings höchst ungewiß gewesen. Im deutschen Kaiserreich dagegen nahm man von den ethnischen Spannungen und der Radikalität des Volkstumskampfes in der Donaumonarchie kaum Notiz. Erst die Niederlage von 1918, der Versailler Vertrag mit seiner Kriegsschuldzuweisung und den daran geknüpften Reparationslasten, die Legende vom »Dolchstoß« der Heimat in den Rücken der Frontsoldaten sowie die für das konservative Bürgertum traumatischen Erfahrungen der Novemberrevolution und der Münchner Räterepublik schufen eine öffentliche Stimmung, in der die Thesen des völkischen Nationalismus breitere Kreise erreichen konnten (vgl. Kershaw 1998, S. 178f). Doch gab es zumindest zwei bedeutende Hindernisse, die eine Durchsetzung der völkischen Agitation in Frage gestellt hätten – wäre da nicht Hitler gewesen, der diesen Hindernissen mit seinem Wiener Erfahrungshintergrund, seiner aggressiven Orientierung an Feindbildern und der Rigidität seiner psychotischen Persönlichkeit wirksam entgegentrat.

Das erste Hindernis war das bayerische Umfeld nach der Niederschlagung der Räterepublik im Mai 1919. Zwar hatte das antisozialistische und konterrevolutionäre Regime, das Ministerpräsident Gustav Ritter von Kahr seit März 1920 anführte, Bayern in ein »Eldorado für Rechtsextremisten aus ganz Deutschland« verwandelt (Kershaw 1998, S. 219): Die sogenannte »Ordnungszelle Bayern« mit ihren vielen »Vaterländischen Vereinen«, Freikorpsverbänden, paramilitärischen Bünden und bewaffneten Einwohnerwehren bot einen idealen Nährboden für den völkischen Angriff auf die Weimarer Republik. Zugleich aber betrieb Kahr eine »Fundamentalopposition gegen die Zentralregierung«. Sie stützte sich auf eine schon im Krieg verbreitete antipreußische Stimmung und kritisierte die in der Reichsverfassung beschnittenen Rechte Bayerns. Die völkische Agitation stieß daher auf eine höchst labile »Koalition der weißblauen

partikularistischen Stimmung mit dem schwarzweißrotnationalisti-
schen Widerstand gegen das ›rote‹ Berlin« (S. 219f).

Immer wieder war Hitler mit dem Preußenhaß der Bayern, der so
gar nicht in sein völkisches Weltbild paßte, konfrontiert, das erste Mal
während eines Fronturlaubs 1916 in München: »*Während der Jude die
gesamte Nation bestahl und unter seine Herrschaft preßte, hetzte man
gegen die ›Preußen‹ [...]. Man schien gar nicht zu ahnen, daß der
Zusammenbruch Preußens noch lange keinen Aufschwung Bayerns mit
sich bringe, ja, daß im Gegenteil jeder Sturz des einen den anderen ret-
tungslos mit sich in den Abgrund reißen mußte. [...] Während man in
Bayern gegen den Preußen schimpfte, organisierte der Jude die Revolution und zerschlug Preußen und Bayern zugleich. Ich konnte diesen ver-
fluchten Hader unter den deutschen Stämmen nicht leiden und war
froh, wieder an die Front zu kommen*« (Hitler 1925/27, S. 212).

Eben dieser Streitpunkt war es, der Hitler bei seinem ersten Auftreten in der Parteiversammlung der DAP am 12.9.1919 zu der geschilderten Verbalattacke gegen jenen Professor Baumann veranlaßte. Er
schildert die politischen Implikationen des Vorfalls so: Baumann
habe der Partei empfohlen, »*als besonders wichtigen Programmpunkt
den Kampf um die ›Lostrennung‹ Bayerns von ›Preußen‹ aufzunehmen.
Der Mann behauptete mit frecher Stirne, daß in diesem Falle sich besonders Deutsch-Österreich sofort an Bayern anschließen würde, daß der
Friede dann viel besser würde und ähnlichen Unsinn mehr. Da konnte
ich denn nicht anders, als mich ebenfalls zum Wort zu melden und dem
gelahrten Herrn meine Meinung über diesen Punkt zu sagen – mit dem
Erfolg, daß der Herr Vorredner, noch ehe ich fertig war, wie ein begosse-
ner Pudel das Lokal verließ*« (S. 236).

Hitler hatte damit einen Punkt gefunden, der eine populäre Position durch eine wesentlich radikalere überbot. Er selbst muß seinen
aggressiven Rechtspopulismus freilich als heroisches Einzelkämpfer-
tum stilisieren, wie die folgende Passage aus *Mein Kampf* dokumentiert: »*Ich glaube, ich habe in meinem Leben noch keine unpopulärere
Sache begonnen als meinen damaligen Widerstand gegen die Preußen-
hetze. In München hatten schon während der Räteperiode die ersten
Massenversammlungen stattgefunden, in denen der Haß gegen das übri-
ge Deutschland, insbesondere aber gegen Preußen, zu solcher Siedehitze*

aufgepeitscht wurde, daß es nicht nur für einen Norddeutschen mit Todesgefahr verbunden war, einer solchen Versammlung beizuwohnen, sondern daß der Abschluß derartiger Kundgebungen meist ganz offen mit dem wahnsinnigen Geschrei endigte: ›Los von Preußen!‹ – ›Nieder mit Preußen!‹ – ›Krieg gegen Preußen!‹« (S. 625).

Hitler meisterte seine selbstgestellte Aufgabe, indem er dem »*Haß*«, der »*Hetze*« und dem »*wahnsinnigen Geschrei*«, das er den anderen zuschrieb, eine verschärfte Version derselben Affekte mit umgekehrter Tendenz entgegensetzte und damit seinen Sonderstatus sicherte. Indem er sich auf einen radikalisierten Antisemitismus verlegte, besaß er ein unüberbietbar generalisiertes Feindbild, dem sich auch ein überzeugter Preußengegner kaum verschließen konnte, wollte er nicht als nützlicher Idiot »fremdvölkischer« Drahtzieher dastehen. Doch diese Positionsfindung vollzog sich nicht aus bloßem Kalkül, sondern aufgrund einer psychologischen Disposition. Aufgrund seiner schizophrenen Struktur war Hitler imstande, ein Feindbild aus dem Stegreif so heftig zu attackieren, als sei er persönlich betroffen. Und das entsprach zweifellos seinem eigenen Erleben. Auch John Lukacs ist überzeugt, daß Hitler »nicht nur wollte, daß andere glauben, was er sagte, sondern daß er das alles selbst glaubte, während er es sagte« (1997, S. 252). Nur durch eine derart vollständige Identifizierung mit seinem öffentlichen Selbst konnte er zur Kultfigur werden.

Die Funktion des Führerkults

Konnte sich Hitler gegen die Preußenfeindlichkeit der Bayern als der radikalere Agitator profilieren, mußte er sich auf der anderen Seite auch von der Radikalität der völkischen Bewegung abgrenzen, um seinen Sonderstatus zu sichern. Gerade damit weckte er die Sympathien der Massen. Das öffentliche Rabaukentum war zwar unentbehrlich für die Mobilisierung des eigenen Anhangs, schreckte aber die Mehrheit der Bevölkerung außerhalb des völkischen Lagers eher ab, vor allem, wenn es zu Übergriffen und rüden Straßenszenen führte. Im Vorfeld der Reichstagswahl von 1930, die der NSDAP eine sprunghafte Steigerung von 2,6 auf 18,3 Prozent der Stimmen und von 12 auf 107 Mandate bescherte (Kershaw 1998, S. 422), änderte Hitler den Tenor der völkischen Agitation. Haß und *»Parteiengezänk«* traten in den Hintergrund zugunsten von Idealismus und Volksgemeinschaft. Wie seine Rede vom 23. April 1932 in Hamburg auf seine Zuhörer wirkte, geht aus dem folgenden Tagebucheintrag einer Lehrerin hervor: »Dann sprach Hitler. Hauptgedanke: Aus Parteien soll ein Volk werden, das deutsche Volk. – Er geißelte das ›System‹ [...]. Im übrigen enthielt er sich persönlicher Angriffe und auch unbestimmter und bestimmter Versprechungen. [...] Als die Rede beendet war, erhob sich brausender Jubel und Beifall [...]. Wieviele sehen zu ihm auf in ergreifender Gläubigkeit als dem Helfer, Erretter, als dem Erlöser aus übergroßer Not. – Zu ihm, der den preußischen Prinzen, den Gelehrten, den Geistlichen, den Bauern, den Arbeiter, den Erwerbslosen aus der Partei rettet ins Volk hinein« (zit. nach Kershaw, S. 457).

Hatte Hitler seinen Charakter gewechselt oder sich nur verstellt? Weder das eine noch das andere. Er folgte konsequent dem Interesse seiner Selbsterhöhung. Diesem persönlichen Zweck diente er in der gegebenen Situation am besten dadurch, daß er mehr das Zusammengehörigkeitsgefühl der Deutschen betonte als den inneren Konflikt der Parteien. Hitlers Aggressivität war damit nicht geschwunden,

sondern verlegte sich auf Gegner im eigenen Umfeld: Dazu gehörten
Unbotmäßige wie Ernst Röhm, mit dem Hitler sich schon 1925 wegen
der Rolle der SA ein erstes Mal überwarf, die völkische Konkurrenz in
Gestalt der in Mecklenburg und Berlin aktiven Deutschvölkischen
Freiheitspartei, deren Prominenz 1927 der Reihe nach zur NSDAP
wechselte, sowie ideologische Konkurrenten innerhalb der Partei, insbesondere der überspannt religiöse Gauleiter Artur Dinter und der
einem mystischen Nationalismus huldigende Schriftleiter der *Berliner Arbeiterzeitung* und der *NS-Briefe* Otto Strasser, der nicht nur
die »Idee« über den Führer stellen, sondern auch am Ziel einer sozialen Revolution mit antikapitalistischer Zielsetzung festhalten wollte
(S. 342, 380f, 414f).

Das wichtigste Mittel aber, die auf Radikalität gegründete Einheit
zwischen sich und der Bewegung auf die Mehrheit der Deutschen zu
übertragen, war der Führerkult. Das mag paradox klingen, weil
außerhalb der völkischen Bewegung die Sehnsucht nach dem »starken Mann« keineswegs das beherrschende Motiv war, die NSDAP zu
wählen. Das galt nicht einmal für jene, die vor 1933 der Partei beige-
treten waren. Eine Sichtung der Lebensgeschichten von 581 frühen
NSDAP-Mitgliedern ergab, daß nur rund 20 Prozent den Führerkult
als dominantes Beitrittsmotiv nannten, dagegen jeweils mehr als 30
Prozent die Volksgemeinschaft oder nationalistischen Patriotismus
(S. 421).

Daß es Hitler gelang, die unterschiedlichen Motive auf sich zu vereinigen, hat mit den Eigentümlichkeiten seiner Struktur zu tun. Diese
bediente den weltanschaulichen Harmonisierungsbedarf der Massen,
indem es ihn auf ein Individuum konzentrierte. Entscheidend für das
Gelingen dieser Kombination ist die auch von Kershaw hervorgeho-
bene Tatsache, daß Hitler zwar das Führerprinzip entschieden propagierte, aber sich selbst nicht explizit für diese Rolle bewarb. So entging
er den Vorbehalten der Mehrheit gegen eine selbsternannte Führerfigur und machte sich zugleich als »Trommler« zum Idol. Noch 1921
lehnte er das Angebot Anton Drexlers, des Gründers und Vorsitzenden der DAP, selbst den Vorsitz zu übernehmen, ab. Hitler sah – vollkommen zu Recht – seine Stärke in der Propaganda, nicht in der
Organisation, für die er keine Verantwortung tragen wollte (S. 203).

In diesem Zusammenhang sei daran erinnert, daß er schon im Ersten Weltkrieg auf eine erwogene Beförderung verzichtete. Sein Größenwahn hatte ihn zwar subjektiv längst zum monologischen Sprecher einer grandiosen Erneuerung Deutschlands gemacht, aber den Realitätstest der objektiven Bewährung in einer erhobenen Position suchte er mit instinktivem Gespür für seine Untauglichkeit zu vermeiden. So war es auch in der Situation des Jahres 1921. Daß er kurz darauf den Vorsitz schließlich doch übernahm, war eine ungeplante Folge seines Beharrens auf der Rolle des ersten Propagandaredners. Als er diese durch die Fusionspläne Dickels bedroht sah, reagierte er, wie schon erwähnt, mit einer theatralischen Austrittsdrohung, durch die sich die Partei zu weitreichenden Zugeständnissen erpreßt sah. Auch wenn er nun – sozusagen beiläufig – den Spitzenplatz in der Hierarchie zugesprochen bekam, blieb Hitler seinem Selbstverständnis nach der »Trommler« und unterschied bis in die Zeit der Landsberger Festungshaft hinein ausdrücklich zwischen sich als Parteiführer und einem zukünftigen Diktator. In einer Rede am 4. Mai 1923 verkündete er: »*Was Deutschland retten kann, ist die Diktatur des nationalen Willens und der nationalen Entschlossenheit. Da entsteht die Frage: Ist die geeignete Persönlichkeit da? Unsere Aufgabe ist es nicht, nach der Person zu suchen. die ist entweder vom Himmel gegeben oder ist nicht gegeben. Unsere Aufgabe ist, das Schwert zu schaffen, das die Person brauchen würde, wenn sie da ist. Unsere Aufgabe ist, dem Diktator, wenn er kommt, ein Volk zu geben, das reif ist für ihn!*« (Jäckel/Kuhn 1980, S. 923f).

Erst mit dem zunehmenden öffentlichen Zuspruch wuchs auch Hitlers Zuversicht, dem psychotisch bedingten Drang zur Selbsterhöhung nachzugeben, ohne eine Falsifikation seines Größenwahns zu riskieren. Auch im weiteren Verlauf zeigte sich, daß Hitlers Agieren in eigener Sache keine hinreichende Bedingung für die Erlangung von Führerqualitäten war, doch seine Entourage sorgte dafür, daß dies nicht weiter auffiel. Er brauchte nur zu reden und sein Publikum für die »Bewegung« zu begeistern.

Diese drohte sich freilich mangels Lenkung zunehmend durch innere Zwistigkeiten aufzureiben. Ironischerweise sorgte aber gerade Hitlers Zurückhaltung gegenüber den Erwartungen der zerstrittenen

Flügel, er möge eine Stellungnahme abgeben, für eine Festigung seiner Position. Indem er sich aus den inneren Querelen heraushielt, machte er sich de facto unentbehrlich als einzige von allen anerkannte Klammer zwischen den zentrifugalen Kräften. Doch entsprang auch diese Zurückhaltung keinem strategischen Kalkül. Vielmehr hatte er bei seinem Putschversuch am 9. November 1923 die eher deprimierende Erfahrung gemacht, daß er sich vorschnell hatte unter Handlungsdruck setzen lassen. Aktionistische Unruhe in der SA und im Kampfbund sowie zweideutige Zusagen des in Bayern herrschenden Triumvirats aus dem zum Generalstaatskommissar ernannten v. Kahr, dem Landespolizeichef v. Seisser und dem Reichswehrbefehlshaber von Bayern, v. Lossow, hatten Hitler zum Putsch bewogen (vgl. Kershaw 1998, S. 255–257). Im Prozeß selbst, unter Leitung des offen mit ihm sympathisierenden Vorsitzenden Richters Georg Neithardt, bot sich Hitler allerdings ein ideales Forum der propagandistischen Rechtfertigung, das sein Selbstbewußtsein nachhaltig stärkte. Kershaw stellt fest:»Sein Triumph vor Gericht, die Verherrlichung in der völkischen Presse oder der Strom von Verehrerbriefen ins Landsberger Gefängnis, nicht zuletzt der von einem grotesken Gezänk begleitete Zerfall der ›völkischen‹ Bewegung in seiner Abwesenheit [...]: All dies trug zu seiner hochtrabenden Einschätzung der eigenen Bedeutung und seiner einzigartigen historischen ›Mission‹ bei.« Daraus resultiert nach Kershaw die Wende vom Trommler zum Führer: »Umgeben von Schmeichlern und Verehrern, allen voran Rudolf Heß, erlangte Hitler nun Gewißheit: Er selbst war Deutschlands kommender ›großer Führer‹. [...] Das Anwachsen des Führerkults war, obwohl Hitler nichts dagegen unternahm, außer wenn er besonders geschmacklose Auswüchse unterband, das Werk seiner Gefolgsleute« (S. 327, 337).

Den vorläufigen Schlußpunkt unter diese Entwicklung setzte die Bamberger Führertagung vom Februar 1926. Es entstand nicht nur eine neuartige, einzig dem Willen ihres Führers unterworfene politische Organisation. Darüber hinaus trat auch die Funktion dieser Personalisierung einer politischen Bewegung erstmals klar zutage. Die völkische Rechte sollte sich nicht noch einmal – wie während Hitlers Haft – an dogmatischen Fragen entzweien. Hitler erklärte daher das alte 25-Punkte-Parteiprogramm vom 24. Februar 1920 für völlig ausreichend: »*Das bleibt, wie es ist*«, soll Hitler gesagt haben. »*Auch das Neue Testament ist voller Widersprüche, was jedoch der Ausbreitung des Christentums keineswegs hinderlich gewesen ist*« (Tyrell 1969, S. 108). Gerade ein nebulöses Parteiprogramm kam Hitler zugute. Klare Maximen hätten ihn festgelegt und kontrollierbar gemacht. So aber konnte er seine Eigentümlichkeiten unangefochten beibehalten.

Das Führerprinzip war ein Instrument, um jede grundsätzliche Debatte über die Ziele der Bewegung zu unterbinden und damit auch jede mögliche Kritik oder Abweichung von dem, was als Führerwille unterstellt wurde. Es deckt sich insofern mit dem, was Niklas Luhmann als Funktion religiöser Symbole und Rituale bezeichnet hat: präventive Bannung von Negation (1982, S. 87). Im Umkehrschluß folgt daraus, daß das Führerprinzip sich mit einem Arsenal von quasireligiösen Symbolen und Ritualen ausstatten mußte, um ideologischen Widerstand zuverlässig im Keim zu ersticken.

Dies geschah in bombastischer Vielfalt und Intensität. Die Nürnberger Parteitage mit ihrer »politischen Liturgie« (Schreiner 1998, vgl. Bärsch 1998) bieten dafür ebenso illustre Beispiele wie der alljährlich am 9. November in München nachinszenierte »Marsch auf die Feldherrnhalle«, der Kult um die »alten Kämpfer« und die »Blutfahne«, die »deutsche Wallfahrt« auf den Obersalzberg, die Gedenkstätten und unzähligen Alltagsrituale (vgl. Angermair/Haerendel 1993). Nicht zuletzt die Erweckungs- und Erlösungsformeln, mit denen Hitler seine Reden zunehmend auflud, ließen den Bierkellerdunst, der über der frühen Bewegung gelegen hatte, vergessen. So beendete er seine Rede am 11. Februar 1933 im Berliner Sportpalast, die erstmals im Rundfunk landesweit übertragen wurde, mit einer nationalsozialistischen Verballhornung des protestantischen Vaterunsers. Das war nicht etwa ironisch oder gar satirisch gemeint, sondern ein authentischer Ausdruck des zu dieser Zeit erreichten Maßes an Selbstglorifizierung. Diese bediente Hitlers psychotische Persönlichkeitsstruktur und verbarg sie zugleich im öffentlichen Kult: »*Denn ich kann mich nicht lösen von dem Glauben an mein Volk, kann mich nicht lossagen von der Überzeugung, daß diese Nation wieder einst auferstehen wird, kann mich nicht entfernen von der Liebe zu diesem mei-*

nem Volk und hege felsenfest die Überzeugung, daß eben noch einmal die
Stunde kommt, in der die Millionen, die uns heute hassen, hinter uns ste-
hen und mit uns dann begrüßen werden das gemeinsam geschaffene,
mühsam erkämpfte, bitter erworbene neue deutsche Reich der Größe
und der Ehre und der Kraft und der Herrlichkeit und der Gerechtigkeit.
Amen« (Domarus 1973, S. 208).

Die wichtigste Funktion des Führerkults lag mithin nicht innerhalb
der »Bewegung«, sondern in der Vermittlung ihrer Ziele an die übri-
ge Bevölkerung. Er ermöglichte zuallererst das völkische Selbstverständnis – Hitler spricht von »*Nationalisierung*« (1925/27, S. 34) – der
gesamten Gesellschaft. Wir haben oben darauf hingewiesen, daß die
Radikalität der völkischen Agitation und ihrer Kampfformen die
Mehrheit der Deutschen eher abschreckte und daher kontraproduk-
tiv für die Erringung der Macht im Staat war. Mit Hilfe des Führerprinzips ließ sich dem gegensteuern. So konnte Hitler trotz fortge-
setzter Schelte des Parlamentarismus die Macht auf legalem Weg
erobern und die SA zugunsten der Wehrmacht depotenzieren. Propa-
gandistische Schwenks (wie der oben im Zusammenhang mit den
Reichstagswahlen von 1930 erwähnte) und taktische Manöver (z. B.
die Beteiligung der SA am kommunistisch geführten Streik der Berliner Verkehrsbetriebe im November 1932) waren nun möglich, da der
Führerwille es verlangte. Hitler hatte erfolgreich »das Bild des die
Menschen polarisierenden Parteiführers« abgelegt und war imstande,
»einen die Nation repräsentierenden Platz über den Parteien einzu-
nehmen« (Kershaw 1998, S. 511).

Gegebenenfalls, etwa vermöge der »Nürnberger Gesetze« von 1935,
konnte Hitler zu juristischen Mitteln greifen, um die Radikalität der
sich auf seinen Führerwillen berufenden Einzelaktionen gegen Juden
zugunsten der legalistischen Erwartungen der Mehrheit einzudäm-
men. Diese war zwar mit den antisemitischen Zielen durchaus einverstanden, nahm aber Anstoß an den Methoden. Als im Februar
1936 der Schweizer NSDAP-Landesgruppenchef Wilhelm Gustloff
von einem Juden ermordet wurde, verzichtete man mit Rücksicht auf
die bevorstehende Olympiade auf Vergeltungsmaßnahmen und
beließ es bei verbalen Attacken. Als zweieinhalb Jahre später der deutsche Legationsrat Ernst vom Rath in Paris ebenfalls von einem Juden

ermordet wurde, nahm man das zum willkommenen Anlaß für die organisierten Pogrome der »Reichskristallnacht«. Diese Flexibilität der Reaktionen sowie ihre organisatorische Kontrolle verdankte das Regime der programmatischen Unklarheit des Führerprinzips – eine Funktion, die eine gestörte Persönlichkeit wie Hitler gerade wegen ihrer nebulösen Ambivalenzen perfekt auszufüllen vermochte. Dennoch bleibt es merkwürdig, daß er diese Rolle langfristig politisch durchhalten konnte.

Komplexitätsreduktion bis zum Tod

Für Hitler war die auf seine Person fokussierte Herrschaftsform ein zweischneidiges Schwert. Einerseits sicherte sie seine klinische Unauffälligkeit durch eine perfekte Entsprechung zwischen der Selbst- und Fremdwahrnehmung seiner öffentlichen Rolle. So war die Gefahr negativer, zu seinen eigenen Größenvorstellungen dissonanter Rückmeldungen zu dieser Zeit deutlich herabgesetzt. Weniger prominente Schizophrene werden zumeist durch die beschämende Kluft zwischen Selbstdarstellung und Reaktion der Öffentlichkeit in den akuten Wahn oder die Selbstisolation getrieben. Diesen eklatanten Realitätsbruch konnte Hitler nach 1933 schon deshalb vermeiden, weil er genug Machtmittel besaß, um der Wirklichkeit seine Wahnideen aufzuzwingen. Er selbst hat dies – mit einer später von Leni Riefenstahl als Filmtitel übernommenen Formel – als »Triumph des Willens« (vgl. Loiperdinger/ Culbert 1988, S. 17f) empfunden, als Verwirklichung eines heroischen Selbstbildes, dessen Ursprünge bis in seine Kindheit zurückreichen. Nun konnte er dieses Selbstbild ungehemmt ausleben. Beispiele für die erfolgreiche Durchsetzung persönlicher Willkür sind Hitlers frühe außenpolitische Vorstöße – so der überraschende Nichtangriffspakt mit Polen vom 26. Januar 1934, mit dem er die Umzingelungspolitik Frankreichs durchbrach, das deutsch-englische Flottenabkommen vom 18. Juni 1935, das einen Keil zwischen England und Frankreich trieb, und vor allem die Wiederbesetzung des entmilitarisierten Rheinlands am 7. März 1936 durch die Reichswehr, die Frankreich ungeahndet ließ. Bei allen diesen Aktionen war Hitler die breite Zustimmung der Bevölkerung sicher. Wenn er auch trotz seiner propagandistischen Faszinationskraft die öffentliche Meinung nicht beliebig manipulieren konnte, so beanspruchte er doch zumindest die Deutungshoheit über Rückmeldungen aus der sozialen Realität. Als ihn sein Adjutant Fritz Wiedemann während der Ernährungs- und Versorgungskrise um die Jahreswende 1935/36 über die in Polizeiberichten dokumentierte schlechte öffentliche Stimmung informierte, antwortete Hitler: »*Die Stimmung im Volk ist nicht schlecht, sondern gut. Ich weiß das besser. Sie wird durch solche Berichte schlechtgemacht. Ich verbitte mir so etwas in Zukunft!*« (Wiedemann 1964, S. 90).

Die Kehrseite des Führerprinzips bestand in einer hoffnungslosen Überforderung seiner Rolle als alleiniges Zentrum des Regimes. Da der Führerwille überall die letzte Entscheidungsinstanz sein sollte, wäre auch ein sehr viel effizienter arbeitender Staatschef über kurz oder lang an dem damit verbundenen Kommunikationsaufwand gescheitert. Dies gilt für Hitler mehr als für andere Diktatoren, die keine derart ausgeprägte psychotische Struktur erkennen lassen. Denn sein missionarischer Größenwahn war nur so lange ungefährdet, wie er den Wahrnehmungen und Bedürfnissen der Masse entsprach. Dafür war vorerst gesorgt. Das Spezifische der Hitlerpsychose trat aber noch in einem anderen Merkmal zutage, das die Funktionsfähigkeit des Regimes bedrohte: der Entscheidungsunfähigkeit. Es ist typisch für den Schizophrenen, daß er »nur von großen Plänen, hohen Zielen, zu vollbringenden Werken [spricht], ohne selbst genau zu wissen, worin sie im einzelnen bestehen. Was er vor der Konkretisierung jedes Planes weiß, ist sein Selbstverständnis, das in seiner Ausstrahlungskraft auf die anderen gründet« (Paul Matussek 1992, S. 91).

So mag Hitlers diffuser Kultstatus ihm zwar dabei geholfen haben, sich gegen die übermächtige Komplexität der Regierungsanforderungen abzuschotten, doch ging dies natürlich zu Lasten der Effizienz des Apparats. Das veränderte Kommunikationsverhalten des Führers nach der Machtergreifung schildert der damalige Pressechef Otto Dietrich: Während Hitlers Umgebung zuvor »die Möglichkeit besaß, ihm auch ihre abweichende politische Meinung vorzubringen, entzog er sich als Staatsoberhaupt und Respektsperson strikt jeder ungebetenen politischen Aussprache. [...] Hitler begann, Einwendungen gegen seine Erkenntnisse und Zweifel an ihrer Unfehlbarkeit zu hassen. [...] Er wollte reden, aber nicht zuhören, er wollte Hammer, aber nicht Amboß sein« (Dietrich 1924, S. 44f).

Wie die Zitate von Wiedemann und Dietrich dokumentieren, versuchte Hitler die Komplexitätskrise, die er sich mit der Durchsetzung des Führerprinzips eingehandelt hatte, im Sinne seiner psychotischen Struktur zu meistern. Dies konnte nur bedingt gelingen, zumal diese Krise sich mit der zusätzlichen Übernahme des Präsidentenamts, das Hitler zum unumschränkten Alleinherrscher machte, weiter verschärfte. Interessant ist in diesem Zusammenhang ein Vergleich mit der Arbeitsweise anderer zeitgenössischer Diktatoren. Sowohl Mussolini als auch Franco behielten ihre Kabinette, auch wenn diese nur beratenden Status hatten. Ebenso hielt es Stalin mit dem Politbüro, aus dem er allerdings potentielle Konkurrenten eliminieren ließ. Hitler jedoch reduzierte die Zahl der Kabinettssitzungen zwischen 1935 und 1938 von zwölf auf eine. Die Sitzung am 5. Februar 1938 war dann auch die letzte. Während des Krieges war es den Ministern sogar verboten, sich privat zu einem Glas Bier zu treffen (Gruchmann 1973, S. 202).

Erschwerend kam hinzu, daß Hitlers Arbeitsweise, je länger er an der Macht war, in den Schlendrian der Wiener Jahre zurückfiel. Albert Speer, der zu den Personen gehörte, die Hitler am nächsten standen und wohl auch am besten kannten, konstatiert: »Ich war ein intensiver Arbeiter und konnte die Verschwendung, die Hitler mit seiner Arbeitszeit trieb, anfangs nicht verstehen. Ich hatte zwar Verständnis dafür, daß Hitler seinen Tag mit Langeweile und Zeitvertreib ausklingen ließ; nur geriet diese Phase mit durchschnittlich sechs Stunden nach meinen Begriffen etwas lang, während das eigentliche Tagwerk im Verhältnis dazu ziemlich kurz war. Wann, so fragte ich mich oft, arbeitet er eigentlich?« Hitlers Tagesablauf war für Speer reine Zeitverschwendung: »Spät am Vormittag stand er auf, erledigte dann ein oder zwei dienstliche Besprechungen, aber vom anschließenden Mittagessen an vertrödelte er mehr oder weniger seine Zeit bis zu den frühen Abendstunden« (Speer 1969, S. 146). Ähnlich sind die Erinnerungen Wiedemanns: »Später erschien Hitler gewöhnlich erst kurz vor dem Mittagessen, las kurz durch, was ihm der Reichspressechef Dr. Dietrich aus der Presse zusammengestellt hatte, und ging dann zum Essen. So wurde es für Lammers und Meißner immer schwieriger, von Hitler Entscheidungen zu erlangen, die nur er allein als

Staatsoberhaupt treffen konnte« (Wiedemann 1964, S. 68f). Es gab nur eine Ausnahme: »Wenn es um die Vorbereitung seiner (von ihm selbst verfaßten) Reden ging, zog er sich in sein Zimmer zurück und arbeitete dann nicht selten mehrere Abende hintereinander bis spät in die Nacht, wobei er drei Sekretärinnen direkt in die Schreibmaschine diktierte, um anschließend den Entwurf sorgfältig zu korrigieren. Das öffentliche Image war äußerst wichtig. Er war und blieb vor allem ein Propagandist« (S. 85).

Angesichts dessen drängt sich die Frage auf, wie ein Staat funktionieren konnte, an dessen Spitze eine derartig bizarre Mesalliance aus angemaßter Alleinentscheidung und fahrlässigem Schlendrian herrschte. Daß hierfür bestimmte Rahmenbedingungen erforderlich waren – ein Heer von Helfern, die von sich aus dem Führerwillen »entgegenarbeiteten« –, hat Kershaw, wie eingangs erwähnt, deutlich herausgearbeitet. Ergänzend sei an dieser Stelle untersucht, wie Hitler selbst der Komplexitätsfalle, in der er sich nolens volens verfangen hatte, zu entgehen suchte. Welche Strategien der Komplexitätsreduktion werden dabei sichtbar? Drei solcher Strategien lassen sich identifizieren:

1. Aussitzen

Bereits durch die Einführung des Führerprinzips sollte Streit unterbunden, also die Komplexität der auseinanderstrebenden Programmatiken, Strömungen und Richtungen reduziert werden. Das funktionierte, solange es nur um die »Bewegung« und ihre Propaganda ging. Die Lösung verkehrte sich aber in ein noch größeres Problem, als nach der Machtergreifung das gesamte Staatswesen den Führer beim Wort nahm und Entscheidungsbedarf anmeldete. Hitler reagierte, indem er so tat, als hätte sich nichts geändert, d.h. als ginge es nach wie vor nur um die Lenkung der »Bewegung« durch den propagierten Führerwillen. Er widmete sich weiterhin nur seinen Reden und ließ ansonsten die Zügel schleifen. Schließlich war ja mit der Eroberung der Macht sein Ziel erfüllt: Die Bevölkerung war in die »Bewegung« integriert. Mit seinem Schlendrian beschränkte er sich auf das, was er für das Wesentliche hielt. Dabei machte er die Erfahrung, daß vieles sich durch Zuwarten von selbst erledigte. Dieses quasi darwinistische Verfahren zur Minimierung von Verwaltungsaufwand setzte Hitler offenbar ganz bewußt ein. Speer entdeckt dahinter ein Heureka-Prinzip: »Soweit ich es beobachten konnte, ließ er während der wochenlangen Beschäftigung mit unwichtigen Dingen oft ein Problem ausreifen, um dann, nach der ›plötzlichen Erkenntnis‹, die ihm richtig erscheinende Lösung in einigen intensiven Arbeitstagen endgültig zu formulieren; die Tischgesellschaften dienten ihm wohl auch als Mittel, neue Gedanken spielerisch zu erproben, sie immer verändert anzugehen, sie vor einem unkritischen Publikum auszufeilen und zu vervollkommnen. Hatte er eine Entscheidung getroffen, fiel er wieder in seinen Müßiggang zurück« (Speer 1969, S. 146).

2. Primat der Propaganda

Das Wesentliche war in Hitlers Augen nach wie vor die Verkündigung der Ideologie und nicht deren organisatorische Umsetzung. Der »Führer« war im Grunde ein »Trommler« geblieben. Seine Ideen allein sollten den Staat in Bewegung halten, um das Wie sollten sich andere kümmern. Darum haßte er alles, was ihn von der propagandistischen Arbeit abhielt, seien es Kabinettssitzungen oder das Aktenstudium. Auf diese Weise konnte er sich ganz auf seine Wahnidee konzentrieren, im Auftrag einer Vorsehung zu handeln. Zum Beleg seiner Unfehlbarkeit verwies Hitler gerne darauf, daß er nie auch nur einen Schritt von seinem vorgezeichneten Weg abgewichen sei. Beispielhaft illustriert dies eine Rede, die er 1942 anläßlich der Feiern zum 9. November im Münchner Löwenbräukeller vor seinen »alten Kämpfern« hielt. Sie beginnt mit den Worten: »*Es ist, glaube ich, etwas Seltenes, wenn ein Mann nach rund zwanzig Jahren vor seine alte Anhängerschaft hintreten kann und dabei in diesen zwanzig Jahren an seinem Programm keinerlei Änderungen vorzunehmen brauchte*« (Domarus 1962/63, S. 1933). Freilich sprach Hitler damit nur eine Tautologie aus: Selbstverständlich mußte er keine Veränderung an einem Programm vornehmen, das nichts anderes als seine Ideen zum Inhalt hatte. Schon der Rahmen der Veranstaltung war eine symbolische Rückversicherung seines politischen Aufstiegs – eine Selbstbestätigung, derer Hitler angesichts der sich anbahnenden Katastrophe von Stalingrad wohl bedurfte. So nahm er die öffentlichen Irritationen über den Kriegsverlauf, die ihn als »größten Feldherrn aller Zeiten« (General Keitel in seiner Huldigung nach dem Sieg über Frankreich – Zoller 1949, S. 141) zu falsifizieren drohten, zum Anlaß, um in der gewohnten Manier als Propagandist aufzutrumpfen: *»Ich wollte zur Wolga kommen, und zwar an einer bestimmten Stelle [...]. Zufälligerweise trägt sie den Namen von Stalin selber [...]. Dort schneidet man nämlich 30 Millionen Tonnen Verkehr ab [...]. Den wollte ich nehmen und – wissen Sie – wir sind bescheiden, wir haben ihn nämlich! Es sind nur noch ein paar ganz kleine Plätzchen da. Nun sagen die anderen: Warum kämpfen Sie dann nicht schneller? Weil ich kein zweites Verdun haben will, sondern es lieber mit ganz kleinen Stoßtrupps mache. Die Zeit spielt dabei keine Rolle«* (Domarus 1962/63, S. 1937f). Doch die Abwehr der Blamage war nur noch ein Heimspiel vor ausgewählter Kulisse. Die Ovationen im erinnerungsträchtigen Rahmen bedienten ein Selbstbild, das den Verlust öffentlichen Zuspruchs durch die Nachinszenierung vergangener Triumphe kompensierte.

3. Selbstmord als Konsequenz

Hitlers Tendenz, die qualitative Erhöhung der Anforderungen im Übergang vom Propagandisten zum Alleinherrscher zu ignorieren und weiter nur den Propagandisten zu spielen, führte in ein Dilemma. Einerseits verschaffte ihm das unbeirrte Verkündigen seiner Wahnideen ein Höchstmaß an öffentlicher Bestätigung. Andererseits brachte er sich damit in eine Position, die ihn zum permanenten Maximalerfolg verurteilte. Die Huldigungsformel vom »größten Feldherrn aller Zeiten« markiert den Kulminationspunkt. Er ließ sich nicht überbieten. Der geringste Anlaß zur Relativierung dieses Ruhmgipfels mußte das ganze Wahngebäude zum Einsturz bringen. Folglich blieb ihm keine Wahl, als die Serie spektakulärer Kriegserfolge fortzusetzen. Als diese auszubleiben begannen, war der endgültige Bruch mit der Realität besiegelt. Hitler flüchtete sich in eine Scheinwelt aus eingebildeter Siegeszuversicht und besorgte sich im ausgewählten Kreis Ersatz für den öffentlich ausbleibenden Jubel über seine militärische Genialität, wie es die zitierte Rede vom 9. November 1942 dokumentiert. Immerhin verfügte er noch über einen riesigen Machtapparat, den er für die Aufrechterhaltung seiner Größenillusion instrumentalisieren konnte. Doch in dem Maße, wie die objektiven Erfolge ausblieben, verlor er seine Glaubwürdigkeit als Propagandist der eigenen Wahnideen. Sein grandioses öffentliches Selbst, das er eine Zeitlang mit den Wahrnehmungen der Umwelt in Übereinstimmung zu bringen vermochte, geriet unter den Druck der Alternative, entweder sich oder die anderen falsifiziert zu sehen. Hitlers psychotische Struktur zeigt sich nicht zuletzt darin, daß er nur die zweite Option wählen konnte. Denn die bei einer Enttäuschung öffentlicher Erwartungen üblichen Selbstkorrekturen – Entschuldigung, Zurücknahme von Äußerungen etc. – hätten sein messianisches Sendungsbewußtsein der Profanie überführt. Ihm blieb in seiner Verstiegenheit also nur die Verdammung des Volks, das seiner nicht würdig war. Diese Abwendungsgeste, die in mehreren, oben bereits zitierten Äußerungen Hitlers überliefert ist, war zugleich eine Mord- und Selbstmordankündigung. Denn nach dem Vertrauensverlust eines Publikums, das seine ganz auf das öffentliche Selbst gegründete Existenz bisher getragen hatte, blieb ihm nur die negative Bestätigung seines Wahns: Die anderen mußten vernichtet werden, letztlich die ganze Welt, um jeden Zweifel an seiner Größe auszuräumen. Und wo dieses Ziel an seine Machbarkeitsgrenze geriet, wurde die Auslöschung des eigenen Bewußtseins – als letztem Zeugen seiner Beschämung – unvermeidlich.

Warum aber konnte er so viele auf diesen selbstmörderischen Kurs einschwören? War die pathologische Tendenz zu gut durch sein Weltbild verhüllt?

Der »Hitlerismus«
Eine konsistente Weltanschauung?

Wie wir schon dargelegt haben, verschmolz Hitler mit Hilfe einer »psychotischen Transformation« Haßobjekte unterschiedlicher Art und Herkunft: Der Haß auf unmittelbare Zeugen seiner persönlichen Beschämungen und der auf die vermeintlichen Verursacher sozialer Anomie gingen bruchlos ineinander über. Wie konnte Hitler dieses Amalgam aus privaten und öffentlichen Rachemotiven nach außen hin darstellen, ohne sich dabei zu verraten? Propagierte er eine in sich stimmige Ideologie, oder hätten seine Zuhörer bemerken müssen, daß hier eine bizarre Wahnkonstruktion vorlag?

Viele Historiker neigen zu der ersten Annahme – so etwa Eberhard Jäckel (1969), der *Hitlers Weltanschauung* als konsistenten und ihre Rassenlehre durchaus logisch untermauernden Herrschaftsentwurf kennzeichnet. Gegen diese Charakterisierung hat unter anderem Sebastian Haffner (1978) bedenkenswerte Einwände vorgebracht. Ihm fällt an der »Theorie des ›Hitlerismus‹« (S. 99) die Unvereinbarkeit von zwei Argumentationslinien auf:

Zum einen vertrete Hitler ein sozialdarwinistisches Geschichtsbild mit dem Credo: »*Alles weltgeschichtliche Geschehen ist nur die Äußerung des Selbsterhaltungstriebs der Rassen*« (Hitler 1925/27, S. 324). In diesem simplen Geschichtsbild ist rassebiologische »Reinheit« alles und der Staat nicht mehr als ein Mittel, diese Reinheit zu bewahren und zu fördern: »*Alle großen Kulturen der Vergangenheit gingen nur zugrunde, weil die ursprünglich schöpferische Rasse an Blutvergiftung abstarb. Immer war die letzte Ursache eines solchen Unterganges das Vermessen, daß alle Kultur vom Menschen abhängt und nicht umgekehrt, daß also, um eine bestimmte Kultur zu bewahren, der sie erschaffende Mensch erhalten werden muß. Diese Erhaltung aber ist gebunden an das eherne Gesetz der Notwendigkeit und des Rechtes des Sieges des Besten und Stärkeren. Wer leben will, der kämpfe also, und wer nicht streiten will in dieser Welt des ewigen Ringens, verdient das Leben nicht«* (Hitler 1925/27, S. 316f).

Da nach diesem Geschichtsbild Leben aus unablässigem Wettbewerb und Kampf besteht, ist – wie Haffner resümiert – »Politik [...] Krieg und Kriegsvorbereitung, und in diesem Krieg geht es vor allem um Lebensraum. Dies gilt ganz allgemein, für alle Völker und sogar für alle Lebewesen« (1978, S. 100). Ziel des unablässigen Kampfes der Rassen gegeneinander sei Unterwerfung im Dienste der Herrschaft des Stärksten. Am Ende stehe die Weltherrschaft einer Rasse. Auch die Rolle der Kultur ist für Hitler letztlich nur Ausdruck der im Lauf der Geschichte ausgebildeten biologischen Qualität einer Rasse. Hitler unterscheidet *»Kulturbegründer, Kulturträger und Kulturzerstörer«* und konstatiert: *»Was wir heute an menschlicher Kultur, an Ergebnissen von Kunst, Wissenschaft und Technik vor uns sehen, ist nahezu ausschließlich schöpferisches Produkt des Ariers. Gerade diese Tatsache aber läßt den nicht unbegründeten Rückschluß zu, daß er allein der Begründer höheren Menschentums überhaupt war, mithin den Urtyp dessen darstellt, was wir unter dem Wort ›Mensch‹ verstehen. Er ist der Prometheus der Menschheit, aus dessen lichter Stirne der göttliche Funke des Genies zu allen Zeiten hervorsprang, immer von neuem jenes Feuer entzündend, das als Erkenntnis die Nacht der schweigenden Geheimnisse aufhellte und den Menschen so den Weg zum Beherrscher der anderen Wesen dieser Erde emporsteigen ließ«* (1925/27, S. 317f).

Haffner beurteilt dieses Weltbild insoweit als »zwar ein wenig eng, steil und tollkühn gedacht, aber in sich schlüssig« (1978, S. 102). Doch schon hier tun sich Inkonsistenzen auf, die Haffner übergeht: Der Kampf der Rassen ist längst zugunsten der »Arier« entschieden, und das macht ihn ungeeignet, als treibende Kraft der Geschichte zu fungieren. Hitler zeigt sich mit dieser Vorentscheidung als Adept der völkischen Propaganda, wie sie von den Alldeutschen und Deutschradikalen in der Donaumonarchie verbreitet wurde (vgl. Hamann 1996, S. 337–393). Für sie waren die Interessenansprüche der nichtdeutschen Völker im Habsburgerreich keineswegs ein legitimer Ausdruck eines immerwährenden Wettkampfs der Rassen, sondern ein verwerflicher Angriff auf das Vorrecht der »nordischen Herrenmenschen«. Die von ihnen angestrebte Lösung bestand folglich auch nicht in einer

– wie auch immer hierarchisch geprägten – Koexistenz, sondern in Vertreibung und Ausrottung. Am deutlichsten tritt diese Haltung in einem von den Alldeutschen gern zitierten Satz des Philosophen Eugen Dühring in Erscheinung: »Der unter dem kühleren Himmel gereifte nordische Mensch hat auch die Pflicht, die parasitären Rassen auszurotten, so wie man bedrohliche Giftschlangen und wilde Raubtiere eben ausrotten muß« (aus dem Buch *Die Judenfrage als Rassen-, Sitten- und Kulturfrage,* zit. nach Hamann 1996, S. 344f).

Hitlers Sozialdarwinismus steht mit dieser Inkonsistenz in einer genauen Entsprechung zu seinem kindlichen Erleben, das sich von übelwollenden Mächten umstellt sah und zugleich von der Mutter die Rolle des »kleinen Prinzen« zugewiesen bekam. Man kann daher auch schon diesen Aspekt des »Hitlerismus« als Symptom lesen. So trägt etwa das folgende Zitat aus *Mein Kampf* deutliche Züge einer Rationalisierung der eigenen Sondernorm: »*Als Eroberer unterwarf er [der Arier] sich die niederen Menschen und regelte dann deren praktische Betätigung unter seinem Befehl, nach seinem Wollen und für seine Ziele. [...] Solange er den Herrenstandpunkt rücksichtslos aufrechterhielt, blieb er nicht nur wirklich der Herr, sondern auch der Erhalter und Vermehrer der Kultur. [...] Sowie die Unterworfenen sich selber zu heben begannen und wahrscheinlich auch sprachlich dem Eroberer sich näherten, fiel die scharfe Scheidewand zwischen Herr und Knecht. Der Arier gab die Reinheit seines Blutes auf und verlor dafür den Aufenthalt im Paradiese, das er sich selbst geschaffen hatte*« (Hitler 1925/27, S. 324). Die Vertreibung des Herrn aus dem Paradies als gerechte Strafe dafür, daß er seine Auserwähltheit vergißt und sich gemein macht mit denen, die zu seinen Knechten bestimmt sind – das hier anklingende Motiv entspricht dem schizophrenietypischen Abgrenzungsbedarf von den anderen. In die Rolle ihrer bedrohlichen Gleichmacher traten bei Hitler die Juden. Damit kommen wir zu dem zweiten der von Haffner unterschiedenen Stränge in Hitlers Weltanschauung: dem Antisemitismus.

Es ist der Widerspruch dieser Komponente des »Hitlerismus« mit der erstgenannten, die nach Haffner zum verräterischen Indiz wird (1978, S. 104). Betonte der Sozialdarwinismus den Kampf aller Rassen um Lebensraum, so findet der Kampf hier nur noch zwischen den

Juden und den übrigen »weißen« Rassen statt. Es geht dabei nicht mehr nur um Vorherrschaft, sondern um Sein oder Nichtsein: »*[Der Jude] war immer nur Parasit im Körper anderer Völker. [...] Sein Sich-Weiterverbreiten aber ist eine typische Erscheinung für alle Parasiten; er sucht immer neuen Nährboden für seine Rasse. [...] Die Wirkung seines Daseins aber gleicht ebenfalls der von Schmarotzern: wo er auftritt, stirbt das Wirtsvolk nach kürzerer oder längerer Zeit ab. [...] Er vergiftet das Blut der anderen, wahrt aber sein eigenes. Der Jude heiratet fast nie eine Christin, sondern der Christ die Jüdin. Die Bastarde aber schlagen dennoch nach der jüdischen Seite aus*« (Hitler 1925/27, S. 334, 346). Was machte die Juden aus Hitlers Sicht so gefährlich? Haffner identifiziert drei zentrale Ressentiments Hitlers (S. 106f): Erstens die Opposition gegen die vermeintliche »*Lüge, das Judentum sei nicht eine Rasse, sondern eine Religion*« (Hitler 1925/27, S. 337); zweitens die Vorstellung vom »Weltjudentum« als eines überregionalen Ersatzstaates, der wie ein System kommunizierender Röhren organisiert und demzufolge auch zu international abgestimmten Aktionen imstande sei; drittens die Befürchtung, daß der Kampf der Juden gegen alle anderen Rassen den »natürlichen« Kampf um Lebensraum unterminiere: durch Pazifismus, Finanzkapitalismus, Kommunismus, demokratischen Parlamentarismus und ganz allgemein durch »*Entwaffnung der geistigen Führerschicht seiner rassischen Gegner*« (S. 346).

»Der Jude« ist also für Hitler nicht nur der Feind der »Arier«, sondern aller Nichtjuden. Indem er den Wettstreit der Rassen als solchen bekämpft, steht er außerhalb der naturgegebenen Ordnung, wird zum Spielverderber der natürlichen Selektion und stürzt die Welt ins Chaos. Kurz: Er vollzieht eine Umwertung aller Werte und bewirkt Anomie. Infolgedessen fühlte sich Hitler in seinem Kampf gegen die Juden als Vorreiter weltweiter Interessen, ja der gesamten nichtjüdischen Menschheit: Die »*Judenfrage*«, erklärte er Ende Juli 1924 dem deutschböhmischen Nationalsozialisten Kugler, sei eine Existenzfrage für alle Völker, nicht nur für die Deutschen: »*Denn Juda ist die Weltpest*« (Jäckel/Kuhn 1980, S. 1242). In sein Buchmanuskript schreibt er zur gleichen Zeit: »*Siegt der Jude mit Hilfe seines marxistischen Glaubensbekenntnisses über die Völker dieser Welt, dann wird seine Krone der Totentanz der Menschheit sein, dann wird dieser Planet wieder wie einst vor Jahrmillionen menschenleer durch den Äther ziehen. Die ewige Natur rächt unerbittlich die Übertretung ihrer Gebote. So glaube ich heute im Sinne des allmächtigen Schöpfers zu handeln: Indem ich mich des Juden erwehre, kämpfe ich für das Werk des Herrn«* (Hitler 1925/27, S. 69f). Und noch am 2. April 1945 diktiert er Martin Bormann: *»So gesehen, wird man dem Nationalsozialismus ewig dafür dankbar sein, daß ich die Juden aus Deutschland und Mitteleuropa ausgerottet habe«* (Hitler 1945, S. 122).

Die Art, wie er auf die Ablehnung seiner bizarren Welterlösungsmission durch das Ausland reagierte, ist ebenfalls symptomatisch. Durch die von den Vorgängen im Jahr 1933 veranlaßten Boykottdrohungen gegen deutsche Waren sah er seine Verschwörungstheorie über das »Weltjudentum« nicht etwa falsifiziert, sondern bestätigt. Er rief Joseph Goebbels, der kurz zuvor zum Reichspropagandaminister ernannt worden war, zu einer Lagebesprechung auf den Obersalzberg. Hitler »hat sich«, notiert Goebbels über das Gespräch, »oben in der Einsamkeit der Berge die ganze Situation reiflich überlegt und ist nun zum Entschluß gekommen. *Wir werden gegen die Auslandshetze nur ankommen, wenn wir ihre Urheber oder doch wenigstens Nutznießer, nämlich die in Deutschland lebenden Juden, die bisher unbehelligt blieben, zu packen bekommen. Wir müssen also zu einem groß angelegten Boykott aller jüdischen Geschäfte in Deutschland schreiten. Vielleicht werden sich dann die ausländischen Juden eines Besseren besinnen, wenn es ihren Rassegenossen an den Kragen geht«* (Goebbels 1924–45, S. 786f). Es erfolgte ein »Aufruf an alle Parteiorganisationen der NSDAP zum Boykott gegen die Juden«, der unter Führung eines Zentralkomitees, dem Julius Streicher vorstand, durchgeführt wurde.

Hinter der offiziellen Lehre des »Hitlerismus«, der man mit Haffner zu Recht einen argumentativen Bruch nachsagen kann, zeichnete sich somit eine andersgeartete Botschaft ab. Die inkompatible Ergänzung des sozialdarwinistischen Wettstreits der Rassen durch den Kampf auf Leben und Tod zwischen den Juden und dem Rest der Welt erhält ihren Zusammenhang erst durch die darin verborgene Logik der Psychose: Hitlers Größenwahn konnte sich nicht mit der Perspektive einer Koexistenz konkurrierender Kräfte begnügen; durch jede Relativierung seiner Einzigartigkeit mußte er sich existentiell bedroht fühlen. Seine paranoide Konsequenz war die totale Vernichtung der anderen, gleich um welchen Preis.

Auch an den merkwürdigen Fehlern in Hitlers Kriegspolitik zeigt sich nach Haffner jene brüchige Kombination der beiden weltanschaulichen Komponenten, die nur durch Hitlers defekte Persönlichkeitsstruktur zusammengehalten wurden: »Entsprechend verfolgte der Politiker Hitler von Anfang an zwei ganz verschiedene Ziele: einerseits die Herrschaft Deutschlands über Europa; andererseits die ›Entfernung‹ der Juden, womit er ihre Ausrottung meinte. Das eine hatte mit dem andern nichts zu tun; die beiden Vorhaben behinderten einander sogar. [...] Wer Europa erobern wollte, durfte der Zahl der Feinde, die er sich damit [...] in Europa machte, nicht noch verstreute, aber einflußreiche Feinde auf der ganzen Welt (und im eigenen Land) hinzufügen« (Haffner 1978, S. 126f).

Auf dem Höhepunkt seiner Macht, im Herbst 1938 nach dem Anschluß Österreichs und der Besetzung der »Resttschechei« im Frühjahr 1939, vor allem aber im Sommer 1940 nach dem Sieg über Frankreich, hatte Hitler das erste seiner beiden Ziele fast erreicht: ein großdeutsches Reich, das weite Teile Europas beherrschte und diesem eine autoritäre Ordnung aufzwang. Bekanntlich verschwendete Hitler keinen Gedanken daran, das Errungene durch einen Friedensschluß im Inneren zu sichern. Vielmehr begann er – nach der erfolglosen, aber letztlich zweitrangigen Luftschlacht um England – mit dem Überfall auf die Sowjetunion den primär angestrebten Krieg um »Lebensraum« im Osten.

Ein erster Kulminationspunkt Hitlerscher Kriegspolitik unter dem Diktat einer psychotischen Dramaturgie war im Spätherbst 1941 erreicht: Die Niederlage vor Moskau Anfang Dezember zerstörte endgültig die Hoffnung, die Sowjetunion in wenigen Monaten nach bewährtem Blitzkriegsrezept niederwerfen zu können. Nur ein paar Tage später, am 11. Dezember, erklärte Hitler den USA den Krieg – nach Haffner ein »Wahnsinnsakt«, für den es keine rational einleuchtende Erklärung gab (S. 148).

Da etwa zur gleichen Zeit die sogenannte »Endlösung« auf den Weg gebracht wurde, kommt Haffner zu folgender Deutung: Frustriert durch das Scheitern des Blitzkrieges gegen Rußland wandte sich Hitler seinem zweiten Feind, den Juden, zu, um wenigstens gegen sie den Sieg zu erringen. Die Kriegserklärung an die USA brachte zum Ausdruck, daß er nun keine Rücksicht mehr auf den Einfluß der Juden in den angelsächsischen Ländern nehmen zu müssen glaubte. Seine diesbezügliche Zurückhaltung hatte ihn zuvor hoffen lassen, einen Kriegseintritt der USA vermeiden zu können. Angesichts der unvermeidlichen Niederlage tauschte Hitler nun die Rolle des Politikers gegen die des Massenmörders.

Auch Joachim Fest vertritt die These, daß der stockende Ostfeldzug und der Beginn des Holocaust in einem direkten Zusammenhang stehen: »Nicht zufällig setzte die Radikalisierung der Judenverfolgung Ende 1941 ein, als er zu der Einsicht gelangt war, daß mit der unvermittelt hereingebrochenen Winterkatastrophe vor Moskau sein gesamtes strategisches Konzept gescheitert war« (Fest 1999, S. 194).

Man könnte gegen die Argumente Haffners und Fests einwenden, daß das eigentliche Startsignal zum Holocaust – im Sinne einer Vernichtung der Juden ohne Rücksicht auf ihre Herkunft – bereits vor dem Stocken des Rußland-Feldzugs ergangen war. Hartog (1994) weist in diesem Zusammenhang darauf hin, daß Hitler schon im Juli, spätestens aber Mitte September 1941 anfing, »Reichsjuden« deportieren zu lassen. Zwar sollten sie zu diesem Zeitpunkt noch nicht ermordet werden, der Entschluß dazu war aber zweifelsfrei gefaßt, seine Umsetzung wurde nur aus Gründen der Kriegsstrategie aufgeschoben. Noch am 8. November legte Hitler voller Siegeszuversicht seinen »alten Kämpfern« im Löwenbräukeller (das »Bürgerbräu« war noch nicht wiederhergestellt) dar, die Rote Armee habe bereits 8 bis 10 Millionen Mann durch Tod oder Verwundung verloren: »*Davon erholt sich keine Armee der Welt mehr, auch die russische nicht*« (zit. nach Zentner 1989, S. 283). Hartog kommt zu dem Schluß, »daß Hitler seine Entscheidung zur Vernichtung des europäischen Judentums nicht zu einem Zeitpunkt politischer und militärischer Malaise traf, sondern zu einem Zeitpunkt des Erfolges, der seine Kulmination in einem Sieg über die Sowjetunion erwarten ließ« (1997, S. 42).

Doch es griffe zu kurz, wollte man Hitlers Entscheidungen derart aus akuten Erlebniskonstellationen heraus erklären. Die Frustration Hitlers war wesentlich älteren Datums, sie saß zu tief, als daß momentane Erfolge oder Mißerfolge ihre Dynamik grundlegend hätten beeinflussen können. Hitlers ausschließliche Identifikation mit seinem öffentlichen Selbst erforderte, daß er sich immer weiter versteigen mußte – wie wir es mit der Formel von der »Verurteilung zum Maximalerfolg« umschrieben hatten. Gelegentliche Hochgefühle, wie etwa sein »Freudentanz« in Bruly-le-Pêche nach dem Waffenstillstandsersuchen Frankreichs (Fest 1973, S. 862f, vgl. Zoller 1949, S. 141), stellten seine Haßdynamik nicht etwa ruhig, sondern brachten automatisch den Bedarf neuer Objekte seines strukturell unstillbaren Hungers nach öffentlicher Selbstbestätigung mit sich. Zwar mäßigte öffentlicher Beifall die psychotische Krise, doch zwang der damit verbundene Erwartungsdruck zu immer spektakuläreren Erfolgen. So erklärt sich etwa sein Mißmut nach den Zugeständnissen Englands und Frankreichs im Münchner Abkommen von 1938. Es hatte ihm zwar einen politischen Triumph beschert, aber auch den von ihm erhofften Kriegsgrund aus der Hand genommen (S. 776). In den Monologen kurz vor seinem Selbstmord resümierte Hitler: »*Ich hätte von mir aus den Entschluß dazu im Jahre 1938 fassen und ihn mir nicht 1939 aufdrängen lassen sollen, da der Krieg auf jeden Fall unvermeidlich war. Aber, dies war nicht meine Schuld, wenn die Engländer und Franzosen in München alle meine Forderungen akzeptierten*« (Hitler 1945, S. 72). Hitlers Ausruf »*Endlich!*« auf die Nachricht vom Angriff der Japaner auf Pearl Harbor (Hartog 1994, S. 63) weist in dieselbe Richtung. Die Erleichterungsreaktion, die jeder politischen Logik entbehrte – schließlich mußte er das Eingreifen der USA unbedingt vermeiden, wenn seine europäischen Kriegsziele realisierbar sein sollten –, resultierte aus der psychotischen Logik seiner Racheaffekte.

Vor diesem Hintergrund entspringt der Befehl zur »Endlösung« – unabhängig von der Frage, ob die Rote Armee bereits besiegt schien oder nicht – der schizophrenen Nötigung zur permanenten Selbsterhöhung. Hitler mußte bis zum Äußersten gehen, ob nun im Erfolg oder in der Niederlage. Wenn aber der Massenmord weniger einem äußeren Zwang – worin hätte der auch bestehen können? – als einem verborgenen inneren Anlaß gehorchte, dann bleibt die Frage, warum die Irrationalität dieser paranoiden Destruktionstendenz nicht bzw. zu spät erkannt wurde, weiterhin offen. Warum hörten die Deutschen aus Hitlers Ansprachen anderes heraus, als darin doch offen zutage trat?

Die verkannte Entschlossenheit

Am 11. Oktober 1932 stellte Hitler auf einer NSDAP-Versammlung in Günzburg fest: »*Meine Gegner täuschen sich vor allem in meiner ungeheuren Entschlossenheit*« (Domarus 1962/63, S. 138). Es gehört zu der verhängnisvollen Dynamik seiner Wahnkarriere, daß Hitler seine Entschlossenheit um so mehr unter Beweis zu stellen versuchte, je weniger an seine Prophezeiungen geglaubt wurde. Wir hatten im vorigen Kapitel auf den biographischen Hintergrund dieses Reaktionsmusters hingewiesen. Hier gilt es nun, die Frage von der anderen Seite zu betrachten. Warum wurden Hitlers Morddrohungen in ihrer paranoiden Konsequenz nicht ernst genug genommen?

Selbst unter Widerstandskämpfern war, wie eine neuere Studie dokumentiert, die Verfolgung und Vernichtung der Juden kein vorrangiges Thema. Die Autorin der Studie zeigt, daß dies mit einer angstbedingten Wahrnehmungsverengung und -verdrängung sowie dem ohnmächtigen Gefühl der Einsamkeit bei oppositionellen Aktivitäten zu tun hat (Keval 1999). Diese Befunde lassen sich ergänzen durch die Feststellung, daß etwas Unbegreifliches sich ereignete. Es fiel schwer, an Hitlers Entschlossenheit zum Äußersten zu glauben, da sie weder nach weltanschaulicher noch kriegerischer Logik Sinn machte. Einen zwingenden Zusammenhang zwischen Hitlers Proklamationen des Holocaust und seiner unerbittlichen Durchsetzung vermochte nur zu erkennen, wer ihre pathologischen Signale aufnahm. Dies geschah selten. Eine Ausnahme zitiert das *Wartheländische Tagebuch* Alexander Hohensteins unter dem 28. Dezember 1941; darin schildert eine jüdische Zahnärztin ihre Eindrücke der Kriegsreden Hitlers: »Ich fühle, daß wir einem unabänderlichen, bösen Schicksal entgegengehen, einem schrecklichen Ende. [...] Die Gerüchte und Befürchtungen haben doch wohl eine sehr reale Grundlage. Kein anderer als Hitler selbst hat klar und unmißverständlich vor Jahren gesagt: ›Wenn Amerika in den Krieg eintritt, dann bedeutet das das

Ende des Judentums in Europa«« (Hohenstein 1963, S. 201). Der nie-
derländische Historiker Hartog kommentiert: »Die jüdische
Zahnärztin hatte mit dieser Aussage vom Dezember 1941 unrecht.
Das hatte Hitler nicht gesagt. Sie hatte dennoch recht: das hatte Hitler gemeint. Wer aber sonst hatte so genau zugehört wie diese Frau?«
(1994, S. 77). Hartog zufolge ist es nur möglich, die Androhung der
Massenvernichtung mit dem amerikanischen Kriegseintritt in Verbindung zu bringen, wenn man verschiedene Aussagen in Hitlers
Reden zu Kriegsbeginn kombiniert. Das Bindeglied aber bildet jene
obsessiv wiederholte Drohung Hitlers, daß den Juden »*das Lachen
überall vergehen*« werde (Domarus 1962/63, S. 1663), die wir im letzten Abschnitt des vorigen Kapitels ausführlich behandelt haben. Auch
Hartog deutet sie als »Zeichen einer pathologischen Frustration des
Mannes, der nicht wollte, daß über ihn gelacht wurde, sondern aus
ganzem Herzen wünschte, ernst genommen zu werden« (1994, S. 17).
Nur wenn man die militärische Strategie mit der persönlichen
Schamabwehr in Verbindung bringt, ergibt sich ein kausaler Zusammenhang zwischen Krieg und Judenvernichtung. Denn in seiner
Kriegseröffnungsrede am 1. September 1939 hatte er die Juden mit
keinem Wort erwähnt – schierer Antisemitismus hätte sich als ein-
leuchtender Vorwand zum Überfall auf Polen auch kaum geeignet
(hierfür diente bekanntlich der fingierte Angriff auf den Sender Glei-
witz). Vielmehr lieferte der Kriegsverlauf erst rückwirkend eine politische Rationalisierungsmöglichkeit des persönlichen Anlasses: Hitler
konnte nun der Weltöffentlichkeit gegenüber die taktisch plausibel
erscheinende Drohung aussprechen, er werde die Juden als seine Gei-
seln umbringen, wenn man ihn in einen Weltkrieg verstricke (S. 18).
Die hartnäckige Fehldatierung seiner späteren Morddrohungen
gegenüber den Juden auf den Tag der Kriegseröffnungsrede zeugt von
dieser rückwirkenden Anlaßkonstruktion. Der Krieg bot nun das
Motiv für den Holocaust, während es sich in Wirklichkeit umgekehrt
verhielt.

Das war weniger leicht zu erkennen, als es im historischen Abstand erscheint. Denn obwohl Hitler das Ziel der Judenvernichtung
als solches keineswegs verklausuliert, sondern in aller Klarheit stets
wiederholt hatte, vermochte er dieses Ziel doch so mit dem Kriegs-

geschick zu verknüpfen, daß es nicht nur in seiner Hand zu liegen schien. Hitler machte damit wahr, was er schon am 29.4.1937 in einer Geheimrede vor Kreisleitern der NSDAP als seine Ambition verkündete: »*Ich will ja nicht gleich einen Gegner mit Gewalt zum Kampf fordern, ich sage nicht: ›Kampf!‹, weil ich kämpfen will, sondern ich sage: ›Ich will dich vernichten! Und jetzt Klugheit, hilf mir, dich so in die Ecke hineinzumanövrieren, daß du zu keinem Stoß kommst, und dann kriegst du den Stoß ins Herz hinein‹*« (Kotze/Krausnick 1966, S. 148).

Obwohl Hitler also keine im militärischen Sinne »rationalen« Ziele verfolgte, wurde deren Fehlen doch durch die anfänglichen Eroberungserfolge überdeckt. Man bejubelte den großen Feldherrn, ohne sich viele Gedanken zu machen, welchen Weltbrand er entfachte. Vorerst war dem Nationalstolz gedient, der die kollektiven Demütigungen des Volks im Einklang mit den individuellen seines Führers kompensierte. Daß es nicht um eine imperialistische Kriegsstrategie, sondern um die Befriedigung von mörderischen Racheaffekten ging, konnte man gleichwohl wissen. Ein klarer Beleg ist etwa der Appell vom 10. Oktober 1941, den Hitler als vorbildlich an alle Kampfeinheiten im Osten verbreiten ließ – er wurde formuliert von Generalfeldmarschall Walter von Reichenau, dem Kommandeur der 6. Armee: »Das wesentlichste Ziel des Feldzuges gegen das jüdisch-bolschewistische System ist die völlige Zerschlagung der Machtmittel und die Ausrottung des asiatischen Einflusses im europäischen Kulturkreis. Hierdurch entstehen auch für die Truppe *Aufgaben*, die über das hergebrachte einseitige Soldatentum hinausgehen. Der Soldat ist im Ostraum nicht nur ein Kämpfer nach den Regeln der Kriegskunst, sondern auch Träger einer unerbittlichen völkischen Idee und der Rächer für alle Bestialitäten, die deutschem und artverwandtem Volkstum zugefügt wurden. Deshalb muß der Soldat für die Notwendigkeit der harten, aber gerechten Sühne am jüdischen Untermenschen *volles* Verständnis haben. Sie hat den weiteren Zweck, Erhebungen im Rücken der Wehrmacht, die erfahrungsgemäß stets von Juden angezettelt wurden, im Keime zu ersticken« (Streit 1978, S. 115). Noch deutlicher wird die Version des Befehls, die General von Manstein, der Kommandeur der 11. Armee, am 20. November verbreiten ließ: »Das jüdisch-bolschewistische System muß ein für allemal ausgerottet werden. Nie darf es wieder in unseren Lebensraum eingreifen. Der deutsche Soldat hat daher nicht allein die Aufgabe, die militärischen Machtmittel des Systems zu zerschlagen. Er tritt auch als Träger einer völkischen Idee und Rächer für alle Grausamkeiten, die ihm und dem deutschen Vok zugefügt wurden, auf« (S. 116).

Auch die Zivilbevölkerung wurde vielfach Zeuge dieser explizit kompensatorischen Racheaktionen. So berichteten bis in die Anfänge des Ostfeldzuges hinein sogar die Wochenschauen – etwa die vom 19. bis 26. Juli 1941 – noch offen über inszenierte Pogrome und Lynchjustiz-Szenen gegen Juden sowie über Massenhinrichtungen von »Partisanen« und ihren angeblichen jüdischen Helfern in den eroberten Territorien (Zentner 1989, S. 391). Das meiste jedoch wurde nur ausschnitthaft, durch Zufallsbeobachtungen, offenbar – auch bei den Deportationen der »Reichsjuden« und ihrer Leidensgenossen in den west- und mitteleuropäischen Ländern. Die partiale Fokussierung der Wahrnehmung trug dazu bei, daß das Wahnsystem als solches kaum in den Blick geriet. In einem Brief an Lionel Curtis schrieb Helmuth James von Moltke, der Initiator der Widerstandsgruppe »Kreisauer Kreis« am 25. März 1943: »Mindestens neun Zehntel der Bevölkerung weiß nicht, daß wir hunderttausende von Juden umgebracht haben. Man glaubt weiterhin, sie seien lediglich abgesondert worden und führten etwa dasselbe Leben wie zuvor, nur weiter im Osten, woher sie stammten, vielleicht etwas armseliger, aber ohne Luftangriffe« (zit. nach Mommsen 1999).

Ein übriges besorgten Angst und Verdrängung, bei Beobachtern wie Opfern. Bemerkenswert ist hierbei eine der wenigen Ausnahmen: Diejenigen Deutschen – überwiegend Frauen –, die mit jüdischen Partnern verheiratet waren (vgl. Stoltzfus 1996, S. 21), reagierten auf die rassische Diskriminierung und Deportationsdrohung ungewöhnlich offensiv. Als im Februar 1943 auch die jüdischen Ehepartner im Rahmen der sogenannten »Schlußaktion der Berliner Juden« deportiert werden sollten, kam es zur einzigen öffentlichen Protestaktion gegen die Politik des »Dritten Reichs«. Rund eine Woche lang versammelten sich die deutschen Ehefrauen in der Berliner Rosenstraße, wo ihre jüdischen Partner festgehalten wurden, und skandierten trotz massiver Drohungen der SS-Wachposten »Wir wollen unsere Männer wiederhaben!« Schließlich gab Goebbels als zuständiger Berliner Gauleiter im Einvernehmen mit Hitler nach und ließ knapp 2000 jüdische Ehepartner (von insgesamt rund 10 000 verhafteten und später ermordeten Berliner Juden) wieder frei (vgl. Stoltzfus 1996, S. 7ff). Das Regime hatte eine der wenigen Stellen offenbart, wo und wie es von innen verwundbar war: in der Demonstration der Zusammengehörigkeit aller Bevölkerungsgruppen.

Auch das Euthanasieprogramm hatte Hitler nach öffentlichen Protesten abbrechen müssen (Redlich 1998, S. 322). Um so mehr fanden die Nazis Anlaß, ihre Gewalttaten geheimzuhalten, insbesondere für die fabrikmäßige Vernichtung der Juden und anderer rasseideologisch Verfolgter. Nachdem der Krieg seine »rationale« Basis – die er Haffner zufolge bis 1940 hatte (1978, S. 138) – nicht mehr besaß, gab es keine Vorwände mehr, um diesen Amoklauf eines Psychotikers und seiner Helfer zu plausibilisieren. Den unabwendbaren Zusammenbruch vor Augen, war der Krieg für Hitler nun »eine Art Wettlauf geworden, den er immer noch zu gewinnen hoffte. Wer würde früher am Ziel sein: Hitler mit seiner Judenausrottung, oder die Alliierten mit ihrer militärischen Niederwerfung Deutschlands?« (S. 181f)

Gerade die Tabuisierung der erkennbar persönlichen Motive Hitlers, auch im engsten Kreis der Vollstrecker, führte dazu, daß der Massenmord in anonymer Kälte, als um so effizientere Tötungsmaschinerie, betrieben wurde. Die »*ungeheure Entschlossenheit*« des Führers war ihnen Grund genug, die bizarre Logik einer paranoiden schizophrenen Psychose bis ins letzte planerische Detail zu exekutieren.

Schlußbetrachtung
Zur Frage der Schuldfähigkeit

Die von uns zur Diskussion gestellte Sicht auf das Phänomen Hitler resümieren heißt, ihre Konsequenzen für die Schuldfrage zu erörtern. Denn indem wir von einer Wechselwirkung zwischen einem individuellen Wahn und seiner kollektiven Bestätigung ausgehen, liegt der Verdacht nahe, hiermit werde die beiderseitige Schuld durch Psychiatrisierung relativiert. Warum dieser Schluß nicht zu ziehen ist, sondern vielmehr das Gegenteil aus unserer These folgt, sei im folgenden dargelegt. Wenn wir dabei die heute geläufigen Kriterien der forensischen Psychiatrie heranziehen, so mag sich das freilich angesichts der Ungeheuerlichkeit der Nazi-Verbrechen selbst schon wie eine Verharmlosung ausnehmen. Dennoch halten wir es für eine notwendige, selbstverständlich nicht hinreichende Argumentationshilfe gegenüber den immer noch verbreiteten Versuchen, psychologische Momente als Entlastungsgründe der Verantwortung der Täter und Mitläufer anzuführen.

Folgt man der heutigen Rechtsprechung (deren Kriterien aber bis in die Antike zurückreichen – vgl. Platon: *Protagoras* 355b3–357e8) so ist die Schuldfähigkeit eines Menschen eingeschränkt, wenn er »bei Begehung der Tat wegen einer krankhaften seelischen Störung, wegen einer tiefgehenden Bewußtseinsstörung oder wegen Schwachsinns oder einer schweren anderen seelischen Abartigkeit unfähig ist, das Unrecht der Tat einzusehen oder nach dieser Einsicht zu handeln« (§ 20 StGB). Wenn man also annähme, daß die genannten Kriterien auf den individuellen und kollektiven Hitlerwahn zuträfen, so würde das automatisch auf eine moralische Entlastung hinauslaufen. Entsprechend befindet Wolfgang Treher, einer der wenigen Autoren, die Hitler eine schizophrene Psychose attestieren, lapidar: »Eine moralische Schuld Hitlers oder des Deutschen Reiches nach 1933 gab es nicht« (1966/1990, S. 249). Es ist verständlich, daß die große Mehrheit der Psychohistoriker schon deshalb vor der Schizophreniediagnose zurückweicht, weil die von Treher ausgesprochene Konsequenz völlig inakzeptabel ist. Doch ist sie überhaupt zwingend? Nach unserer Sicht auf den spezifischen Verlauf der Psychose Hitlers und die Stabilisierung, die sie in ihrem kulturhistorischen Umfeld erfuhr, sprechen vier Gründe gegen ein postumes Entlastungsgutachten:

1. Kontinuierliche Gewaltbereitschaft
Wie wir schon eingangs erwähnten, ist der Anteil der Schizophrenen, die zu Gewalttaten neigen, äußerst gering. In den Kriminalstatistiken sind Psychotiker deutlich unterrepräsentiert (vgl. Venzlaff 1994). Auswertungen von schizophrenen Krankengeschichten ergaben eine Häufigkeit von Gewaltdelikten zwischen fünf und fünfzehn auf 10 000 Patienten (Böker/Häfner 1973, Lindquist/Allebeck 1990). Um so spezifischer ist das schizophrene Täterprofil. Als besonders riskant werden eingestuft:
– Patienten »mit floridor, meist systematisierter Wahnsymptomatik zur Abwehr vermeintlicher Bedrohungen
– Patienten mit (wahnhaften) Haßgedanken und Racheaffekten gegenüber Personen, von denen sie sich benachteiligt fühlen
– Patienten mit archaisch-apokalyptischem, meist akut einbrechendem Wahnerleben mit Dominieren von Sendungs- und Erlösungsvorstellungen« (Deister/Möller 1998)
Nach allem, was wir über die Persönlichkeit Hitlers – freilich unter den Vorbehalten einer historischen »Ferndiagnose« – zu wissen glauben, treffen die genannten Kriterien im allgemeinen auf ihn zu. Er fühlte sich massiv bedroht von allen, die seine Geltungssucht in Frage stellten, war von rasendem Haß gegen vermeintliche Verfolger erfüllt und beharrte auf seinem missionarischen Größenwahn mit apokalyptischer Konsequenz. In einem zentralen Punkt aber weicht er dennoch von diesem Täterprofil ab: Gewaltaktionen Schizophrener werden zumeist in einer akuten (floriden) Phase begangen, und sie beziehen sich deshalb in aller Regel auf enge Bezugspersonen oder Vorgesetzte (Rink 1981). Beides ist bei Hitler nicht der Fall: Sein Handeln war zwar von Racheaffekten motiviert, aber er mordete nicht *im* Affekt, sondern mit langfristigem Kalkül. Und er richtete seinen Haß nicht auf Personen seiner unmittelbaren Umgebung, sondern auf eine ideologisch

anonymisierte Gruppe, mit der er so gut wie keine Berührung hatte. Seine jüdischen Bekanntschaften aus der Wiener Zeit bilden hierbei keine Ausnahme, denn daß er mit ihnen trotz seiner Übernahme der antisemitischen Ideologie freundschaftlich verkehrte, belegt ja gerade, wie wenig sein Begriff des »Juden« mit persönlichen Erfahrungen zu tun hatte. Auch das Vernichtungsprogramm vollzog er, ohne daß ein konkreter Anlaß zur Abwehr vermeintlicher Bedrohungen vorlag. Gewiß bedrängte ihn die halluzinatorische Vorstellung vom »*Geläch-ter*« der Juden, doch er wußte zugleich, daß ihr keine objektive Realität entsprach. Er mordete aus sicherer Distanz, im Bewußtsein der ideo-logischen Stellvertreterfunktion seiner Opfer.

Dies spricht gegen eine Zuordnung Hitlers zum typisch schizo-phrenen Täterprofil, für das krankheitsbedingte Entlastungen geltend gemacht werden könnten. Daß er auch außerhalb der akut psychoti-schen Phasen seine verbrecherischen Absichten kontinuierlich ver-folgte und langfristig plante, spricht – so bizarr die Pläne als solche auch waren – gegen die Anwendbarkeit der Kriterien einer psychose-bedingten Unzurechnungsfähigkeit.

2. Einsichtsfähigkeit

Nun ließe sich freilich einwenden, Hitler sei derart von seinen Sen-dungs- und Erlösungsvorstellungen überzeugt gewesen, daß ihm die Einsicht in das Verbrecherische seines Tuns fehlte. Diese These vertrat Hugh Trevor-Roper schon 1953 und bekräftigte sie unlängst noch einmal im Interview mit Rosenbaum (1998): Hitler sei »überzeugt von seiner eigenen Rechtschaffenheit« gewesen (»convinced of his own rectitude« – S. 208). Zu den Standard-Belegen, die für eine sol-che Einschätzung herangezogen werden, gehört just die soeben her-vorgehobene kalte Planmäßigkeit des Handelns. Denn diese wurde von Hitler als aufopferungsvoller Dienst am Volk deklariert – und zumeist auch in diesem Sinne von seinen Helfern vollstreckt; so berief sich etwa Eichmann in seinem Prozeß auf Kants Pflichtethik (Arendt 1964, S. 174). Erinnert sei auch an Hitlers Erwiderung auf Henriette von Schirachs Bedenken wegen der unmenschlichen Behandlung von Frauen bei der Judendeportation: »*Ich bin nur meinem Volk verpflich-tet, niemandem sonst*« (Schirach 1983, S. 250).

Manche Autoren machen eine Überzeugtheit Hitlers von der Richtigkeit des eigenen Tuns überdies daran fest, daß er sich wiederholt mit den großen Virologen verglich: »*Und denken Sie nicht*«, heißt es etwa in einer Rede vom August 1920, »*daß Sie die Rassentuberkulose bekämpfen können, ohne zu sorgen, daß das Volk frei wird von dem Erreger der Rassentuberkulose. Das Wirken des Judentums wird niemals vergehen, und die Vergiftung des Volkes nicht enden, solange nicht der Erreger, der Jude, aus unserer Mitte entfernt ist*« (Jäckel/Kuhn 1980, S. 176f). Allein die zynische Gleichsetzung von Menschen mit Krankheitserregern stellt klar, daß Hitler sich nicht im Ernst einem ärztlichen Ethos verpflichtet fühlte.

Es ist deshalb unnötig, zu jener verbreiteten Hilfskonstruktion zu greifen, der zufolge Hitler auch dann die volle Last der Verantwortung für seine Verbrechen trage, wenn er sie nicht für böse hielt, sondern damit dem Besten des deutschen Volkes zu dienen meinte. Diese Konstruktion versucht etwa Redlich mit der folgenden Hypothese zu untermauern: Da Hitler seine Untaten bei völliger geistiger Klarheit begangen und sich auch auf seine Rationalität stets viel zugute gehalten habe, hätte er vor dem Nürnberger Militärgericht gar nicht erst auf mangelnde Schuldfähigkeit plädiert. Selbst ein Robin Hood, so Redlich weiter, wäre nicht von der Anklage des Raubes freigesprochen worden, weil er auf diese Weise den Armen helfen wollte – erst recht nicht Hitler mit seiner Theorie von der jüdisch-bolschewistischen Weltverschwörung (1998, S. 338f).

Die Unangemessenheit dieser Argumentation offenbart sich darin, daß sie den moralischen Kern des Problems formaljuristisch umgeht. Die Frage, ob Hitler *krankheitsbedingt* an der Einsicht gehindert war, nach geltenden Normen ein Massenmörder zu sein, ist damit nicht obsolet. Zu ihrer Verneinung bedarf es nicht hypothetischer, sondern faktischer Indizien.

Ein solches Indiz sehen wir in der Tatsache, daß die »Endlösung« geheimgehalten wurde. Wie wir ausführlich dargelegt haben, ist das Motiv der Schamabwehr der dunkle Punkt, um den Hitlers Verhalten kreiste. Er wollte endlich ernst genommen werden für das, was er öffentlich von sich gab. Dennoch trat er den ultimativen Beweis, daß er es bitterernst meinte, nur im verborgenen an. Er entzog also offenbar ganz bewußt sein entscheidendes Handlungsmotiv dem moralischen Verdikt der Öffentlichkeit, weil es ihm klar war, daß er es durch keine seiner lauthals verkündeten Haßparolen legitimieren konnte.

Die klammheimliche Freude über die Befriedigung persönlich motivierter Racheaffekte kommt auch in den Zynismen seiner Vollstrecker zum Ausdruck – etwa dem Begrüßungsmotto »Arbeit macht frei« über dem Eingang des Stammlagers Auschwitz oder dem Frauenorchester in Auschwitz-Birkenau, das die Opfer in die Gaskammer begleitete. Dieser Zynismus war nur möglich, weil hinter der propagierten Pflicht zur »*Entfernung*« und »*Beseitigung*« der Juden (so schon im erwähnten Brief an Gemlich vom 16. 9. 1919) der entschiedene Wille zum Bösen stand.

Auch wenn Hitler sich aufgrund einer nur für ihn geltenden Sondernorm berufen fühlte, gegen die Gebote der Menschlichkeit zu verstoßen, bedeutet das also nicht, daß der Normverstoß seinem Bewußtsein entzogen war. Dies unterscheidet ihn ebenfalls von dem typisch schizophrenen Gewalttäterprofil. Bei einer ausgeprägten Wahnsymptomatik fehlt in der Regel der »innere Beobachter«: »Der Patient *weiß* einfach, daß es so ist und nicht anders, ohne daß es dafür eines Beweises bedarf« (Deister/Möller 1998, S. 59). Er hat keinerlei Bedürfnis, die Richtigkeit seiner Wahrnehmungen oder Einfälle argumentativ zu begründen. Nun gibt es zwar auch im Leben Hitlers, wie wir gesehen haben, immer wieder Phasen, in denen diese Form der Selbstrelativierung offenbar vollständig außer Kraft gesetzt ist – so etwa im »Freinberg«-Erlebnis, seinem »Lottogewinn« oder der trotz fehlender Beweise unbeirrbaren Gewißheit, von Hanisch beim Verkauf seines Parlamentsbildes betrogen worden zu sein. Auch die zahlreichen Haßtiraden, die er mit einer monologischen Unerschütterlichkeit vortrug, so daß seine Umgebung nur mit Spott oder fassungslosem Staunen reagieren konnte, lassen Zweifel an seiner Einsichtsfähigkeit aufkommen. Doch im allgemeinen war er durchaus zu einer – wenn auch stark symptombezogenen – Selbstbeobachtung fähig. Davon zeugen nicht nur die systematischen Anstrengungen zur Selbstinszenierung – etwa seine Linzer Einkleidung als »Student«, die wechselnden Berufsangaben als »Kunstmaler«, »Architekturzeichner« und »Schriftsteller« sowie das Einstudieren von Posen vor dem

Spiegel, im Schauspielunterricht und in Hoffmanns Photoatelier –, sondern auch und gerade seine Geheimhaltungsstrategien: das mit großem Aufwand betriebene Verbergen seiner Herkunft, der Akademieablehnung, der jüdischen Kontakte im Männerheim, des Zwischenspiels als Ersatz-Bataillonsrat und schließlich der Anweisungen zum Judenmord. Wer vollständig von der Richtigkeit seiner Wahrnehmungen und Handlungen eingenommen ist, vermag nicht diesen systematischen Aufwand an Verstellung und Mimikry zu betreiben. Er wäre derart identisch mit seiner Maske, daß ihm die kognitive Dissonanz zwischen ihr und seiner Selbstwahrnehmung nicht mehr bewußt wäre. Bei Hitler war das nur eingeschränkt der Fall.

3. Steuerungsfähigkeit

Das zweite Kriterium, das gemeinhin zur Entlastung geisteskranker Gewalttäter herangezogen wird, ist die fehlende Steuerungsfähigkeit. Für deren Beurteilung, heißt es in einem Kommentar, »ist entscheidend, ob der Täter fähig war, Anreize und Hemmungen gegeneinander abzuwägen und danach seinen Entschluß zu bilden, oder ob er selbst bei Aufbietung aller Widerstandskräfte seinen Willen nicht durch vernünftige Erwägungen bestimmen konnte« (Deister/Möller 1998).

Auch dieses Kriterium trifft auf Hitler nicht zu. Wie wir an verschiedenen Beispielen gezeigt haben – etwa dem freundschaftlichen Verhalten gegenüber Juden, wenn sie ihm nützlich waren, oder der Mäßigung seiner politischen Rhetorik, wenn es um Stimmengewinne bei den Wahlen ging –, hinderte Hitlers psychotische Struktur ihn im allgemeinen nicht daran, sein Verhalten bewußt zu kontrollieren. Wenn es ihm taktisch angebracht erschien, seine Absichten zu verschleiern, dann tat er dies. So etwa in seiner Rede zum Jahrestag der Machtergreifung am 30. Januar 1939 im Reichstag: »*In Deutschland ist niemand wegen seiner religiösen Einstellung bisher verfolgt worden, noch wird deshalb jemand verfolgt werden*« (Domarus 1962/63, S. 1058). In einer gezielten Doppelbödigkeit bediente Hitler damit zugleich das Interesse einer beunruhigten Öffentlichkeit wie auch die heimliche Rancune seiner Anhänger – denn seiner verschrobenen Weltanschauung zufolge war das Judentum keine Religion, sondern eine Rasse. Er hielt also an seiner »*ungeheuren Entschlossenheit*«, die er schon in der zitierten Ansprache vom 11. Oktober 1932 beteuert hatte, fest; doch war er imstande, diese ungeheure Entschlossenheit über die Jahre hinweg zu kontrollieren, Anreize und Hemmungen gegeneinander abzuwägen. Eine mangelnde Steuerungsfähigkeit ist deshalb grundsätzlich bei ihm auszuschließen. Man baut keine KZs im Affekt.

Freilich baut man sie auch nicht allein. Und damit kommen wir zum letzten und wichtigsten Punkt unseres Resümees.

4. Bestätigung durch die Umwelt

Die Hauptursache dafür, daß die Kriterien mangelnder Einsichts- und Steuerungsfähigkeit auf Hitler trotz strukturell vorhandener Wahnsymptomatik nicht anwendbar sind, liegt in der stabilisierenden Rolle des Kollektivs. Dieses verschaffte Hitlers Wahnvorstellungen die nötige Bestätigung, um sie nicht vollständig aus der sozialen Realität ausbrechen zu lassen. Die integrative Haltung der Umwelt, die im allgemeinen dafür sorgt, daß die Heilungsaussichten Schizophrener sich erhöhen, bewirkte in diesem speziellen Fall eine heillose Potenzierung von Leid. Die öffentliche Akklamation, zunächst innerhalb der »völkischen« Bewegung, dann in immer breiteren Bevölkerungskreisen, haben es Hitler erspart, klinisch auffällig zu werden und Symptome zu zeigen, die allzu eindeutig als psychotisch hätten diskreditiert werden können. Durch ihre aktive und passive Zustimmung schufen die Deutschen ein Klima, in dem Hitlers Geisteskrankheit relativ unspezifisch blieb und ihre Frustrationsenergien politisch erfolgreich ausspielen konnte: In Hitlers Gefühlsleere wurde die Aura eines daseinsentrückten Erlösers projiziert, seine Verschrobenheiten nahm man als Zeichen des Grandiosen, seine emotionale Rücksichtslosigkeit wurde als Konsequenz gepriesen und seine paranoide Vernichtungspropaganda als Erlösungsmission bejubelt. Indem sich die Deutschen, geblendet von der größenwahnsinnigen Selbsterhöhung Hitlers, seinem Führerwillen auslieferten und ihn mit umfassenden Machtmitteln ausstatteten, unterwarfen sie sich selbst und ihren Staat der Dramaturgie einer psychotischen Tragödie, die die meisten erst im Augenblick der vollendeten Katastrophe als solche erkannten. Für Millionen von KZ-Opfern und Kriegstoten war das zu spät.

Die Sozialintegration, die dem Schizophrenen Diskreditierungen durch das Abschieben in eine Klinik erspart, stand hier unter umgekehrten Vorzeichen: Die Gesellschaft integrierte nicht den Psychotiker, sondern dieser integrierte sie. Und aufgrund der geschilderten kulturhistorischen Umstände ließ man ihn willig gewähren. Auch die seltenen Versuche der Maßregelung – wie etwa die Aufforderung zu mehr Zurückhaltung in den »Aufklärungskursen«, die Ausweisedrohungen und Redeverbote der bayerischen Regierung oder die Verurteilung im Prozeß über den Novemberputsch – blieben halbherzig und von heimlicher Sympathie abgeschwächt. Erinnert sei an die Bemerkung des Richters: »Doch ein kolossaler Kerl, dieser Hitler!« Selbst der nationalistischen Rechten war er nicht geheuer, doch glaubte man ihn als exotische Attaktion instrumentalisieren zu können (»Jetzt haben wir einen Österreicher, der hat eine solche Goschen«). Bald schon ging das befremdet-bewundernde Gewährenlassen des Sonderlings über in die flehentliche Bitte der Massen: »Hilf uns!« Die Abgabe der sozialen Kontrolle an den einzelnen ermöglichte ihm, seine paranoiden Racheaffekte und apokalyptischen Sendungsideen ungehindert in die Tat umzusetzen.

Wenn daher bei Hitler nur eingeschränkt von einem krankhaft bedingten Mangel an Einsichts- und Steuerungsfähigkeit gesprochen werden kann, so trifft dies bei seinen Helfern schon gar nicht zu. Sie tragen die volle, ja, durch Ankurbelung jener fatalen Wechselwirkung potenzierte Schuld an den von ihm angestifteten Verbrechen. Dabei sind »Helfer« nicht nur die vom Hitlerwahn berauschten aktiven Mittäter, sondern gerade auch die nüchtern Gebliebenen, die die mörderischen Absichten des NS-Regimes sehr wohl durchschauten und dennoch wegschauten, bis es zu spät war.

Wir haben unsere Deutung des Hitlerwahns auf ein neues Erklärungsmodell der Psychose gestützt, das mit seiner Orientierung an der Polarität von privatem und öffentlichem Selbst die Grenzen zwischen seelischer Krankheit und Gesundheit fließend macht. Jedes menschliche Dasein ist in diese Polarität gestellt; deshalb hat jedes Individuum die Aufgabe zu meistern, zwischen Momenten des Rückzugs in die Innerlichkeit und solchen des Herausgehens an die Öffentlichkeit eine angemessene Balance herzustellen. Was aber angemessen ist, wird von kulturellen Kontexten bestimmt. Depression wie Schizophrenie sind Formen seelischer Erkrankung, für die die jeweilige Umwelt eine Mitverantwortung trägt. Den Depressiven aus seiner Einkapselung ins private Selbst herauszuführen und den Schizophrenen mit seiner übermäßigen Ausrichtung am öffentlichen Selbst zur Gefühlsfähigkeit zurückzubringen, ist nicht nur eine Forderung an das individuelle, sondern auch an das soziale Gewissen. Wo also eine Kultur diese Möglichkeiten des Abfangens von suizidalen und wahnhaften Tendenzen zu verlieren droht, ist erhöhte Aufmerksamkeit geboten. Die Lektion aus dem nicht wiedergutzumachenden Unheil des Hitler-Regimes ist ebenso eine psychiatrische wie historische; sie zu lernen heißt nicht nur, den Blick zurückzuwenden, sondern ihn im Eingedenken des Vergangenen auf die Wiederholungsgefahren der Gegenwart zu richten.

Anhang

Literaturverzeichnis
Personenregister

Literaturverzeichnis

Anmerkung zur Zitierweise: Um eine chronologische Orientierung zu ermöglichen, werden Literaturangaben im Text jeweils durch das Jahr der frühesten Publikation einer Quelle identifiziert. Dieses Ersterscheinungsjahr steht im nachfolgenden Literaturverzeichnis in eckigen Klammern hinter dem Autorennamen. Es kann also vom Publikationsjahr der zitierten Ausgabe abweichen.

Abel, Theodore [1938]: Why Hitler came into Power? An Answer Based on the Original Life Stories of Six Hundred of His Followers; Prentice Hall 1938.

Abendroth, Wolfgang [1967]: Faschismus und Kapitalismus. Theorien über die sozialen Ursprünge und die Funktion des Faschismus; Frankfurt am Main 1967.

Adorno, Theodor W. [1951]: Minima Moralia. Reflexionen aus dem beschädigten Leben (1944-47); Frankfurt am Main 1980.

Aly, Götz [1995]: Endlösung. Die Entscheidung zum Mord an den europäischen Juden; Frankfurt am Main 1995.

American Psychiatric Association [1994]: Diagnostisches und statistisches Manual psychischer Störungen DSM-IV. Dt. Bearb. und Einf. von Henning Saß u.a.; Göttingen, Bern u.a. 1996.

Amery, Carl [1998]: Hitler als Vorläufer. Auschwitz – der Beginn des 21. Jahrhunderts? München 1998.

Angermair, Elisabeth / Haerendel, Ulrike [1993]: Inszenierter Alltag. ›Volksgemeinschaft‹ im nationalsozialistischen München 1933–1945; München 1993.

Arendt, Hannah [1951]: Elemente und Ursprünge totaler Herrschaft; München 1986.

Arendt, Hannah [1964]: Eichmann in Jerusalem; 6. Aufl. München 1987.

Arendt, Hannah [1999]: ›Eichmann in Jerusalem‹ und die Folgen. Hg. v. Gary Smith; Frankfurt am Main 1999.

Ariès, Philippe [1976]: Geschichte der Kindheit; 12. Aufl. München 1996.

Ariès, Philippe / Duby, Georges (Hg.) [1985-87]: Geschichte des privaten Lebens; 5 Bde. Frankfurt am Main 1991.

Augstein, Franziska [1999]: Treue hat tiefe Taschen. Wie Hitler seine Paladine verkaufte. In: Frankfurter Allgemeine Zeitung, 11. 10. 1999, S. 49.

Augstein, Franziska / Raulff, Ulrich [1998]: In gewisser Weise war er ein Mann ohne Eigenschaften. Die Geschichte Hitlers ist auch die Geschichte seiner fortwährenden Unterschätzung – Ein Gespräch mit Ian Kershaw. In: Frankfurter Allgemeine Zeitung, 1. 10. 1998, S. 44–45.

Augstein, Rudolf [1998]: Der unersetzliche Führer. Über die neue Hitler-Biographie von Ian Kershaw. In: Der Spiegel 42 (1998), S. 244–246.

Backes, Klaus [1988]: Hitler und die bildenden Künste. Kulturverständnis und Kunstpolitik im Dritten Reich; Köln 1987.

Bailer, Josef / Bleidt, Peter / Hautzinger, Martin [1988]: Die Wirkung situativer und dispositioneller Selbstaufmerksamkeit auf depressives Befinden. In: Kammer, Daniele / Hautzinger, Martin (Hg.): Kognitive Depressionsforschung; Bern, Stuttgart, Toronto 1988, S. 138–158.

Bärsch, Claus-Ekkehard [1998]: Die politische Religion des Nationalsozialismus; München 1998.

Bateson, Gregory / Mead, Margaret [1942]: Balinese Character: A Photographic Analysis; New York 1942.

Baumeister, Roy F. [1986]: Epilogue: The Next Decade of Self-Presentation Research. In: Ders. (Hg.): Public Self and Private Self; New York 1986, S. 241–245.

Baumeister, Roy F. (Hg.) [1986]: Public Self and Private Self; New York 1986.

Baumeister, Roy F. / Tice, Dianne M. [1986]: Four Selves, Two Motives, and a Substitute Process Self-Regulation Model. In: Ders. (Hg.): Public Self and Private Self; New York 1986, S. 63–75.

Baur, Hans [1956]: Ich flog Mächtige der Erde; Kempten 1956.

Below, Nicolaus von [1980]: Als Hitlers Adjutant 1937-45; München 1980.

Belting, Hans [1990]: Bild und Kult. Eine Geschichte des Bildes vor dem Zeitalter der Kunst; München 1990.

Benjamin, Walter [1931]: Kleine Geschichte der Photographie. In: Gesammelte Schriften, hg. v. Rolf Tiedemann u. Hermann Schweppenhäuser, Bd. II.1; Frankfurt am Main 1980, S. 368–385.

Besymenski, Lew [1968]: Der Tod Adolf Hitlers; Hamburg 1968.

Binion, Rudolph [1976]: »Daß ihr mich gefunden habt«. Hitler und die Deutschen; Stuttgart 1978.

Binswanger, Ludwig [1956]: Drei Formen mißglückten Daseins. Verstiegenheit, Verschrobenheit, Manieriertheit; Tübingen 1956.

Binswanger, Ludwig [1957]: Schizophrenie; Pfullingen 1957.

Binswanger, Ludwig [1965]: Wahn; Pfullingen 1965.

Bleuler, Eugen [1911]: Dementia praecox oder Gruppe der Schizophrenien; Leipzig 1911.

Bloch, Eduard [1941]: My Patient Hitler. In: Collier's, 15. 3. 1941, S. 35–39, und 22. 3. 1941, S. 69–73.

Blumenthal, David R. [1999]: A Biographical Journey in Hitler's Shadow. In: International Herald Tribune, 26. 3. 1999, S. 24.

Böhme, Hartmut [1999]: Gewalt im 20. Jahrhundert. Demozide in der Sicht von Erinnerungsliteratur, Statistik und qualitativer Sozialanalyse. In: figurationen 0 (1999), S. 139–157.

Böker, Wolfgang / Häfner, Heinz [1973]: Gewalttaten Geistesgestörter; Berlin 1973.

Boll, Bernd / Safrian, Hans [1996]: Die 6. Armee. Unterwegs nach Stalingrad. 1941 bis 1942. In: Hamburger Institut für Sozialforschung (Hg.): Vernichtungskrieg. Verbrechen der Wehrmacht 1941 bis 1944, S. 62–101.

Bourdieu, Pierre [1983]: Ökonomisches Kapital, kulturelles Kapital, soziales Kapital. In: Kreckel, Reinhard (Hg.): Soziale Ungleichheiten; Göttingen 1983, S. 183–198.

Bracher, Karl Dietrich [1964]: Adolf Hitler; Bern 1964.

Bracher, Karl Dietrich [1969]: Die deutsche Diktatur. Entstehung, Struktur und Folgen des Nationalsozialismus; 4. Aufl. Köln 1972.

Brandmayer, Balthasar [1932]: Zwei Meldegänger. Mitgeteilt von Heinz Bayer; Bruckmühl 1932.

Bredow, Wilfried von [1997]: Die Banalität des Banalen oder Hitlers Ecken und Kanten [Rezension zu Pausewang, Gudrun: Adi – Jugend eines Diktators]. In: Frankfurter Allgemeine Zeitung, 14. 10. 1997, S. L 51.

Breitman, Richard [1999]: Staatsgeheimnisse. Die Verbrechen der Nazis – von den Alliierten toleriert; München 1999.

Brockhaus, Gudrun [1992]: Psychoanalytische Hitler-Deutungen. In: Hitlerdeutungen. Luzifer-Amor, Zeitschrift zur Geschichte der Psychoanalyse, H. 9 (1992), S. 8–25.

Bromberg, Norbert / Small, Verena [1983]: Hitler's Psychopathology; New York 1983.

Broszat, Martin [1964]: Der Nationalsozialismus. Weltanschauung, Programm und Wirklichkeit; Stuttgart 1964.

Brumlik, Micha [1999]: Adolf Hitler – Angelpunkt der Weltgeschichte? Eine ideengeschichtliche Studie [Sammelrezension]. In: Neue Zürcher Zeitung, 22./23. 5. 1999, S. 52.

Brünner Anonymus [1935]: [Erinnerungen aus der Männerheimzeit] In: Moravsky ilustrovany zpravodaj 40 (1935), S. 10f.

Bruns, Brigitte [1992]: Der inszenierte Führer. Zur politischen Fotografie des Nationalsozialismus. In: Hitlerdeutungen. Luzifer-Amor, Zeitschrift zur Geschichte der Psychoanalyse, H. 9 (1992), S. 25–43.

Buchheim, Hans [1989]: Anatomie des SS-Staates. Bd. 1: Die SS – das Herrschaftsinstrument. Befehl und Gehorsam; München 1989.

Bullock, Alan [1957]: Hitler. Eine Studie über Tyrannei; 5. Aufl. Düsseldorf 1957.

Bullock, Alan [1979]: Das Rätsel Hitler. Alan Bullock im Gespräch mit Albert Speer. In: DIE ZEIT 45 (1979).

Bullock, Alan [1991]: Die Genesis des Bösen. In: Der Spiegel 25 (1991).

Bürger-Prinz, Hans / Schorsch, Eberhard [1969]: Anmerkungen zum Begriff des Autismus. In: Nervenarzt 40,10 (1969), S. 454–459.

Burrin, Philippe [1989]: Hitler und die Juden. Die Entscheidung für den Völkermord; Frankfurt am Main 1993.

Buss, Arndt Herbert [1980]: Self-consciousness and social anxiety; San Francisco 1980.

Bychowski, Gustav [1948]: Adolf Hitler. In: Hitlerdeutungen. Luzifer-Amor, Zeitschrift zur Geschichte der Psychoanalyse, H. 9 (1992), S. 90–148 [=Auszug aus: Ders.: Diktatoren. Beiträge zu einer psychoanalytischen Persönlichkeits- und Geschichtsdeutung].

Caillois, Roger [1937]: La Mante religieuse. Recherche sur la nature et la signification du mythe; Paris 1937.

Caillois, Roger [1958]: Die Spiele und die Menschen. Maske und Rausch; Frankfurt am Main 1982.

Carr, William [1978]: Adolf Hitler. Persönlichkeit und politisches Handeln; Stuttgart, Berlin, Köln, Mainz 1980.

Chaussy, Ulrich / Püschner, Christoph [1997]: Nachbar Hitler. Führerkult und Heimatzerstörung am Obersalzberg; Berlin 1997.

Coleman, James S. [1990]: Foundations of Social Theory; Cambridge (Mass.) London 1990.

Cornish, Kimberley [1998]: The Jew of Linz; London 1998.

Cornwell, John [1999]: Pius XII. Der Papst und der Holocaust; München 1999.

Dahlerus, Birger [1939]: Der letzte Versuch. London–Berlin Sommer 1939; München 1973.

Daim, Wilfried [1958]: Der Mann, der Hitler die Ideen gab: Von den religiösen Verirrungen eines Sektierers zum Rassenwahn des Diktators; München 1958.

Dawidowicz, Lucy S. [1975]: The War Against the Jews. 1933–1945; New York 1986.

Degen, Rolf [1999]: Innenansichten der gespaltenen Seele. Suche nach den biologischen Wurzeln der Schizophrenie. In: Frankfurter Allgemeine Zeitung, 11. 8. 1999, S. N3.

Deister, Arno / Möller, Hans J. [1998]: Schizophrenie und verwandte Psychosen. Ein Kompendium für Ärzte und Studierende; Stuttgart 1998.

Deleuze, Gilles / Guattari, Félix [1972]: Anti-Ödipus. Kapitalismus und Schizophrenie; Frankfurt am Main 1977.

Deuerlein, Ernst [1969]: Hitler. Eine politische Biographie; München 1969.

Deuerlein, Ernst [1974]: Der Aufstieg der NSDAP in Augenzeugenberichten; München 1974.

Devrient, Paul [1929-33]: »Mein Schüler Hitler«. Das Tagebuch seines Schauspiellehrers, bearbeitet und herausgegeben von Werner Maser; Pfaffenhofen 1975.

Dietrich, Otto [1955]: Zwei Jahre mit Hitler; München 1955.

Dirks, Carl / Janßen, Karl-Heinz [1999]: Der Krieg der Generäle. Hitler als Werkzeug der Wehrmacht; Berlin 1999.

Dittrich, Karin A. [1992]: Der »Heldenmythos« Hitler. Jungs späte Auseinandersetzung mit Freud und der Psychoanalyse. In: Hitlerdeutungen. Luzifer-Amor, Zeitschrift zur Geschichte der Psychoanalyse, H. 9 (1992), S. 57–70.

Domarus, Max [1962/63]: Hitler. Reden und Proklamationen 1932–1945; 2 Bde. Würzburg 1962/63.

Doucet, Friedrich W. [1979]: Im Banne des Mythos; Esslingen am Neckar 1979.

Durkheim, Émile [1897]: Der Selbstmord; Neuwied und Berlin 1973.

Eckart, Dietrich [1924]: Der Bolschewismus von Mose bis Lenin. Zwiegespräche zwischen Adolf Hitler und mir; München o. J. [Online (1.2. 2000): www.nizkor.org/hweb/people/h/hitler-adolf/oss-papers/text/oss-sb-eckart.html]

Eitner, Hans-Jürgen [1981]: Hitler. Das Psychogramm. Vom Autor durchgesehene, um ein Personenregister erweiterte Ausgabe; Berlin 1994.

Engel, Gerhard [1974]: Heeresadjutant bei Hitler 1938-43. Hg. v. Hildegard von Kotze; Stuttgart 1974.

Ensor, Robert Charles [1939]: Herr Hitler's Self-Disclosure in »Mein Kampf«; Oxford 1939.

Erdle, Birgit R. [1992]: Unheimliches Verstehen. Zu einem Roman von Hans Keilson. In: Hitlerdeutungen. Luzifer-Amor, Zeitschrift zur Geschichte der Psychoanalyse, H. 9 (1992), S. 48–57.

Erikson, Erik H. [1950]: Kindheit und Gesellschaft; 12. Aufl. Stuttgart 1995.

Erikson, Erik H. [1966]: The legend of Hitler's youth. In: Wolff, Robert P. (Hg.): Political Man and Social Man; New York 1966, S. 370–396.

Fabry, Philipp W. [1969]: Mutmaßungen über Hitler; Düsseldorf 1969.

Federn, Ernst [1992]: Psychoanalyse und Nationalsozialismus. Bemerkungen eines Zeitzeugen. In: Hitlerdeutungen. Luzifer-Amor, Zeitschrift zur Geschichte der Psychoanalyse, H. 9 (1992), S. 43–48.

Fenichel, Otto [1997]: Psychoanalytische Neurosenlehre, Band 2; Gießen 1997.

Fest, Joachim C. [1973]: Hitler; 7. Aufl. Berlin 1997.

Fest, Joachim C. [1999]: Das Böse als reale Macht. Hitlers noch immer verleugnetes Vermächtnis. In: Der Spiegel 43 (1999), S. 182–197.

Festinger, Leon [1975]: A theory of cognitive dissonance; Evanston 1975.

Fetscher, Iring [1999]: Im Kriegszustand mit Hitler. [Rezension zu Rosenbaum, Ron: Die Hitler-Debatte. Auf der Suche nach dem Ursprung des Bösen.] In: Frankfurter Allgemeine Zeitung, 19. 4. 1999, S. 12.

Fischer, Fritz [1992]: Hitler war kein Betriebsunfall; 4. Aufl. München 1998.

Flöhl, Rainer [1999]: Die Psychiatrie ist mehr als bloße Biologie. In: Frankfurter Allgemeine Zeitung, 11. 8. 1999, S. N3.

Frank, Hans [1953]: Im Angesicht des Galgens. Deutung Hitlers und seiner Zeit auf Grund eigener Erlebnisse und Erkenntnisse; 2. Aufl. Neuhaus 1955.

Freud, Sigmund [1917]: Vorlesungen zur Einführung in die Psychoanalyse [1915–1917]. In: Studienausgabe Bd. I; 11. Aufl. Frankfurt am Main 1982, S. 34–448.

Freud, Sigmund [1924]: Neurose und Psychose. In: Studienausgabe Bd. III; 6. Aufl. Frankfurt am Main 1989, S. 331–339.

Friedrichsen, Gisela [1999]: Gekränkt, verhöhnt, blamiert. Der Hochstapler Gert Postel. In: Der Spiegel 4 (1999), S. 105–106.

Fromm, Erich [1973]: Anatomie der menschlichen Destruktivität; Reinbek bei Hamburg 1977.

Fukuyama, Francis [1995]: Trust. The social virtues and the creation of prosperity; New York 1995.

Garfield, David A. S. / Rogoff, M. L. / Steinberg, Susan [1987]: Affect Recognition and Self-Esteem in Schizophrenia. In: Psychopathology 20 (1987), S. 225–233.

Gibbels, Ellen [1988]: Hitlers Parkinson Syndrom. In: Nervenarzt 59 (1988), S. 521–588.

Gibbels, Ellen [1994]: Hitlers Nervenkrankheit. In: Vierteljahrshefte für Zeitgeschichte 42 (1994), S. 155–219.

Giesler, Hermann [1977]: Ein anderer Hitler; 2. Aufl. Leoni am Starnberger See 1977.

Gilbert, Gustave M. [1950]: The Psychology of Dictatorship; New York 1950.

Gisevius, Hans Bernd [1963]: Adolf Hitler. Versuch einer Deutung; München 1963.

Glatzel, Johannes (Hg.) [1973]: Gestaltwandel psychiatrischer Krankheiten; Stuttgart 1973.

Goebbels, Joseph [1924–45]: Tagebücher aus den Jahren 1924–1945. Hg. v. Ralf G. Reuth; 2 Bde. München 1992.

Goebbels, Joseph [1925/26]: Das Tagebuch von Joseph Goebbels 1925/26 mit weiteren Dokumenten hg. v. Helmut Heiber; 2. Aufl. Stuttgart 1961.

Goebbels, Joseph [1934]: Vom Kaiserhof zur Reichskanzlei. Eine historische Darstellung in Tagebuchblättern vom 1. Januar 1932 bis 1. Mai 1933; München 1934.

Goebbels, Joseph [1942/43]: Tagebücher aus den Jahren 1942-43. Hg. v. Louis P. Lochner; Zürich 1948.

Goebbels, Joseph [1993/94]: Die Tagebücher von Joseph Goebbels. Im Auftrag des Instituts für Zeitgeschichte und mit Unterstützung des Staatlichen Archivdienstes Rußlands hg. von Elke Fröhlich. Bd. 7–10; München 1993-94.

Goffman, Erving [1963]: Stigma. Über Techniken der Bewältigung beschädigter Identität; Frankfurt am Main 1974.

Goffman, Erving [1971]: Das Individuum im öffentlichen Austausch; Frankfurt am Main 1971.

Goldhagen, Daniel [1996]: Hitlers willige Vollstrecker; Berlin 1996.

Görlitz, Walter / Quint, Herbert A. [1952]: Adolf Hitler. Eine Biographie; Stuttgart 1952.

Gravenhorst, Lerke [1997]: Moral und Geschlecht. Die Aneignung der NS-Erbschaft; Freiburg im Breisgau 1997.

Greenberg, Jeff / Pyszczynski, Tom / Solomon, Sheldon [1986]: The Causes and Consequences of a Need for Self-Esteem: A Terror Management Theory. In: Baumeister, Roy F. (Hg.): Public Self and Private Self; New York 1986, S. 189–213.

Grinker, R. R. / Werba, B. [1968]: The Borderline States; New York 1968.

Gruchmann, Lothar [1973]: Die ›Reichsregierung‹ im Führerstaat. Stellung und Funktion des Kabinetts im nationalsozialistischen Herrschaftssystem. In: Doeker, Günther /Steffani, Winfried (Hg.): Klassenjustiz und Pluralismus; Hamburg 1973.

Gun, Nerin E. [1968]: Eva Braun – Hitler. Leben und Schicksal; Kiel 1994.

Haffner, Sebastian [1939/96]: Germany: Jekyll & Hyde. 1939 – Deutschland von innen betrachtet; Berlin 1996.

Haffner, Sebastian [1978]: Anmerkungen zu Hitler; 7. Aufl. Frankfurt am Main 1981.

Häfner, Heinz (Hg.) [1995]: Was ist Schizophrenie? Stuttgart u. a. 1995.

Hagen, Giselher [1999]: Die Schizophrenie – keine einheitliche Krankheit. In: Frankfurter Allgemeine Zeitung, 8. 9. 1999, S. N3.

Hamann, Brigitte [1996]: Hitlers Wien. Lehrjahre eines Diktators; 8. Aufl. München 1998.

Hanfstaengl, Ernst [1957]: Hitler: the missing years; New York 1994.

Hanfstaengl, Ernst [1970]: 15 Jahre mit Hitler. Zwischen Weißem und Braunem Haus; München 1970.

Hanisch, Reinhold [1939]: I was Hitler's Buddy. In: The New Republic, 5., 12. u. 19. 4. 1939. [Online: www.nizkor.org/hweb/people/h/hitler-adolf/oss-papers/text/oss-sb-hanisch.html]

Harlow, John / Toyne, Sarah [1999]: One thing we got right about Hitler. In: Sunday Times, 17. 1.1999, S. 12.

Harmat, Paul [1992]: Szálasideutungen. In: Hitlerdeutungen. Luzifer-

Amor, Zeitschrift zur Geschichte der Psychoanalyse, H. 9 (1992), S. 70–76.

Hartog, Leendert Johan [1994]: Der Befehl zum Judenmord. Hitler, Amerika und die Juden; Bodenheim 1997.

Hauschild, Thomas (Hg.) [1979]: Der böse Blick. Ideengeschichtliche und sozialpsychologische Untersuchungen; 2. Aufl. Berlin 1982.

Hayman, Ronald [1997]: Hitler and Geli; London 1997.

Heiden, Konrad [1936/37]: Adolf Hitler. Das Zeitalter der Verantwortungslosigkeit. Eine Biographie; 2 Bde. Zürich 1936-37.

Heiden, Konrad [1936]: Adolf at School. In: Living Age 351 (1936).

Herbert, Ulrich [1998]: Das Volk und sein Führer. Über Leistungen und Grenzen der Hitler-Biographie von Ian Kershaw [Rezension zu Kershaw, Ian: Hitler. 1889–1936]. In: Süddeutsche Zeitung, 23.11.1998, S. 10.

Herz, Rudolf [1994]: Hoffmann und Hitler. Fotografie als Medium des Führer-Mythos; München 1994.

Heston, Leonard L. / Heston, Renate [1979]: The Medical Casebook of Adolf Hitler. His Illness, Doctors and Drugs; London 1979.

Hilberg, Raul [1987]: Sonderzüge nach Auschwitz; Frankfurt am Main, Berlin, Wien 1987.

Hilberg, Raul [1994]: Die Vernichtung der europäischen Juden; 3 Bde. Frankfurt am Main 1994.

Hildebrand, Klaus [1997]: Aus Männerheimbewohnersicht. Eine Studie über Hitlers prägende Jahre in Wien [Rezension zu Hamann, Brigitte: Hitlers Wien]. In: Frankfurter Allgemeine Zeitung, 9.1.1997.

Hillgruber, Andreas (Hg.) [1967/70]: Staatsmänner und Diplomaten bei Hitler. Vertrauliche Aufzeichnungen über Unterredungen mit Vertretern des Auslands; 2 Bde. Frankfurt am Main 1967/70.

Hillgruber, Andreas [1984]: Der Entschluß zur Ermordung der europäischen Juden. In: Rohwer, Jürgen / Jäckel, Eberhard (Hg.): Kriegswende Dezember 1941; Koblenz 1984, S. 227–229.

Himmelfarb, Milton [1984]: No Hitler, No Holocaust. In: Commentary 76.3 (March 1984), S. 37–43.

Hitler, Adolf [1925/27]: Mein Kampf; 881.–885. Aufl. 2 Bde. München 1943.

Hitler, Adolf [1931]: Das Braune Haus. In: Völkischer Beobachter, 21.2.1931.

Hitler, Adolf [1945]: Hitlers politisches Testament. Die Bormann Diktate vom Februar und April 1945; Hamburg 1981.

Hitler, Adolf [1952]: Libres propos sur la Guerre et la Paix. Version française de François Genoud; Paris 1952.

Hitler, Adolf [1959]: Le Testament politique de Hitler. Hg. v. Hugh R. Trevor-Roper; Paris 1959.

Hitler, Adolf [1992–98]: Reden, Schriften, Anordnungen: Februar 1925 bis Januar 1933. Hg. v. Institut für Zeitgeschichte; 5 Bde. in 12 Teilbd. München, London, New York, Paris 1992–1998.

Hitler, Paula [1959]: Interview. In: The New York Times (March 1959).

Hoffmann, Heinrich [1974]: Hitler, wie ich ihn sah. Aufzeichnungen seines Leibfotografen; München, Berlin 1974.

Hoffmann, Klaus / Machleidt, Wielant (Hg.) [1997]: Psychiatrie im Kulturvergleich; Berlin 1997.

Hogan, Robert / Briggs, Stephen R. [1986]: A Socioanalytic Interpretation of the Public and the Private Selves. In: Baumeister, Roy F. (Hg.): Public Self and Private Self; New York 1986, S. 179–184.

Hohenstein, Alexander [1963]: Wartheländisches Tagebuch aus den Jahren 1941/42; München 1963.

Hübner-Funk, Sibylle [1998]: Loyalität und Verblendung. Hitlers Garanten der Zukunft als Träger der zweiten deutschen Republik; Potsdam 1998.

Jablensky, Assen / Sartorius, Norman u.a. [1991]: Schizophrenia: Manifestations, Incidence and Course in Different Cultures. A World Health Organization Ten-Country Study. Psychological Medicine Monograph Supplement 20 (1991).

Jäckel, Eberhard [1969]: Hitlers Weltanschauung. Entwurf einer Herrschaft; Tübingen 1969.

Jäckel, Eberhard [1979]: Hitler und der Mord an den europäischen Juden. In: Marthesheimer, Peter / Frenzel, Ivo (Hg.): Im Kreuzfeuer: Der Fernsehfilm ›Holocaust‹; Frankfurt am Main 1979.

Jäckel, Eberhard / Kuhn, Axel (Hg.) [1980]: Hitler. Sämtliche Aufzeichnungen 1905–1924; Stuttgart 1980.

Jäckel, Eberhard / Rohwer, Jürgen (Hg.) [1985]: Der Mord an den Juden im Zweiten Weltkrieg. Entschlußbildung und Verwirklichung; Stuttgart 1985.

Jäckel, Eberhard u.a. (Hg.) [1993]: Enzyklopädie des Holocaust; 3 Bde. Berlin 1993.

Janzarik, Werner [1986]: Geschichte und Problematik des Schizophreniebegriffes. In: Nervenarzt 57 (1986), S. 681–685.

Jaspers, Karl [1913]: Allgemeine Psychopathologie; 5. Aufl. Berlin und Heidelberg 1948.

Jeismann, Michael [1997]: Himmlers Kalender. Befahl Hitler den Mord an den europäischen Juden? In: Frankfurter Allgemeine Zeitung, 6. 12. 1997, S. 33.

Jeismann, Michael [2000]: Lebensaufgabe. Eichmanns Bericht »Götzen«: Das Elementarteil als Rätsel. In: Frankfurter Allgemeine Zeitung, 2. 3. 2000, S. 49.

Jetzinger, Franz [1956]: Hitlers Jugend; Wien 1956.

Joachimsthaler, Anton [1989]: Korrektur einer Biographie. Adolf Hitler 1908–1920; München 1989.

Joachimsthaler, Anton [1993]: Hitlers Eintritt in die Politik und die Anfänge der NSDAP. In: München – »Hauptstadt der Bewegung«. Katalog der Ausstellung im Münchner Stadtmuseum; München 1993, S. 71–96.

Joachimsthaler, Anton [2000]: Hitlers Weg begann in München 1913–1923; München 2000.

Jochmann, Werner (Hg.) [1980]: Adolf Hitler. Monologe im Führerhauptquartier 1941–1944. Die Aufzeichnungen Heinrich Heims; Hamburg 1980.

Jones, Sydney J. [1980]: Hitlers Weg begann in Wien 1907–1913; Wiesbaden, München 1980.

Jung, Carl Gustav [1945]: Nach der Katastrophe. In: Aufsätze zur Zeitgeschichte; Zürich 1946.

Jung, Carl Gustav [1961]: Erinnerungen, Träume, Gedanken, von C.G. Jung, aufgezeichnet und herausgegeben von Aniela Jaffé; Zürich 1961.

Jünger, Ernst [1949]: Strahlungen II. Die Hütte im Weinberg; 3. Aufl. München 1995.

Kant, Immanuel [1900]: Gesammelte Schriften. Hg. von der Preußischen Akademie der Wissenschaften; Berlin 1900ff.

Kernberg, Otto F. [1984]: Severe Personality Disorders; New Haven 1984.

Kershaw, Ian [1980]: Der Hitler-Mythos. Volksmeinung und Propaganda im Dritten Reich, mit einer Einführung von Martin Broszat; Stuttgart 1980.

Kershaw, Ian [1998]: Hitler. 1889–1936; Stuttgart 1998.

Kershaw, Ian [2000]: Hitler. 1937–1945; Stuttgart 2000.

Keval, Susanna [1999]: Die schwierige Erinnerung. Deutsche Widerstandskämpfer über die Verfolgung und Vernichtung der Juden; Frankfurt am Main 1999.

Knight, Robert P. [1953]: Borderline States. In: Bulletin of the Meininger Clinic 17 (1953), S. 1–12.

Knopp, Guido [1995]: Hitler. Eine Bilanz; München 1997.

Koch-Hillebrecht, Manfred [1999]: Homo Hitler. Psychogramm des deutschen Diktators; München 1999.

Kogon, Eugen [1974]: Der SS-Staat. Das System der deutschen Konzentrationslager; München 1999.

Köhler, Joachim [1997]: Wagners Hitler. Der Prophet und sein Vollstrecker; 2. Aufl. München 1997.

Köhler, Jochen [1999]: Das Charisma des Erfolgs. Aufstieg und Fall des Führers Adolf Hitler aus heutiger Sicht. In: lettre international 16 (1999), S. 16–22.

Kohut, Heinz [1971]: Narzißmus. Eine Theorie der psychoanalytischen Behandlung narzißtischer Persönlichkeitsstörungen; Frankfurt am Main 1974.

Kohut, Heinz [1977]: Die Heilung des Selbst; Frankfurt am Main 1979.

Kotze, Hildegard von / Krausnick, Helmut (Hg.) [1966]: »Es spricht der Führer«. Sieben exemplarische Hitler-Reden; Gütersloh 1966.

Kraepelin, Emil [1899]: Psychiatrie; 6. Aufl. Leipzig 1899.

Kranz, Heinrich [1955]: Das Thema des Wahns im Wandel der Zeit. In: Fortschritte Neurologie 22 (1955), S. 58–72.

Kranz, Heinrich [1962]: Der Begriff des Autismus und die endogenen Psychosen. In: Ders. (Hg.): Psychopathologie heute. Festschrift zum 75. Geburtstag von Kurt Schneider; Stuttgart 1962, S. 61–71.

Krause, Rainer / Steimer, Evelyne / Sänger-Alt, Cornelia / Wagner, Günter [1989]: Facial Expression of Schizophrenic Patients and Their Interaction Partners. In: Psychiatry 52 (1989), S. 1–12.

Krausnick, Helmut [1956]: Vorgeschichte und Beginn des militärischen Widerstandes gegen Hitler. In: Europäische Publikation e.V. (Hg.): Vollmacht des Gewissens; München 1956, S. 177–384.

Krebs, Albert [1959]: Tendenzen und Gestalten der NSDAP; Stuttgart 1959.

Krockow, Christian Graf von [1998]: Das ewige Rätsel. Die umfangreiche Hitler-Biografie des britischen Historikers Ian Kershaw weiß nicht nen-

nenswert Neues über den Diktator mitzuteilen [Rezension]. In: Die Woche, 16. 10. 1998, S. 35

Kruse, Otto [1991]: Emotionsentwicklung und Neurosenentstehung. Perspektiven einer klinischen Entwicklungspsychologie; Stuttgart 1991.

Kubizek, August [1953]: Adolf Hitler, mein Jugendfreund; 6. Aufl. Graz und Stuttgart 1995.

Kurth, Gertrud M. [1947]: The Jew and Adolf Hitler. In: Psychoanalytical Quarterly 16 (1947), S. 2–12.

Lacan, Jacques [1949]: Das Spiegelstadium als Bildner der Ich–Funktion. In: Schriften I; Olten 1973, S. 61–70.

Lacan, Jacques [1954–55]: Das Ich in der Theorie Freuds und in der Technik der Psychoanalyse [Das Seminar Buch II]; Olten 1978.

Laing, Ronald D. [1960]: Das geteilte Selbst; Köln 1994.

Lang, Jochen von (Hg.) [1982]: Das Eichmann-Protokoll. Tonbandaufzeichnungen der israelischen Verhöre; Berlin 1982.

Langer, Walter C. [1943]: Das Adolf-Hitler-Psychogramm. Eine Analyse seiner Person und seines Verhaltens, verfaßt 1943 für die psychologische Kriegsführung der USA; Wien 1973. [Online (1.2.200): www.nizkor. org/hweb/people/h/hitler-adolf/oss-papers/text/profile-index.html]

Lankheit, Klaus / Hartmann, Christian [1998]: Hitler. Reden, Schriften, Anordnungen aus den Jahren 1925 bis 1933. Band V; München 1998.

Large, David Clay [1998]: Hitlers München. Aufstieg und Fall der Hauptstadt der Bewegung; München 1998.

Lazarus, Richard S. [1967]: Cognitive and personality factors underlying threat and coping. In: Appley, Mortimer H. (Hg.): Psychological Stress; New York 1967, S. 151–169.

Lindquist, Per / Allebeck, Per [1990]: Schizophrenia and assaultive behavior: The role of alcohol and drug abuse. In: Acta Psychiatrica Scandinavica, Bd. 82, S. 191–195.

Loiperdinger, Martin / Culbert, David [1988]: Leni Riefenstahl, the SA, and the Nazi Party Rally films, Nurenberg 1933–1934: »Sieg des Glaubens« und »Triumph des Willens«. In: Historical Journal of Film, Radio, and Television 8 (1988), S. 3–38.

Lüdecke, Kurt G. W. [1938]: I knew Hitler. The Story of Nazi Who Escaped The Blood Purge; London, New York 1938.

Luhmann, Niklas [1982]: Funktion der Religion; Frankfurt am Main 1982.

Lukacs, John [1991]: Churchill und Hitler. Der Zweikampf; Stuttgart 1992.

Lukacs, John [1997]: Hitler. Geschichte und Geschichtsschreibung; München 1997.

Machleidt, Wielant / Peltzer, Karl [1994]: Comparison of culturally different approaches towards the therapy of schizophrenia. In: Curare, Zeitschrift für Ethnomedizin und transkulturelle Psychiatrie 17 (1994), S. 58–81.

Maissen, Thomas [1999]: Zweierlei Erinnerung [Rezension zu Herf, Jeffrey: Zweierlei Erinnerung]. In: Neue Zürcher Zeitung, 22./23. 5. 1999, S. 52.

Martin, Mike W. (Hg.) [1985]: Self-deception and self-understanding; Lawrence 1985.

Marx, Karl / Engels, Friedrich [1848]: Manifest der kommunistischen Partei. In: Ausgewählte Schriften in zwei Bänden; 19. Aufl. Berlin 1971, Bd. 1, S. 17–57.

Maser, Werner [1966]: Hitlers Mein Kampf. Entstehung, Aufbau, Stil, Änderungen, Quellen, Quellenwert und kommentierte Auszüge; München 1966.

Maser, Werner [1971]: Adolf Hitler. Das Ende einer Führerlegende; Düsseldorf 1971.

Maser, Werner [1974]: Adolf Hitler. Legende, Mythos, Wirklichkeit; 6. Aufl. München 1974.

Matussek, Paul [1968]: Ideologie als Faktor der Persönlichkeit. In: Mitteilungen aus der Max-Planck-Gesellschaft 2 (1968), S. 93–110.

Matussek, Paul [1971]: Die Konzentrationslagerhaft und ihre Folgen. Berlin, Heidelberg, New York 1971.

Matussek, Paul [1976]: Psychotherapie schizophrener Psychosen; Hamburg 1976.

Matussek, Paul [1989]: Psychose [Wörterbuchartikel]. In: Ritter, Joachim / Gründer, Karlfried (Hg.): Historisches Wörterbuch der Philosophie, Bd. 7 P–Q; Basel, Stuttgart 1989, Sp. 1691–1698.

Matussek, Paul [1990]: Beiträge zur Psychodynamik endogener Psychosen; Berlin, Heidelberg, New York 1990.

Matussek, Paul [1992]: Analytische Psychosentherapie. Band 1: Grundlagen; Berlin, Heidelberg, New York 1992.

Matussek, Paul [1993]: Analytische Psychosentherapie in neuer Sicht. In: Nervenarzt 64 (1993), S. 696–705.

Matussek, Paul [1997]: Analytische Psychosentherapie. Band 2: Anwendungen; Berlin, Heidelberg, New York 1997.

Matussek, Paul / Matussek, Peter [1992]: Franz Grillparzer, Camille Claudel, Glenn Gould – drei Modellanalysen. In: Matussek, Paul: Analytische Psychosentherapie. Band 1: Grundlagen; Berlin, Heidelberg, New York 1992, S. 165–181.

Matussek, Peter [1997]: www.heavensgate.com – Virtuelles Leben zwischen Eskapismus und Ekstase. In: Paragrana 6 (1997), H. 1: Selbstfremdheit, S. 129–147.

Matussek, Peter [1998]: Der selbstbezügliche Blick. Ein Merkmal des erinnernden Sehens und seine medialen Metamorphosen. In: Zeitschrift für Germanistik 3 (1999), S. 637–654.

Matussek, Peter / Matussek, Paul [1996]: Martin Heidegger. In: Analytische Psychosentherapie, Bd. 2: Anwendungen; Berlin, Heidelberg, New York 1996, S. 49–78.

Mause, Lloyd de [1989]: Grundlagen der Psychohistorie; Frankfurt am Main 1989.

Mause, Lloyd de [2000]: Was ist Psychohistorie? Eine Grundlegung; Gießen 2000.

Mayr, Karl [1941]: I was Hitler's Boss. In: Current History 1, Nr. 3 (November 1941), S. 193.

Mead, George Herbert [1934]: Mind, self, and society; Chicago 1934.

Miller, Alice [1981]: Am Anfang war Erziehung; Frankfurt am Main 1981.

Mitscherlich, Alexander [1966]: Das soziale und das persönliche Ich. In: Kölner Zeitschrift für Soziologie ud Sozialpsychiatrie, 18. Jg. 1966, S. 21–37.

Mommsen, Hans [1997]: Cumulative radicalisation and progressive self-destruction of the Nazi dictatorship. In: Kershaw, Ian / Lewin, M. (Hg.): Stalinism and Nazism: Dictatorships in Comparison; Cambridge 1997, S. 75–87.

Mommsen, Hans [1998]: Das Charisma einer Unperson ohne inneren Kern [Rezension zu Kershaw, Ian: Hitler. 1889–1936]. In: Frankfurter Rundschau, 7. 10. 1998, S. 20.

Mommsen, Hans [1999]: Die moralische Wiederherstellung der Nation. In: Süddeutsche Zeitung, 21. Juli 1999, S. 15.

Morley, John David [1998]: Hier gibt es kein Warum [Rezension zu Rosenbaum, Ron: Explaining Hitler. The Search for the Origins of the Evil]. In: Süddeutsche Zeitung, 02.09.1998.

Müller, Karl Alexander von [1954]: Mars und Venus. Erinnerungen 1914–1919; Stuttgart 1954.

Müller, Reinhard [1999]: Bekannte Geheimnisse [Rezension zu Breitman, Richard: Staatsgeheimnisse. Die Verbrechen der Nazis – von den Alliierten toleriert]. In: Frankfurter Allgemeine Zeitung, 4.9.1999, S. 9.

Mundt, Christoph [1984]: Der Begriff der Intentionalität und die Defizienzlehre von den Schizophrenien. In: Nervenarzt 55 (1984), S. 582–588.

N.N. [1938]: A Psychiatrist Looks at Hitler. In: New Republic 98 (1938).

Natrop, Klaus [1998]: Schwielen auf der Seele. Jugend unter Hitler, Erwachsenenjahre in der Bundesrepublik: Wie hängt das zusammen? [Rezension zu Hübner-Funk, S.: Loyalität und Verblendung]. In: Frankfurter Allgemeine Zeitung, 15.12.1998, S. 11.

OSS – The Office of Strategic Services (Hg.) [1923–43]: Adolf Hitler Source Book; National Archives, Washington D.C. o.J. [Internet (1.2.2000): www.nizkor.org/hweb/people/h/hitler-adolf/oss-papers/text/]

Pausewang, Gudrun [1997]: Adi – Jugend eines Diktators; Ravensburg 1997.

Paxton, Pamela [1999]: Is social capital declining in the United States? A multiple indicator assessment. In: American Journal of Sociology 105 (1999), S. 88–127.

Payne, R. W. / Matussek, Paul / George, E. I. [1959]: An experimental study of schizophrenic thought disorder. In: Journal of Mental Science 105, 440, S. 627–652.

Peis, Günter [1959]: Hitlers unbekannte Geliebte. In: Der Stern, 13.6.1959.

Picker, Henry [1963]: Hitlers Tischgespräche im Führerhauptquartier. Hitler, wie er wirklich war; 3. Aufl. Stuttgart 1976.

Plack, Arno [1993]: Hitlers langer Schatten; München 1993.

Podak, Klaus [1999]: Antisemitismus war nicht opportun. Hitlers Reden, Schriften und Anordnungen von 1925–1933. In: Süddeutsche Zeitung, 25.1.1999.

Post, David Edward [1998]: The Hypnosis of Adolf Hitler. In: Journal of Forensic Sciences 43.6 (1998), S. 1127–1132.

Prange, Gordon W. (Hg.) [1944]: Hitler's Words (1942-43); American Council on Public Affairs, Washington 1944.

Preiss, Heinz (Hg.) [o. J.]: Adolf Hitler in Franken. Reden aus der Kampfzeit; o. O., o. J.

Prozeß [1947]: Der Prozeß gegen die Hauptkriegsverbrecher vor dem Internationalen Militärgerichtshof; Nürnberg 1947.

Putnam, Robert D. [1993]: Making democracy work. Civic traditions in modern Italy; Princeton 1993.

Putnam, Robert D. [1995]: Tuning in, tuning out: The strange disappearance of social capital in America. In: Political Science and Politics, Vol. XXVIII (1995), S. 664–683.

Radkau, Joachim [1998]: Das Zeitalter der Nervosität. Deutschland zwischen Bismarck und Hitler; Darmstadt 1998.

Rauschning, Hermann [1940]: Gespräche mit Hitler; 4. Aufl. Zürich, New York 1940.

Recktenwald, Johann [1963]: Woran hat Adolf Hitler gelitten? München 1963.

Redlich, Fritz [1998]: Hitler. Diagnosis of a Destructive Prophet; New York, Oxford 1999.

Rees, Laurence [1998]: Die Nazis. BBC-Filmdokumentation; London 1998, Teil 1.

Reich, Wilhelm [1933]: Charakteranalyse; Frankfurt am Main 1975.

Rhodewalt, Frederick T. [1986]: Self-Presentation and Phenomenal Self: On the Stability and Malleability of Self-Conceptions. In: Baumeister, Roy F. (Hg.): Public Self and Private Self; New York 1986, S. 117–138.

Ribbentrop, Joachim von [1953]: Zwischen London und Moskau. Hg. von Annelies von Ribbentrop; Leoni am Starnberger See 1953.

Rink, W. [1981]: Tötungsdelikte schizophrener Geisteskranker unter besonderer Berücksichtigung der Sozialkontrollen im Vorfeld, der Täterpersönlichkeit und der Rehabilitierungschancen. In: Laux, Gerd/ Reimer, Fritz (Hg.): Klinische Psychiatrie; Stuttgart 1981.

Robins, Robert S. [1986]: Paranoid ideation and charismatic leadership. In: Psychohistory Review, Bd. 14 (1986), S. 15–55.

Robins, Robert S. / Post, Jerrold M. [1987]: The paranoid political actor. In: Biography 10 (1987), S. 1–19.

Röhrs, Hans-Dietrich [1965]: Hitler – die Zerstörung einer Persönlichkeit: Grundlegende Feststellungen zum Krankheitsbild; Neckargemünd 1965.

Roos, Peter [1998]: Hitler Lieben. Roman einer Krankheit. Eine Trilogie: »Der Mitläufer und Ich« / »Die Gestapo-Achse und Ich« / »Eva Braun und Ich«; Tübingen 1998.

Rosenbaum, Ron [1998]: Explaining Hitler.The Search for the Origins of the Evil; New York 1998. [Dt.: Die Hitler-Debatte. Auf der Suche nach dem Ursprung des Bösen; München, Wien 1999.]

Rudloff, Wilfried [1993]: Auf dem Weg zum »Hitler-Putsch«: Gegenrevolutionäres Milieu und früher Nationalsozialismus in München. In: München – »Hauptstadt der Bewegung«. Katalog der Ausstellung im Münchner Stadtmuseum; München 1993, S. 97–116.

Rürup, Reinhard (Hg.) [1987]: Topographie des Terrors. Gestapo, SS und Reichssicherheitshauptamt auf dem »Prinz-Albrecht-Gelände«. Eine Dokumentation; 8. Aufl. Berlin 1991.

Sattler, Stephan [1998]: Wie war Hitler möglich? [Rezension zu Kershaw, Ian: Hitler. 1889–1936]. In: Focus 44 (1998), S. 195–196.

Schachter, Stanley / Singer, Jerome E. [1962]: Cognitive, social, and physiological determinants of emotional state. In: Psychological Review 69 (1962), S. 379–399.

Schenck, Ernst-Günther [1989]: Patient Hitler. Eine medizinische Biographie; Düsseldorf 1989.

Schirach, Henriette von [1975]: Der Preis der Herrlichkeit. Erlebte Zeitgeschichte; München, Berlin 1975.

Schirach, Henriette von [1983]: Frauen um Hitler. Nach Materialien von Henriette von Schirach; München 1983.

Schirrmacher, Frank [1998]: Wir haben ihn uns engagiert [Rezension zu Kershaw, Ian: Hitler 1889–1936]. In: Frankfurter Allgemeine Zeitung, 6. 10. 1998, S. L 29.

Schlenker, Barry R. [1986]: Self-Identification: Toward an Integration of the Private and Public Self. In: Baumeister, Roy F. (Hg.): Public Self and Private Self; New York 1986, S. 21–55.

Schmitz, Hermann [1998]: Adolf Hitler in der Geschichte; Bonn 1998.

Schneider, Kurt [1939]: Klinische Psychopathologie; Stuttgart 1939.

Schönmann, Daniel [1992]: Hitler ist Hitler. Anmerkungen zum Versuch, eine schiefe historische Parallele zu ziehen. In: Hitlerdeutungen. Luzifer-Amor, Zeitschrift zur Geschichte der Psychoanalyse, H. 9 (1992), S. 76–82.

Schönstein, Jörg [1999]: »Onkel Adolfs« verhängnisvolle Liebe zur kleinen Geli [Rezension zu Hansen, Ron: Hitlers Nichte]. In: Berliner Morgenpost, 27. 8. 1999, S. 3.

Schramm, Percy Ernst [1965]: Hitler als militärischer Führer. Erkenntnisse und Erfahrungen aus dem Kriegstagebuch des Oberkommandos der Wehrmacht; 2. Aufl. Frankfurt am Main 1965.

Schreiber, Gerhard [1988]: Hitler; 2. Aufl. Darmstadt 1988.

Schreiner, Klaus [1998]: Es wird kommen der Tag. Politischer Messianismus in der Weimarer Republik und die Sehnsucht nach »Führerschaft« und »Reich«. In: Frankfurter Allgemeine Zeitung, 14. 11. 1998, »Bilder und Zeiten«, S. I–II.

Schroeder, Christa [1985]: Er war mein Chef. Aus dem Nachlaß der Sekretärin von Adolf Hitler. Hg. v. Anton Joachimsthaler; München 1985.

Schuster, Wolfgang [1993]: Hitler in München – privat? In: München – »Hauptstadt der Bewegung«. Katalog der Ausstellung im Münchner Stadtmuseum; München 1993, S. 125–130.

Schwarzwäller, Wulf C. [1998]: Hitlers Geld. Vom armen Kunstmaler zum millionenschweren Führer; Wien 1998.

Schwilk, Heimo [1999]: Ernst Jünger – Adolf Hitler: Die Briefe. In: WELT am Sonntag, 17. 1. 1999, S. 31–32.

Sennett, Richard [1976]: Verfall und Ende des öffentlichen Lebens. Die Tyrannei der Intimität; Frankfurt am Main 1983.

Smith, Bradley F. [1967]: Adolf Hitler. His Family, Childhood, and Youth; Stanford 1967.

Speckmann, Thomas [1999]: Der Schlüssel zu Hitlers Politik: Ein Film will sich dem Diktator mittels Ernst Hanfstaengl nähern. In: Frankfurter Allgemeine Zeitung, 7. 4. 1999, S. 52.

Speer, Albert [1969]: Erinnerungen; Berlin 1969.

Speer, Albert [1975]: Spandauer Tagebücher; Frankfurt am Main 1975.

Speer, Albert [1999]: Alles, was ich weiß. Aus unbekannten Geheimdienstprotokollen vom Sommer 1945. Mit einem Bericht »Frauen um Hitler« von Karl Brandt; München 1999.

Stark, Johannes [1930]: Adolf Hitlers Ziele und Persönlichkeit; München 1930.

Stauffer, Paul [1991]: Zwischen Hofmannsthal und Hitler. Carl J. Burckhardt: Facetten einer außergewöhnlichen Existenz; Zürich 1991.

Stauffer, Paul [1998]: »Sechs furchtbare Jahre ...«. Auf den Spuren Carl J. Burckhardts durch den Zweiten Weltkrieg; Zürich 1998.

Steinert, Marlis [1991]: Hitler; München 1991.

Stern, Joseph P. [1975]: Hitler. The Führer and the People; London 1975.

Stierlin, Helm [1975]: Adolf Hitler. Familienperspektiven; Frankfurt am Main 1995.

Stoltzfus, Nathan [1996]: Widerstand des Herzens. Der Aufstand der Berliner Frauen in der Rosenstraße 1943; München, Wien 1999.

Strasser, Otto [1940]: Hitler and I; Boston 1940.

Strasser, Otto [1969]: Mein Kampf; Frankfurt am Main 1969.

Streit, Christian [1978]: »Keine Kameraden«. Die Wehrmacht und die sowjetischen Kriegsgefangenen 1941–1945; Stuttgart 1978.

Tedeschi, James T. [1986]: Privat and Public Experiences and the Self. In: Baumeister, Roy F. (Hg.): Public Self and Private Self; New York 1986, S. 1–17.

Thiede, Roger [1998]: Phantom Wittgenstein. Ein australischer Autor spekuliert über die »eigentliche« Ursache von Hitlers Antisemitismus. In: Focus 12 (1998), S. 48–50.

Toland, John [1977]: Adolf Hitler; Bergisch Gladbach 1977.

Toller, Ernst [1933]: Eine Jugend in Deutschland; Amsterdam 1933.

Treher, Wolfgang [1966/90]: Hitler, Steiner, Schreber. Gäste aus einer anderen Welt. Die seelischen Strukturen des schizophrenen Prophetenwahns; Emmendingen 1990.

Treher, Wolfgang [1982]: Jean Jacques Rousseau oder die Anatomie eines Pulverfasses. Mit Betrachtungen über Georg Wilhelm Friedrich Hegel und Adolf Hitler, verbunden zu einer Psychopathologie der Funktionsschizophrenie; Emmendingen 1982.

Treiber, Hubert [1999]: Stepun zur Heraufkunft des Dritten Reiches anläßlich der Reichspräsidentenwahl 1932. In: Archiv für Kulturgeschichte 81 (1999), H.1, S. 199–225.

Trevor-Roper, Hugh R. [1947]: Hitlers letzte Tage; Frankfurt am Main, Berlin 1965.

Trevor-Roper, Hugh R. [1953]: The Mind of Adolf Hitler. In: Hitler's Table Talk 1941-44; London 1953, S. vii–xxxv.

Turkle, Sherry [1995]: Life on the Screen. Identity in the Age of the Internet; New York 1995.

Tyrell, Albrecht [1975]: Vom ›Trommler‹ zum ›Führer‹; München 1975.

Ullrich, Volker [1998]: Volk und Führer. Ein neues Hitler-Bild? Ian Kershaw hat sich an eine große Biographie des Diktators gemacht. In: DIE ZEIT, 8. 10. 1998, S. 29.

Venzlaff, Ulrich [1994]: Schizophrene Psychosen. In: Ders. / Foerster, Klaus (Hg.): Psychiatrische Begutachtung; Stuttgart 1994, S. 113–126.

Völklein, Ulrich (Hg.) [1998]: Hitlers Tod. Die letzten Tage im Führerbunker; Göttingen 1998.

Wagener, Otto [1978]: Hitler aus nächster Nähe. Aufzeichnungen eines Vertrauten 1929–1932. Hg. v. Henry Ashby Turner Jr.; Berlin 1978.

Waite, Robert [1977]: The psychopathic God. Adolf Hitler; New York 1977.

Walden, Brian [1999]: The hole in democracy's heart. In: TIME, 26. April 1999, S. 83.

Wehler, Hans-Ulrich (Hg.) [1971]: Geschichte und Psychoanalyse. Um die Bibliographie erweiterte Ausgabe; Frankfurt am Main, Berlin, Wien 1974.

Wehler, Hans-Ulrich [1978]: Geschichtswissenschaft und »Psychohistorie«. In: Innsbrucker Historische Studien, Bd. 1 (1978), S. 201–213.

Weinstein, Fred [1980]: The Dynamics of Nazism. Leadership, Ideology, and the Holocaust; London 1980.

Weltgesundheitsorganisation (Hg.) [1994]: Internationale Klassifikation psychischer Störungen. ICD-10 Kapitel V (F). Klinisch-diagnostische Leitlinien; 2. Aufl. Bern, Göttingen u.a. 1999, S. 103–127.

Weyerer, Benedikt [1997]: Falsche Worte, schrille Töne, dumpfer Klang. In: Süddeutsche Zeitung, 7.11.1997, S. 48.

Wicklund, Robert A. [1975]: Objective self awareness. In: Berkowitz, Leonard (Hg.): Advances in experimental social psychology, Vol. VIII; New York 1975, S. 233–277.

Wicklund, Robert A. / Brehm, Jack W. [1976]: Perspectives on cognitive dissonance; Hillsdale 1976.

Widmann, Arno [1999]: Hitler lesen. Wie der schlechte Redner Adolf Hitler ein ganzes Volk begeisterte. In: Süddeutsche Zeitung, 12. 4. 1999, S. 10.

Widmann, Carlos [1998]: Der Indiana Jones von Linz. In: Der Spiegel 28 (1998), S. 165–167.

Wiedeburg, Paul Hermann [1939]: Dietrich Eckart; Hamburg 1939.

Wiedemann, Fritz [1964]: Der Mann, der Feldherr werden wollte. Erlebnisse und Erfahrungen des Vorgesetzten Hitlers im 1. Weltkrieg und seines späteren persönlichen Adjutanten; Velbert, Kettwig 1964.

Wiegand, Wilfried [1999]: Ein Fressen für die Geisterhunde: Hitler privat auf dem Obersalzberg. In: Frankfurter Allgemeine Zeitung, 20. 5. 1999, S. 52.

Wiegrefe, Klaus [1999]: Die Gier der Generäle. Der Elite der Wehrmacht schenkte Hitler Geld und Güter, um sie gefügig zu machen. In: Der Spiegel 42 (1999), S. 48–50.

Winnicott, Donald W. [1952]: Psychose und Kinderpflege. In: Von der Kinderheilkunde zur Psychoanalyse; München 1976, S. 113–126.

Winnicott, Donald W. [1985]: Reifungsprozeß und fördernde Umwelt; Frankfurt am Main 1985.

Wistrich, Robert [1985]: Der antisemitische Wahn: von Hitler bis zum Heiligen Krieg gegen Israel; Ismaning bei München 1987.

Wittgenstein, Ludwig [1953]: Philosophische Untersuchungen (1947-49); Frankfurt am Main 1975.

Wolf, Ernest S. [1988]: Theorie und Praxis der analytischen Selbstpsychologie; Frankfurt am Main 1996.

Zentner, Christian [1989]: Drittes Reich und Zweiter Weltkrieg; Köln 1989.

Zoller, Albert (Hg.) [1949]: Hitler privat. Erlebnisbericht seiner Privatsekretärin Christa Schröder; Düsseldorf 1949.

Personenregister

400 Seiten, ISBN 3-7766-2155-9

Anton Joachimsthaler

Hitlers Weg begann in München

München – Agitationszentrum für eine enttäuschte Generation

Diese Arbeit räumt mit vielen Ungereimtheiten über Hitlers Weg in die Politik auf – u.a. mit Lügen, die dieser selbst in die Welt gesetzt hatte – und korrigiert Fehler und Missdeutungen zahlreicher Hitler-Biographien.

Herbig